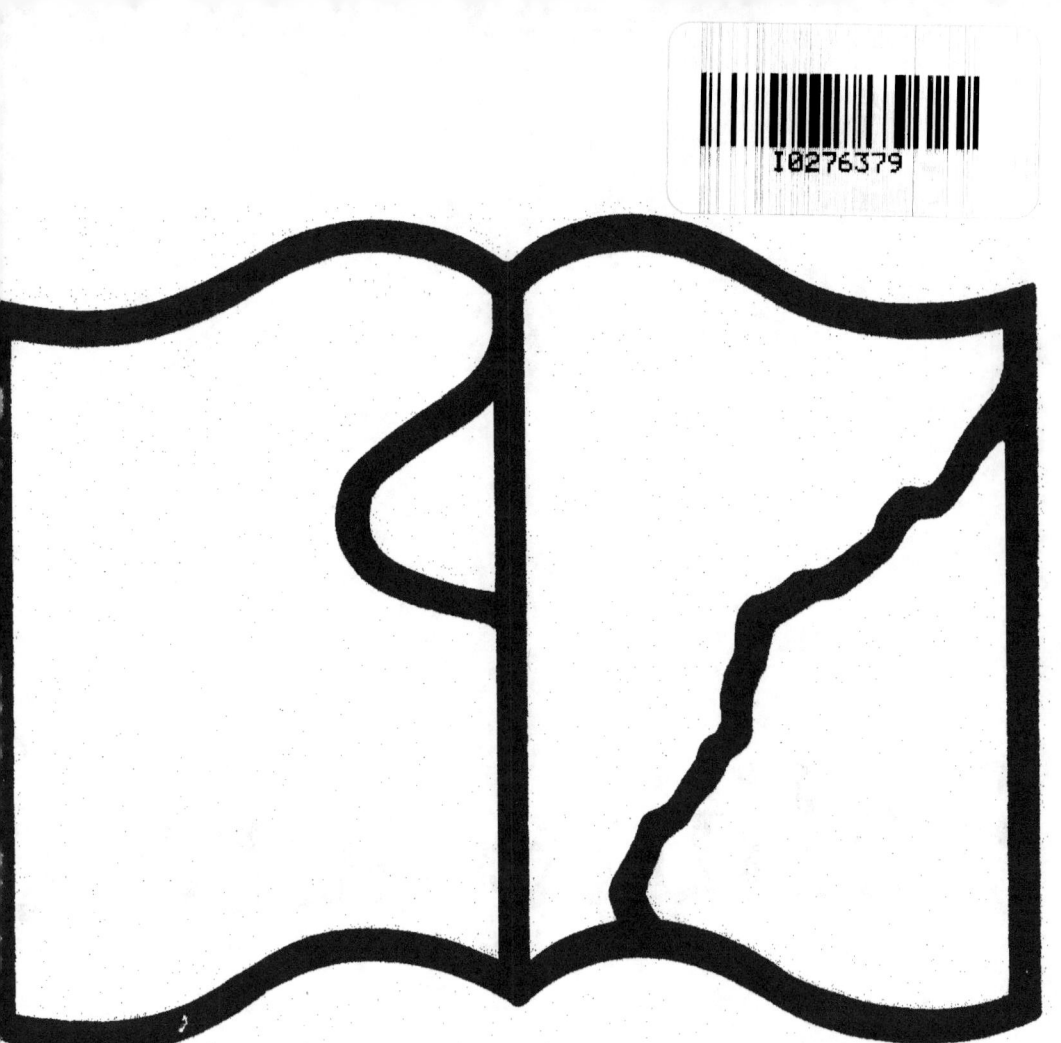

Texte détérioré — reliure défectueuse

NF Z 43-120-11

Reliure serrée

RECHERCHES
sur
LES DANSES DES MORTS
sur l'origine
DES CARTES A JOUER.

VESOUL, IMPRIMERIE DE CL.-F. BOBILLIER.

QUAQUE RUIT, FURIBUNDA RUIT; TOTUMQUE PER ORBEM
FULMINAT, ...

Ovid. ad linum.

RECHERCHES
HISTORIQUES ET LITTÉRAIRES
SUR LES
DANSES DES MORTS
ET SUR L'ORIGINE
DES CARTES A JOUER.

OUVRAGE ORNÉ DE CINQ LITHOGRAPHIES ET DE VIGNETTES.

PAR GABRIEL PEIGNOT.

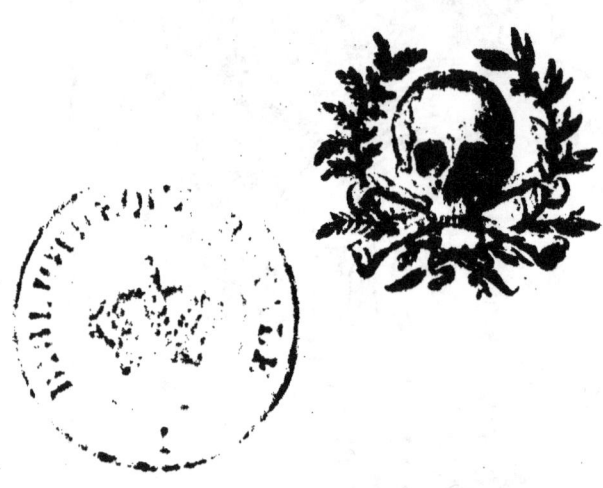

DIJON,
VICTOR LAGIER, LIBRAIRE, RUE RAMEAU.

PARIS,
MÊME MAISON, RUE HAUTEFEUILLE, N.° 3.

M DCCC XXVI.

TABLE
DES DIVISIONS DE L'OUVRAGE.

RECHERCHES
SUR LES DANSES DES MORTS.

Page.

INTRODUCTION ou Discours préliminaire sur l'histoire des Danses des Morts en général; sur cette question particulière: ont-elles été connues des anciens? sur l'origine présumée et le but de ces sortes de Danses dans le moyen âge; avec l'énumération de celles qui, exécutées en grand sur des monumens publics, depuis le XIV.ᵉ siècle, sont parvenues à notre connoissance. ix

AVERTISSEMENT relatif aux recherches sur l'origine et l'histoire des Cartes à jouer, publiées à la suite des recherches sur les Danses des Morts. . . . . lvij

PREMIÈRE PARTIE.

DE LA DANSE DES MORTS PEINTE A BÂLE, ET DE LA DANSE DES MORTS DESSINÉE PAR HOLBEIN.

I. La Danse des Morts de Bâle et celle d'Holbein sont totalement différentes, et n'ont de commun que le fond du sujet 1

II. Description parallèle de la Danse de Bâle et de celle d'Holbein 26

III. Notice des éditions de la Danse des Morts dessinées par Holbein et gravée d'après ses dessins 52

IV. Notice des éditions de la Danse des Morts de Bâle dessinée et gravée par Mérian 69

DEUXIÈME PARTIE.

DE LA DANSE MACABRE.

I. Conjectures sur l'origine de la Danse Macabre, et sur l'étymologie du mot *Macabre* 77
II. Notice des éditions de la Danse Macabre 93

TROISIÈME PARTIE.

DE LA DANSE AUX AVEUGLES ET DES ÉDITIONS QUI EN ONT ÉTÉ PUBLIÉES.

I. De la Danse aux Aveugles par P. Michaut dit Taillevent. . 127
II. Notice des éditions de la Danse aux Aveugles. 135

QUATRIÈME PARTIE.

DES ANCIENS LIVRES D'HEURES SUR LES MARGES DESQUELS ON A GRAVÉ LA DANSE DES MORTS.

Notice descriptive de plusieurs anciens livres d'Heures où se trouvent la Danse des Morts et d'autres pièces analogues... 141

CINQUIÈME PARTIE.

Notice de quelques ouvrages, tableaux et gravures, isolés, qui ont rapport, soit à la Danse des Morts, soit à la Mort personnifiée 179

ANALYSE DE RECHERCHES

SUR LES CARTES A JOUER.

Auteurs qui ont écrit sur les Cartes à jouer. 199
Analyse de leurs recherches. — Le P. Menestrier 203
— Le P. Daniel 205
— L'abbé Bullet 209
— Le baron de Heineken 215

TABLE DES DIVISIONS DE L'OUVRAGE.

— L'abbé Bettinelli................................ 219
— L'abbé Riva................................... 220
— Court de Gebelin............................... 227
— Breitkopf..................................... 239
— Jansen....................................... 256
— M. Ottley.................................... 266
— M. Singer.................................... 269

Réflexions sur les analyses précédentes, et détails sur quelques jeux de Cartes modernes.......................... 283

ADDITIONS.

Danses des Morts. — Notices supplémentaires de quelques gravures relatives à la Mort personnifiée (V. cinquième partie de l'ouvrage)................................. 307

Cartes à jouer. — Supplément à l'article du P. Daniel..... 312

Opinion de Saint-Foix sur les Cartes à jouer............ 314

Détails supplémentaires soit sur la dénomination, soit sur la forme des figures de certains jeux de Cartes........... 317

TABLE des matières................................ 325

DANSES DES MORTS.

INTRODUCTION

ou

DISCOURS PRÉLIMINAIRE

sur l'histoire

DES DANSES DES MORTS EN GÉNÉRAL;

SUR CETTE QUESTION PARTICULIÈRE : ONT-ELLES ÉTÉ CONNUES DES ANCIENS? SUR L'ORIGINE PRÉSUMÉE ET LE BUT DE CES SORTES DE DANSES DANS LE MOYEN AGE; AVEC L'ÉNUMÉRATION DE CELLES QUI, EXÉCUTÉES EN GRAND SUR DES MONUMENS PUBLICS DEPUIS LE XIVe SIÈCLE, SONT PARVENUES A NOTRE CONNOISSANCE.

Il est assez surprenant que les ouvrages connus sous le titre de DANSES DES MORTS, n'aient jamais été, en France, l'objet d'un travail spécial de la part d'aucun bibliographe (1). Ce sujet est ce-

---

(1) Nous ne connoissons, dans ce genre, que deux dissertations particulières, faites, l'une par M. Champollion-Figeac, sur une édition de la *Danse Macabre*, de 1485; et l'autre par M. Raymond, sur deux livres de prières, du XVe et du XVIe siècle, où se trouve la même *Danse* gravée sur les marges. Ces deux dissertations sont insérées dans le *Magasin Encyclopédique*, tom. VI

pendant bien propre à piquer la curiosité sous le rapport de son ancienneté, de sa singularité et de son but moral.

Par son ancienneté, il doit intéresser tout ami des arts, puisque, dès le XIV.⁰ siècle, il appartenoit déjà à la peinture et peut-être à la sculpture, et qu'on le retrouve parmi les premiers essais de la gravure au XV.⁰ siècle. D'ailleurs il présente les costumes du temps pour tous les états, la Mort appelant à son bal depuis le pape et l'empereur jusqu'au berger et au mendiant.

Si on l'envisage sous le rapport de la singularité et de la bizarrerie, on conviendra que rien n'est plus original que l'idée d'amalgamer deux choses

---

de 1811, et tom. V de 1814; nous en parlerons en détail dans le cours de notre ouvrage.

L'abbé Rive, dans la *Chronique littéraire de ses ouvrages imprimés et manuscrits*, Eleutheropolis (1791), in-8.⁰, p. 20, annonce, à l'article des manuscrits, une *Bibliographie des éditions de la Danse Macabre ou Maccabre*, en toutes sortes de langues. Il est présumable qu'il n'a jamais existé de cet ouvrage que cette annonce; ou, si l'abbé Rive a laissé quelques notes à ce sujet, elles sont enfouies dans les nombreux paquets de petits bulletins sur toutes sortes de matières. qu'en 1818, l'héritier de cet abbé avoit offert pour 600 fr. à M. Dibdin, savant bibliographe anglais. Celui-ci, après avoir parcouru toutes ces liasses de notes inscrites sur des cartes, ne s'est pas soucié d'en faire l'acquisition.

aussi disparates, *danser* et *mourir*; et cela, dans des images sensibles ou peintures qui, représentant la Mort gambadant avec ses victimes, provoquent à la fois le rire et la méditation, la gaîté et l'effroi. Mais ce qu'il y a de remarquable dans ces tableaux en général, c'est le talent avec lequel les artistes ont exprimé les sensations qu'éprouve chaque individu de tout sexe, de tout âge, de tout état, en passant de la vie à la mort. Ils ont parfaitement saisi les différentes nuances de la douleur, de la crainte, des regrets et de l'indifférence, selon le rang que les personnages qu'ils ont mis en scène tenoient dans le monde; et ce qui est encore plus extraordinaire, c'est d'avoir su donner à chaque squelette, surtout dans la tête, quoique dépourvue d'yeux, de bouche, etc., une expression et une physionomie caractéristique, analogue à celle de l'individu qu'il entraîne.

Quant au but moral et religieux, il frappe au premier coup-d'œil : qui peut douter qu'on ne se soit proposé, dans ces représentations, toutes grotesques qu'elles sont, de rappeler aux hommes la fragilité de la vie, l'indispensable nécessité de mourir, l'incertitude de l'heure fatale, et l'inflexibilité de la Mort qui ne respecte ni âge, ni sexe, ni condition? C'est ce que prouvent encore plus clairement les diverses inscriptions morales dont on accompagnoit chaque scène des différentes Danses de Morts, soit peintes, soit gravées, soit imprimées, selon les temps et les lieux où elles ont paru ; et ces inscriptions en vers, quoique d'un style singulier et parfois assez caustique, se réduisent presque toutes, pour le fond, à cette pensée que notre Malherbe a rendue d'une manière si admirable, et que l'on cite toujours avec plaisir, quoique connue de tout le monde :

> La Mort a des rigueurs à nulle autre pareilles ;
> On a beau la prier :
> La cruelle qu'elle est, se bouche les oreilles,
> Et nous laisse crier (1).
>
> Le pauvre en sa cabane où le chaume le couvre,
> Est sujet à ses lois ;
> Et la garde qui veille aux barrières du Louvre,
> N'en défend pas nos rois (2).

Il est donc évident que les Danses des Morts, d'après leur ancienneté, leur singularité et leur

---

(1) Victima nil miserantis Orci.
   Hor., *lib.* II, *Od.* 3.
Quid obseratis auribus fundis preces ?
   Epod. 17.
Non lenis precibus........
   Lib. I, *Od.* 24.

(2) Pallida mors æquo pulsat pede pauperum tabernas
Regumque turres......................
   Hor., *lib.* I, *Od.* 4.
.... Æqua tellus
Pauperi recluditur
Regumque pueris..................
   Lib. II, *Od.* 18.

but, sont, ainsi que nous l'avons dit plus haut, un objet assez curieux pour fixer l'attention. Aussi, les considérant comme monumens des arts, des lettres et de la morale religieuse dans les XIV.ᵉ, XV.ᵉ et XVI.ᵉ siècles, nous nous sommes occupé d'en rechercher l'origine, de découvrir les lieux où elles ont été exécutées primitivement, d'établir, par des descriptions, les différences qui existent entre elles, de donner leur histoire littéraire et bibliographique, et enfin de parler du sort qu'elles ont eu dans les deux derniers siècles; sort commun à toutes les choses humaines, qui est de disparoître insensiblement après avoir jeté quelqu'éclat sur la scène du monde. Tel est l'objet du travail que nous offrons aux amateurs.

Comme nous nous proposons, dans cette introduction, de traiter des Danses des Morts en général, et particulièrement de leur origine, nous croyons qu'il est à propos de commencer par examiner si les anciens ont eu, sur la Mort, quelques idées analogues aux nôtres, sous le rapport allégorique qui nous occupe. Voyons d'abord s'ils nous ont laissé quelques traces de la manière dont ils représentoient la Mort, et ensuite nous interrogerons leurs monumens pour savoir si jamais ils se sont aussi avisés de la faire danser.

Première question : Les anciens ont-ils représenté la Mort sous la forme d'un squelette? Quoiqu'il reste plusieurs monumens antiques où l'on voit des squelettes (1), la plupart des archéologues sont assez d'avis que jamais la Mort n'a été, comme divinité, représentée chez les anciens sous cette forme; bien plus il est certain que les Grecs et les Romains ne lui ont jamais élevé ni temple ni autel. Cependant il n'est pas moins vrai que, pour se familiariser avec ce lugubre objet, ils en parloient souvent dans leurs chants bacchiques, au milieu de leurs plaisirs et même dans leurs festins, où quelquefois ils faisoient apporter un squelette; mais ce squelette n'avoit ni faulx, ni aucun attribut destructeur : ce n'étoit qu'un simple avertissement de ce que

---

(1) Winckelmann en a indiqué un dans sa *Description des pierres gravées du baron de Stosch*. Florence, 1760, in-4.°, fig. Il y en a encore plusieurs autres. Buonarotti en cite aussi dans ses *Osservazioni sopra alcuni framenti di vasi antichi di vetro, trovati ne' cimiteri di Roma*. Firenze, 1716, pet. in-fol., fig. Ficoroni, dans ses *Gemmæ antiquæ litteratæ aliæque rariores*, etc., Romæ, 1757, gr. in-4.°, fig., et Gori, dans son *Museum Etruscum*, etc., Florentiæ, 1737, 3 vol. in-fol., fig., et dans son *Museum Florentinum*, etc., Florentiæ, 1731—66, 12 vol. in-fol., fig. (V. les deux vol. des pierres gravées), en ont mentionné plusieurs. Montfaucon, *Antiquité expliquée*, Paris, 1719—24, 15 vol. in-fol., fig., parle d'une tête de mort placée sur un rocher au-dessus du Styx représenté comme les autres fleuves, etc.

devenoit l'homme après la mort, et de la nécessité, selon eux, de mettre à profit la vie pendant le temps qu'on avoit encore à en jouir. C'est ce que nous prouve très-clairement le passage suivant de Pétrone, racontant l'orgie de Trimalcion : « On versoit le vin à grands flots,
» dit-il; on buvoit de même, quand parut un
» esclave avec un squelette d'argent qu'il posa sur
» la table. Cette machine avoit, comme un être
» animé, le jeu des muscles et des articulations.
» Tandis que l'esclave en faisoit jouer les ressorts,
» et nous enchantoit par la variété des mouve-
» mens et des attitudes qu'il savoit lui donner,
» Trimalcion déclamoit ces vers : Ah! que
» l'homme est peu de chose! que la vie est fra-
» gile, et qu'elle passe promptement! C'est ainsi
» que nous serons après notre mort; vivons donc,
» puisque nous pouvons encore jouir d'une
» existence agréable (1). » Gori, dans son *Mus.*

---

(1) Cet usage d'apporter un squelette à table, venoit des Égyptiens; de l'Égypte il passa dans la Grèce, et de la Grèce chez les Romains. Sans doute il avoit un but moral dans le principe; mais les Romains dégénérés, au lieu de regarder cette image de la mort comme un sujet de réflexions sérieuses, qui devoit les porter à se modérer dans les plaisirs, la considérèrent au contraire comme un signal qui les avertissoit que toutes les jouissances de la vie devant bientôt finir, il falloit les multiplier

Etrusc., tom. III, p. 6, rapporte une sardoine qui représente en relief une tête de mort et un trépied couvert de mets; entre ces deux objets, on lit l'inscription suivante en caractères grecs (les lettres sont blanches, réservées de relief) : « Bois, mange, et couronne-toi de fleurs; c'est « ainsi que nous serons bientôt (1). » Cette morale, plus digne de la brute que de l'homme, prouve du moins que les anciens n'attachoient aucune idée d'effroi à la Mort; mais nous y voyons en même temps qu'ils ne la représentoient pas sous la forme d'un squelette comme divinité redoutable. On objectera peut-être qu'Ovide l'a personnifiée en disant :

> Quàque ruit, furibunda ruit; totamque per orbem
> Fulminat, et cæcis cæca triumphat equis.
> Ovid. *ad Liviam.*

---

autant qu'il étoit possible, avant le terme fatal. Morale toute sensuelle, aussi nuisible à la société qu'aux individus, et qui ne contribua pas peu à accélérer la chute de l'empire romain.

(1) Ce principe puisé dans le matérialisme, n'étoit pas commun aux seuls païens : nous voyons, dans les livres saints, Isaïe, *cap.* XXII, t. 13, en faire le reproche aux Juifs : *Comedamus, et bibamus : cras enim moriemur;* et S. Paul, 1. *Corinth.*, cap. XV, v. 32, se sert des mêmes expressions dans ce passage : *Si mortui non resurgunt, manducemus et bibamus : cras enim moriemur.* Plusieurs autres passages de la Bible renferment les mêmes reproches.

Et qu'Horace en fait de même, lorsqu'il s'exprime ainsi :

.... Seu Mors atris circumvolat alis.
Sat. I, v. 58, lib. II.

Mais ce sont des images poétiques que l'on ne retrouve sur aucun monument antique; on peut regarder cette manière de s'exprimer comme analogue à celle que nous employons, quand nous disons, la Mort triomphe de tout; ou bien parlant des combats, la Mort vole dans les rangs. Il paroît donc certain que chez les anciens, le squelette n'a point été le symbole de la Mort comme divinité. Parcourez toutes les iconographies mythologiques, vous ne l'y trouverez jamais représentée sous cette forme, parmi les dieux nombreux des Grecs et des Romains; mais vous y verrez un groupe, qui n'est point étranger à l'objet que nous traitons, et qui, liant l'idée de la vie avec celle de la mort, vous offre quelque chose de moins terrible, en ce qu'il ne vous met pas brusquement en face d'une tête ou d'un corps décharné toujours répugnant. Ce groupe est celui des trois parques : *Clotho*, la plus jeune, en robe bleu-clair, tient la quenouille; *Lachesis*, en robe rose, tournant le fuseau, dévide le lin ou la soie; et la vieille et inflexible *Atropos*, en robe noire, armée de ciseaux, coupe le fil qui mesure la durée de la vie de chaque mortel.

Atropos étoit donc véritablement la Mort figurée chez les anciens.

Passons à la seconde question qui se rattache davantage à notre sujet : Les anciens ont-ils connu des Danses de Morts? On n'en peut plus douter d'après la découverte faite récemment en Italie. Avant d'en parler, nous dirons que Gori, dans le *Mus. Florent.*, tom. I, pl. 91, n.° 3, décrit une sardoine antique sur laquelle un squelette danse devant un paysan assis et jouant de la flûte double; donc les anciens ont fait danser la Mort. Mais cela est encore mieux démontré par la découverte que nous venons d'annoncer, et dont voici le détail : En janvier 1809, un paysan fouilloit sur les bords du lac de Liscolo, près de Cumes et de l'ancienne voie Domitiame, pour ouvrir un passage à ses bestiaux dans un pâturage voisin de son habitation; tout à coup le terrain manque sous ses pieds, il tombe dans un trou assez profond; et tâtant dans l'obscurité, il saisit une jambe de squelette. Il appela ses compagnons qui pénétrèrent avec lui dans ce caveau. Ils y trouvèrent trois sarcophages et les brisèrent dans l'espoir d'y découvrir un trésor; mais frustrés dans leur espérance, ils se vengèrent sur trois bas-reliefs en stuc, qui ornoient l'intérieur des chambres sépulcrales, et les mutilèrent. M. le chanoine André de Jorio, custode de la galerie des vases peints, au Musée royal de Naples, instruit de cet événement, accourut sur les lieux, attiré par la curiosité et par son goût pour les beaux-arts. Heureusement que les mutilations des cupides et barbares paysans ne l'empêchèrent point de dessiner tout ce qui subsistoit des bas-reliefs, et de faire de cette intéressante découverte, le sujet d'un mémoire qu'il a publié, en 1810, sous le titre de *Scheletri Cumani dilucidati dal canonico Andrea de Jorio*. (Des squelettes de Cumes, expliqués et publiés par le chanoine André de Jorio). *Napoli, nella stamperia Simoniana*, 1810, 72 pag. et 4 *pl.* L'un des bas-reliefs, dessiné *pl.* I, représente une Danse de Morts; les squelettes y sont au nombre de trois, tous dans l'attitude de personnages qui dansent. Le squelette du milieu, que M. de Jorio croit être celui d'une femme, a un bras levé, l'autre sur le côté, et une jambe en l'air, comme les danseurs de l'opéra. Que signifie cette danse? il est facile de s'égarer dans le vaste champ des conjectures sur un pareil sujet. M. Millin, qui a donné une analyse du mémoire de M. de Jorio, dans le *Magasin Encyclopédique*, janvier 1813, pp. 200—208, et M. de Jorio lui-même, sont d'avis que les trois bas-reliefs représentent le départ des ames de dessus la terre pour se rendre aux enfers; mais ces messieurs ne sont pas également d'accord sur les détails de chaque bas-relief. Voici l'opinion particulière de M. Millin, ou plutôt l'explication qu'il donne de ce sujet curieux :

« Dans le premier bas-relief, dit-il, trois mortels
» dansent pour faire voir que le passage de cette
» vie dans l'autre n'a rien de fâcheux et qui soit
» à craindre. Dans le second, ce passage est
» figuré par la réception d'une ombre dans
» l'Elysée ; Caron qui l'a amenée, se repose ;
» Némésis lui apprend son admission ; une de ses
» compagnes cherche à lui montrer le bonheur
» dont on jouit dans le séjour des justes ; des
» jeunes gens enlevés de bonne heure à leurs amis
» et un vieux philosophe s'entretiennent ensem-
» ble de la justice des Dieux et des récompenses
» qu'ils accordent à la vertu. Le troisième bas-
» relief représente une table à un seul pied, portée
» par une figure en gaîne, et couverte de vases.
» Des hommes de différens âges sont noncha-
» lamment couchés autour d'un *triclinium* (1),
» et une jeune femme danse devant eux. Ce

---

(1) L'expression nous paroît impropre. Le *triclinium* signifioit chez les Romains, tantôt le lit de table, tantôt la salle à manger. Ainsi il falloit dire : couchés sur le *triclinium*, ou autour de la table qui étoit un *monopéde*; à moins cependant que l'auteur n'ait voulu dire que les personnages étoient couchés autour de la chambre, ce qui n'est pas présumable. Dans notre *Traité du luxe et de la somptuosité des Romains dans leurs repas* (encore manuscrit), nous avons consacré le second chapitre de la pre-

» dernier bas-relief nous offre la fin de l'heureuse
» allégorie qui a été commencée dans les deux
» précédens. Vivre sans soins, sans inquiétudes,
» se livrer à un nonchalant repos, entendre des
» chants divins, voir des danses agréables et
» légères, entretenir la conversation par des
» récits intéressans, la ranimer par des mots
» heureux, et prolonger ainsi les plaisirs de la
» table, étoit chez les anciens le souverain bon-
» heur, la volupté la plus réelle. Les Dieux
» d'Homère passent ainsi le temps dans des
» banquets continuels et à entendre les chœurs
» des Muses; et l'idée des anciens, si heureu-
» sement exprimée par Virgile, étoit que les
» hommes justes retrouvoient dans l'Elysée les
» mêmes plaisirs qui les avoient charmés sur la
» terre. Il est donc naturel que la troisième
» scène figurée dans ces bas-reliefs, nous montre
» l'ame qui a été reçue dans l'Elysée, admise à
» ces plaisirs, et prenant part à ces heureux
» banquets. » Telle est l'opinion de M. Millin
sur ces monumens; elle diffère un peu de celle
de M. de Jorio, mais le fond est le même.
Qu'il ait approché de la vérité dans ses conjec-

---

mière partie, aux détails circonstanciés de tout ce qui
regarde la salle à manger, le lit de table ou *triclinium*,
la disposition des places, etc., etc., dans les différens
temps de la république et de l'empire.

tures, ou qu'il s'en soit éloigné, c'est ce qu'il est inutile de discuter ici; il suffit d'être assuré, par la sardoine de Gori, ci-dessus mentionnée, et par la découverte de M. de Jorio, que les anciens ont connu des Danses de Morts. Mais il faut convenir qu'elles n'ont aucune espèce de rapport avec les Danses modernes du même genre (1).

Les poètes et les artistes, chez les anciens, jouoient avec la Mort, et ne la montroient jamais effroyable et hideuse; « la délicatesse du goût

---

(1) C'est ce qu'observe judicieusement M. Millin dans son analyse du mémoire de M. de Jorio; voici ses expressions : « Je ne pense pas que le premier auteur de » la *Danse Macabre*, figurée plusieurs fois dans les pre- » miers temps de la gravure en bois et de l'imprimerie, » et que Holbein, avant de peindre sa Danse des Morts » dans le cloître des Dominicains à Bâle, aient vu des » représentations semblables; mais la conformité des » sujets est singulière et méritoit d'être rapportée. » Nous sommes parfaitement d'accord avec M. Millin, quand il avance que l'auteur de la *Danse Macabre* et Holbein n'ont point vu de Danses de Morts dans le genre de celles des anciens; mais nous ne concevons pas comment un homme aussi instruit que lui a pu présenter Holbein comme peintre de la Danse de Bâle : c'est un anachronisme des plus choquans. Toute la première partie de notre travail est consacrée à relever cette erreur, qui est commune à beaucoup d'autres savans, et, ce qui est plus singulier, à des écrivains qui habitoient la Suisse.

des Grecs et des Romains leurs imitateurs, dit un auteur moderne, se refusoit à représenter la Mort sous les traits hideux de la décomposition physique. Des flambeaux éteints, des génies pleurans, une clepsydre, une simple urne funéraire, étoient les signes par lesquels ils rappeloient le dernier état de l'homme. » Regardant la mort comme un passage inévitable de cette vie à leurs Champs-Elysées, ils y pensoient sans que l'idée de l'instant fatal empoisonnât leurs plaisirs (1). Privés des lumières du christianisme, et n'ayant aucune boussole fixe dans leur conduite intérieure, ils ne mettoient aucun frein à leurs passions; ils transigeoient facilement avec la plupart des vices, et se croyoient assez vertueux quand ils s'abstenoient du vol et de l'assassinat, qu'ils ne lâchoient pas le pied devant

---

(1) Cependant le mot *mortuus* leur répugnoit dans la conversation; avoient-ils perdu un ami? ils ne disoient point *mortuus est*, mais *vixit* ou *fuit*. La superstition, qui étoit excessive chez les Romains, leur avoit aussi fait regarder le nombre XVII comme un nombre néfaste, malheureux, nombre de mort; la raison en est qu'en changeant l'ordre de ces lettres numérales, on peut en composer le mot VIXI, qui signifie *j'ai cessé de vivre*. Quelle puérilité! Il faut avouer que ces peuples de l'antiquité, que l'éloignement des temps et notre imagination nous représentent comme des peuples de géans, étoient quelquefois bien petits.

l'ennemi, ou qu'ils ne trahissoient pas la patrie. Aussi le chemin qui conduisoit à leur Elysée étoit assez large pour ne pas les effrayer. De là leur indifférence pour la mort, leur penchant au suicide, et même la gloire qu'ils croyoient acquérir en ne survivant pas à quelqu'événement malheureux.

Mais lorsque le flambeau de la foi vint jeter sur l'univers une clarté toute nouvelle, et que l'homme, instruit par Dieu lui-même sur les devoirs qu'il a à remplir depuis le berceau jusqu'au tombeau, sentit l'importance de ne point s'en écarter, sous peine d'une éternité malheureuse, alors la mort changea de face à ses yeux. La rigueur de la morale et des préceptes évangéliques la rendit aussi terrible et aussi effrayante au chrétien, si sa vie n'étoit pas sans tache capitale, que la licence du paganisme l'avoit rendue indifférente et familière aux anciens. Observons cependant que, dans les premiers siècles de l'ère de Jésus-Christ, la conduite des premiers chrétiens étoit si édifiante, leurs mœurs si pures, leur zèle si ardent, leur foi si sincère, que la mort, loin de leur causer de l'effroi, étoit l'objet de leurs vœux, surtout quand, par l'effusion de leur sang, elle pouvoit concourir à propager la religion, en leur procurant la récompense éternelle de leur dévouement et de tous les maux qu'ils avoient soufferts. On sait avec quel empressement, quel courage et même quelle joie des milliers de chrétiens recevoient la palme du martyre. Mais à mesure que la religion étendit son empire, la ferveur s'attiédit ; quoique bien différente, dans le moyen âge, de ce qu'elle est aujourd'hui, il s'en falloit beaucoup qu'elle fût ce qu'elle avoit été dans les premiers siècles. De plus, la barbarie, qui étendoit son voile épais sur l'Europe entière, avoit étouffé jusqu'aux germes de toute instruction. S'il en restoit quelque trace, c'étoit parmi ceux qui s'étoient voués à l'état ecclésiastique, et le reste du peuple croupissoit dans une profonde ignorance. Il ne suffisoit pas de lui enseigner les vérités de la religion : son intelligence peu cultivée en saisissoit à peine les plus essentielles. Alors, pour l'en pénétrer davantage et les lui rappeler sans cesse, on jugea à propos de parler à ses yeux par des images sensibles, comme on avoit parlé à son cœur par l'enseignement des vérités fondamentales de la religion ; et ces images sensibles consistèrent en tableaux, sculptures, bas-reliefs, spectacles, tous consacrés à des sujets religieux. On présume bien que l'on n'y oublia pas un objet auquel se rattachent et aboutissent presque tous les sentimens pieux par son importance sur le sort futur de l'ame, nous voulons dire, l'idée de la nécessité de mourir et de l'incertitude du moment fatal. On représenta donc aussi la mort ; mais il est bien présumable que, dans le principe, on ne mêla aucune idée plaisante aux représentations que l'on en fit.

Voyons s'il ne survint pas quelques événemens qui, dirigeant plus particulièrement les esprits vers cet objet lugubre, en firent multiplier les représentations, avec des détails singuliers, bizarres, tenant au sujet qui les avoit fait naître, et tels que les comportoit le goût du temps; ou pour mieux dire, les Danses des Morts ne devroient-elles pas leur origine à quelques faits majeurs, auxquels la mort elle-même ne seroit pas étrangère?

On est assez généralement d'avis que dans le principe, ces Danses ont vu le jour à la suite de pestes et d'épidémies qui ont ravagé l'Europe à différentes époques; et comme la première Danse que l'on connoisse a paru dans le XIV.ᵉ siècle (en 1383), on a pensé qu'elle avoit été exécutée après la terrible catastrophe connue sous le nom de *peste noire*, qui, en 1346, 47 et 48, exerça ses ravages d'abord en Asie, ensuite en Europe, et fit périr, dit-on, la cinquième partie de l'espèce humaine (1). Cependant la Danse des Morts

---

(1) Cette contagion, qui date de 1346, se déclara dans le Cattay, nom que portoit autrefois la partie septentrionale de la Chine. De là elle se glissa dans l'Inde, parcourut le Thibet, l'Indostan, la Perse, la Turquie d'Asie, l'Arabie, l'Egypte et une partie de l'Afrique. En 1347, elle pénétra

de Minden, la première connue, date de 1383; est-il présumable qu'on auroit attendu trente-cinq ans (de 1348 à 1383), pour l'exécuter, comme

---

dans la Turquie d'Europe, gagna la Sicile, Pise, Gênes; infesta l'Italie, le pays des Grisons; franchit les montagnes, désola la Savoie, la Bourgogne, le Dauphiné, la Provence; pénétra en Catalogne, parcourut l'Espagne, ensuite l'Angleterre, l'Ecosse, l'Irlande, la Flandre, l'Allemagne, la Hongrie et le Danemarck. C'est vers la fin du règne de Philippe VI, dit de Valois, en 1348 et 49, que ce fléau désola la France. Cette affreuse contagion attaquoit plutôt les jeunes gens que les vieillards; elle s'annonçoit par des tumeurs sous les aisselles ou dans l'aine, et le malade périssoit le second ou le troisième jour. En 1348, elle ravagea particulièrement les bords du Rhin et l'Allemagne. Seize mille personnes moururent dans la seule ville de Strasbourg. C'est en Italie, après plusieurs tremblemens de terre très-désastreux, que cette cruelle épidémie fit ses plus grands ravages. Elle n'épargna ni le moindre village ni le moindre hameau. Elle fut suivie de la famine; personne ne se trouvoit pour cultiver les terres : tous les laboureurs avoient été moissonnés. Boccace, témoin de ses ravages en Italie (il est mort en 1376), les a peints avec autant de vérité que d'énergie; il a remarqué l'extrême facilité avec laquelle les animaux la communiquoient aux hommes et réciproquement. La consternation des habitans étoit à son comble. La société tomba en Italie dans une complète anarchie; les lois perdirent leur force; des hommes de tout rang et de tout âge s'abandonnèrent à toutes sortes d'excès, etc.

tableau destiné à conserver le souvenir de cette catastrophe et à familiariser le peuple avec l'idée de la mort? nous ne le pensons pas. D'ailleurs, si ces Danses sont dues à des pestes violentes, elles pourroient être encore plus anciennes; car dès 954, il y en eut une terrible en Ecosse. En 994, parut une contagion très-désastreuse, dite *mal des ardents*, qui, pendant plusieurs années, dépeupla la France, l'Allemagne et l'Italie. Notre roi Hugues-Capet en fut victime le 24 octobre 996. L'Angleterre fut encore ravagée en 1025, puis en 1247. Vint ensuite la *peste noire* de 1346—48, dont nous venons de parler, et qui fit le tour du globe; mais elle fut suivie, en 1367, d'une peste très-meurtrière à Paris et à Londres, puis, en 1373, d'une épidémie violente en Europe. Enfin, il y en eut encore une en Angleterre en 1379. Telles sont toutes les pestes les plus remarquables en Europe avant l'année 1383, date de la première Danse des Morts connue. Quoique la *peste noire* ait été la plus notable de toutes, nous persistons à penser qu'elle n'a aucun rapport à cette Danse; et nous nous arrêterons plus volontiers à l'épidémie de 1373, qui, outre qu'elle est plus rapprochée de 1383, avoit dans sa nature, c'est-à-dire, dans les effets qu'elle produisoit sur les malades, quelque chose qui tenoit, sinon à la danse, du moins à des mouvemens très-vifs du corps. En effet, on raconte que, dans cette épidémie, « une frénésie singulière saisissoit tout-à-coup les malades; ils sortoient brusquement de leurs maisons, et se livroient aux mouvemens les plus violens, jusqu'à la perte entière de leurs forces, qui amenoit aussitôt celle de leur vie. Cette épidémie enleva un grand nombre d'individus de tout sexe et de tout âge, particulièrement en Allemagne, en France, en Angleterre et en Italie. » Ce triste événement commença en 1373 : il a sans doute continué pendant quelque temps; rien ne répugne à penser que la manière violente dont les infortunés de tout âge, de tout sexe et de toute condition, attaqués de la peste, s'agitoient et terminoient ainsi leur vie et leurs maux, n'ait suggéré au peintre qui a fait la première Danse, l'idée de représenter la Mort exerçant ses rigueurs sur tout le monde indistinctement, en sautant, imitant les mouvemens des victimes du dernier fléau (1). Nous ne donnons cette opinion que

---

(1) Peut-être aussi le peintre, en donnant des attitudes comiques à la Mort, a-t-il voulu diminuer l'effroi et la tristesse qu'éprouvoient ceux qui venoient d'échapper au fléau en question. Nous trouvons quelque chose d'assez semblable chez les anciens.

On se rappelle que, l'an 390 de Rome (364 avant Jésus-Christ), c'est aux danses et à l'institution des jeux scéniques, que les Romains eurent recours pour faire

comme une conjecture, mais elle nous paroît plus fondée que celle qui rattache la Danse de 1383 à la *peste noire* de 1347. Au reste, comme nous venons de le dire, il peut y avoir eu de ces sortes de Danses avant 1383. Cependant, si notre conjecture a quelque fondement, il n'y en auroit pas eu avant 1373. Quoi qu'il en

---

cesser une peste terrible et apaiser la colère des Dieux. Ce moyen paroît d'abord assez singulier, car, en pareille occasion, les prières publiques et les sacrifices paroîtroient plus propres à désarmer les Dieux que des jeux et des danses; mais en y réfléchissant, on découvre, sous le voile de la religion, que les Romains appliquoient à tout, le véritable but d'une politique fort adroite. La peste avoit fait les plus grands ravages à Rome; la moitié de la population avoit disparu sous ce fléau; le reste des habitans étoit dans la plus grande consternation. On consulta l'oracle. Le Dieu consulté, bien persuadé qu'une diversion joyeuse et agréable étoit le moyen le plus propre à dissiper la terreur et l'abattement des citoyens, ordonna pour remède le *carmen*, la poésie la plus gaie, la plus amusante, la plus propre à adoucir l'esprit. On fit donc venir d'Etrurie des histrions ou joueurs, qui, au son de leurs flûtes, exécutèrent des danses capables, disoit-on, d'apaiser la colère des Dieux, mais qui, dans le fond, n'avoient d'autre but que celui de distraire les esprits et de leur faire oublier le fléau qui venoit de frapper leurs concitoyens. (Extrait de notre *Traité du luxe et de la somptuosité des Romains dans leurs théâtres.*)

soit, on les a singulièrement multipliées depuis le XIV.ᵉ siècle; on en trouvoit dans beaucoup de villes, surtout en Allemagne et en Suisse; elles étoient ordinairement placées sur les cimetières, dans les églises, sur les voies publiques, etc. Dans toutes, la Mort est le coryphée; on l'y peignoit en squelette, armé quelquefois d'une faulx ou d'une lance, ou tenant un instrument de musique, tel que le rebeque ou violon, la musette, le hautbois, et appelant à son bal, avec un rire et un geste moqueur, tous les états de la vie, depuis le pape et l'empereur jusqu'au berger et au mendiant, et depuis le vieillard jusqu'à l'enfant au berceau.

Notre ouvrage étant consacré spécialement aux Danses de Morts qui ont été gravées ou imprimées, nous nous occuperons peu de celles qui ont été peintes sur des édifices publics dans différentes villes, et nous n'en présenterons guère qu'une espèce de nomenclature. On prétend que le nombre en est fort grand; mais nous sommes bien éloigné de les connoître toutes. Nous ne pourrons mentionner que celles sur lesquelles nous avons trouvé quelques renseignemens; et malheureusement ces renseignemens sont peu détaillés, parce qu'on ne s'est point occupé de traiter ce sujet, du moins en France, et que d'ailleurs presque tous ces monumens ont été détruits dans le dernier siècle et dans celui-ci.

Conservons du moins le souvenir de quelques-uns. Nous allons les exposer par ordre de date autant qu'il nous sera possible.

La première Danse des Morts connue, se voyoit à Minden en Westphalie; on assure qu'elle a été faite en 1383, comme nous l'avons dit plus haut. Nul autre détail ne nous est parvenu à cet égard, que le mot qu'en dit Fabricius dans sa *Biblioth. lat. mediæ et inf. ætatis*. Hamb., 1736, 6 vol. in-8.°, tom. V, p. 2.

La seconde Danse dont nous connoissons la date, est celle que, d'après nos recherches, nous croyons pouvoir assurer avoir été peinte au charnier des Innocens, en 1424. Nous en parlons d'une manière assez détaillée dans la seconde partie de notre ouvrage, à l'occasion du mot MACABRE, que l'on trouve donné dès ce temps, comme épithète, à cette Danse. Nous nous contenterions de la mentionner ici simplement comme celle qui précède et comme les suivantes, si, depuis l'impression de la partie de notre travail qui lui est consacrée (voyez ci-après pp. 82—89), nous n'avions découvert dans deux historiens modernes une opinion qui contredit celle que nous avons émise sur l'exécution de cette Danse. Nous allons donc rapporter les deux passages de ces écrivains, et nous tâcherons de prouver qu'ils ont sans doute puisé à des sources qui les ont induits en erreur.

Nous avons établi que la Danse des Morts qui a eu lieu à Paris en 1424, a été une peinture faite au cimetière des Innocens, et nullement une Danse exécutée réellement par des personnages vivans. Cependant M. de Barante, dans son *Histoire des ducs de Bourgogne*, tom. V, p. 182, parlant des fêtes qui eurent lieu à Paris, quand Philippe-le-Bon, duc de Bourgogne, y vint en 1424, dit :

« Il n'y avoit point des divertissemens pour les seigneurs seulement ; le peuple avoit aussi les siens. Durant six mois, depuis le mois d'août jusqu'au carême, on représenta au cimetière des Innocens la *Danse des Morts*, qu'on nommoit aussi *Danse Macabrée*. Les Anglais surtout s'y plaisoient, dit-on ; c'étoit des scènes entre gens de tout état et de toutes professions, où, par grande moralité, la Mort faisoit toujours le personnage principal. »

M. de Barante ne cite point la source où il a puisé cette anecdote, mais il n'y a aucun doute qu'elle est la même que celle que j'ai rapportée p. 83, et qui est tirée d'une vieille chronique ou *Journal sous Charles VI et Charles VII*. Comme le passage est très-court, je le répéterai ici :

« *Item*, l'an 1424, fut faite la Danse Maratre (pour Macabre) aux Innocens, et fut commencée enuiron le moys d'aoust et acheuée au karesme suiuant. » Et plus loin, il est dit : « En l'an 1429, le cordelier Richart, preschant aux Innocens, estoit monté sur ung hault eschaffaut qui estoit près de toise et demie de hault, le dos tourné vers les charniers en contre la charonnerie, à l'endroit de la Danse Macabre. »

Il est bien certain, d'après ces deux citations textuelles, que la Danse des Morts *faite aux Innocens, commencée environ le mois d'août et achevée au carême suivant*, n'étoit point une Danse exécutée par des personnages vivans, mais bien une peinture, dont l'excessive dimension a exigé six mois de travail; et ce qui le confirme, c'est que le cordelier Richart, cinq ans après, a prêché monté sur un haut échafaud placé vis-à-vis cette peinture.

Passons au second historien, M. de Villeneuve-Bargemont, qui, dans son intéressante *Histoire de Réné d'Anjou*, t. 1, pp. 54—55, nous représente la Danse Macabre en question sous la forme d'une procession, avec des détails plus étendus, plus singuliers, mais précisant moins le fait que ceux de M. de Barante. Nous allons rapporter en entier ce passage, qui peut avoir été orné sous la plume élégante de l'auteur, mais qui est d'un excellent Français, profondément affligé de la triste position où étoit alors le royaume. On avoit souffert qu'un étranger s'assît sur le trône de France, tandis que le roi légitime (Charles VII) étoit proscrit et errant. Affreux événement, qui, espé-

rons-le, ne se renouvellera pas une troisième fois!
Voici le passage :

« Le duc de Betford (V. ci-après la note, 8.°, p. 176), surpris sans doute du succès inespéré de ses armes, célébra la victoire de Verneuil par une fête qui parut alors plus étrange même que les revers des Français, et il en plaça le théâtre au centre de la capitale, dont les habitans commençoient à peine à oublier l'horrible famine qui venoit d'en moissonner le plus grand nombre. Nous voulons parler de cette fameuse procession qu'on vit défiler dans les rues de Paris sous le nom de *Danse Macabrée* ou *infernale*, épouvantable divertissement, auquel présidoit un squelette ceint du diadême royal, tenant un sceptre dans ses mains décharnées, et assis sur un trône resplendissant d'or et de pierreries. Ce spectacle repoussant, mélange odieux de deuil et de joie, inconnu jusqu'alors et qui ne s'est jamais renouvelé, n'eut guère pour témoins que des soldats étrangers ou quelques malheureux échappés à tous les fléaux réunis, et qui avoient vu descendre tous leurs parens, tous leurs amis, dans ces sépulcres qu'on dépouilloit alors de leurs ossemens. Tandis que cette hideuse fête témoignoit d'une manière si indécente le barbare orgueil des vainqueurs, les événemens successifs de la guerre avoient forcé Charles VII à errer de ville en ville pour en réclamer des renforts, etc. »

Nous aurions désiré que M. de Villeneuve citât l'auteur qui lui a fourni les détails de cette procession. Ce n'est pas que nous révoquions le fait en doute, puisqu'il le dit positivement; cependant nous craignons que le fond de ce récit ne se confonde avec celui de M. de Barante, l'événement ayant eu lieu au même temps. Au reste, que cette procession, qui n'est pas une Danse, quoiqu'on l'appelle ainsi, ait eu lieu ou non, elle ne détruit en rien l'opinion que nous avons émise sur la Danse peinte aux Innocens, et non exécutée par des personnages vivans. Nous ajouterons que nous ne concevons guère comment une pareille Danse auroit pu s'exécuter réellement. Un seul coryphée, la Mort, y auroit donc figuré vis-à-vis tous les états et tous les âges, et la même scène se seroit renouvelée avec chacun des individus prenant part à la Danse. Je ne parle pas de la difficulté d'exécuter un pareil jeu dans ces temps encore barbares; mais combien n'auroient pas été insipides cette uniformité d'actions, cette monotonie, dans un spectacle d'un moment! au lieu qu'un tableau, soit par sa durée, soit par le but qu'on s'y proposoit, but historique, moral et religieux, devoit continuellement plaire à la multitude, surtout si le peintre avoit rendu avec finesse les vifs regrets des uns et l'humble résignation des autres dans le moment fatal.

Cette digression sur la Danse des Morts du charnier des Innocens est un peu longue, mais nous l'avons crue nécessaire, notre ouvrage étant destiné à mentionner tout ce qui a rapport aux Danses des Morts ; et passer sous silence ce qu'ont dit de celle de Paris deux historiens distingués, eût été de notre part une omission d'autant plus répréhensible, qu'en ne combattant pas leur opinion, nous eussions eu l'air de passer condamnation sur la nôtre. Reprenons la liste des Danses peintes, exécutées en grand sur des monumens publics, qui sont parvenues à notre connoissance.

Nous placerons en troisième rang celle qui a été exécutée à Dijon, en 1436, sur les murs du cloître de la Sainte-Chapelle, par un nommé Masoncelle. Mais elle ne subsiste plus depuis très-longtemps, et le souvenir en étoit entièrement effacé, lorsque dernièrement un amateur de recherches sur l'histoire, les mœurs et usages du moyen âge, M. Boudot, a découvert ce renseignement dans les archives du département ; il nous a été communiqué par M. le docteur Vallot, notre confrère à l'académie de Dijon. L'église de la Sainte-Chapelle de Dijon, a été démolie pendant la révolution (1). N'oublions pas que dans l'église

---

(1) C'étoit un des plus anciens et des plus curieux monumens de la ville. Cette église fut bâtie en 1172,

Notre-Dame de la même ville (l'une des trois paroisses actuelles), il existoit, avant la révolution,

___

par suite d'un vœu que fit le duc Hugues III dans une tempête. Elle avoit une belle flèche ornée d'une couronne. C'étoit la paroisse des ducs et le chef-lieu de l'ordre de la Toison-d'Or. Elle avoit à peu près 180 pieds de long sur 58 de large, et 60 de hauteur. On y conservoit la sainte hostie, don précieux du pape Eugène IV, en 1434. Le coffre d'or qui la renfermoit, étoit un présent du duc d'Epernon. Le vaisseau dans lequel on l'exposoit à la vénération des fidèles, avoit été donné en 1452, par la duchesse Isabelle; il étoit d'or fin, du poids de 51 marcs, enrichi de pierreries et surmonté de la couronne d'or de Louis XII, apportée solennellement le 29 avril 1505, par deux hérauts d'armes. Plusieurs rois de France visitèrent cette église. Louis XII y vint en 1510; Henri IV assista religieusement à la procession de la sainte hostie le 2 juillet 1595; Louis XIV y fit ses pâques le 16 mars 1650, et y offrit le pain bénit; il y vint encore en 1658, 1668, 1674 et 1683. Marie-Thérèse accepta le bâton de la sainte hostie le 22 mai 1674.

Les chanoines de cette collégiale étoient au nombre de vingt, non compris les dignitaires. Ils avoient un privilège singulier lorsque les duchesses de Bourgogne faisoient leur première entrée dans leur église; c'étoit *lisdiz doyen et chanoines, de baisier mesdites dames en la joue; et après s'en alloient en leurs hostels diner joyeusement.* La démolition de cette célèbre église fut adjugée après les temps les plus terribles de la révolution, le 23 août 1802, moyennant 38,000 fr. On construit près de son emplacement, sur l'alignement du Palais des Etats, une

une Danse des Morts, mais qui ne tenoit point aux murs de l'édifice; elle étoit brodée ou découpée, en blanc, et cousue sur une pièce d'étoffe noire, qui avoit à peu près deux pieds de haut sur une très-grande longueur; on la plaçoit lors des grandes cérémonies funèbres, en forme de litre, dans le pourtour du chœur, au-dessus des stalles toutes drapées de noir. La Danse Macabre y étoit représentée en entier; les personnages avoient environ 18 à 20 pouces de hauteur. Cette Danse portative a disparu à la révolution avec le mobilier de l'église.

La quatrième Danse des Morts, l'une des plus célèbres, est celle qui a été peinte à Bâle, vers 1441, dans le cimetière des Dominicains, par un anonyme, après une épidémie qui, vers 1438, enleva beaucoup de monde à Bâle, pendant la tenue du concile (XVIIIe général), ouvert le 23 juillet 1431, terminé au mois de mai 1443, après la 45.e session. Nous parlons très au long de cette Danse dans la première partie de notre ouvrage, parce que, dans le principe, nous avions seulement pour but de prouver que cette Danse, peinte vers 1441, ne pouvoit sortir du pinceau d'Holbein né en 1498. M. le docteur Vallot a

---

salle de spectacle, qui, sous la direction de M. Vallot, architecte, s'annonce comme devant être l'un des plus beaux monumens de Dijon.

encore décorvert qu'à l'époque de l'épidémie en question, on frappa à Bâle une médaille portant d'un côté trois roses, et de l'autre une tête de mort, d'où sortoit un épi de blé. La devise étoit *hodiè mihi, cras tibi* (1); les survivans s'envoyoient les uns aux autres cette médaille en *memento mori*. M. Vallot ajoute à cette occasion, qu'il se rappelle d'avoir vu dans sa jeunesse cette devise, *hodiè mihi, cras tibi*, gravée dans le cimetière des Chartreux de Dijon, sur un cartouche tenu par une statue en pierre, représentant la Mort sous la forme d'un squelette. La Chartreuse de Dijon, fondée dans l'enclos de Champmol, le 15 avril 1383, par Philippe-le-Hardi, et célèbre par les superbes mausolées, en marbres noirs et blancs, de ce Philippe et de

---

(1) Ce mot *cras* me rappelle qu'il fut assez singulièrement employé au concile de Constance, par l'évêque de Toulon, qui, dans un sermon prononcé le 6 janvier 1416, s'exprime ainsi sur les maux qui affligeoient l'Eglise : « Le Seigneur, dit-il, nous avoit appelés au concile de
» Pise (en 1409), pour nous réformer et faire cesser le
» schisme (d'Occident), mais tout s'y passa en vains
» projets de réformation, et on renvoya toujours au
» lendemain : *cras, cras, cras, corvorum more*, etc. » C'est bien le cas de dire

   *Qu'on ne s'attendoit guère
    A voir corbeaux en cette affaire;*

mais c'étoit le goût du siècle.

son fils Jean-sans-Peur, ne subsiste plus, ou du moins une grande partie des bâtimens a été détruite; les mausolées restaurés se voient maintenant au Musée de Dijon.

La Danse des Morts de Lubeck est la cinquième sur laquelle nous avons eu quelques renseignemens. Elle a été exécutée en 1463, dans le porche de l'église Sainte-Marie. Fabricius, qui cite cette Danse p. 2 du V.⁵ volume de sa Biblioth. de la moyenne et basse latinité, renvoie aux ouvrages suivans: *Venerandi senioris Jacobi à Mellen gründliche Nachricht von Lübeck,* 1713, in-8.°, p. 84 et suiv. — *Nathan. Schlott, gedanensis lübeckischen Todten-Tantz,* 1701, in-8.° — *Ejusdem N. Schlott poetische Blätter, ibid.,* 1702, in-8.°, p. 57 et suiv. N'ayant pu nous procurer ces différens ouvrages, nous ne pouvons qu'en indiquer les titres.

La sixième Danse est celle d'Anneberg dans la Haute-Saxe; elle a été peinte en 1525. Mentionnée par Fabricius *loco citato,* sans autre détail.

La septième a été exécutée à Dresde, au château, en 1524. Il existe sur cette Danse et sur plusieurs autres, un ouvrage allemand de Paul.-Christ. Hilscher, intitulé: *Beschreibung des so genannten Todten-Tantzes wie selbiger an unterschiedlichen Orten, sonderlich in Hertzog Georgens Schlosse in Dreszden zu sehen.* Dresde, 1705, in-8.°, M. Weiss, savant et laborieux biographe, dans son article MACABER de la *Biographie universelle,* tom. XXV, en cite une édition de *Budissen* (Bautzen), *Richter*, 1721, in-8.°

La huitième Danse des Morts appartient à Leipsick. Nous ignorons la date de son exécution.

Il en est de même de la neuvième qui a été peinte à Berne. Huld. Frœlich en a donné une description avec des figures en bois.

A Erford, il existe aussi une Danse des Morts, dans le couvent des Augustins, où l'on voit encore la cellule qu'a habitée Luther; cette Danse est peinte sur les panneaux entre les fenêtres.

Lucerne possède deux Danses de Morts, dont nous ignorons la date; la plus ancienne est sur l'un de ses trois ponts. Voici ce que nous avons recueilli à cet égard : « Les trois ponts de Lucerne méritent l'attention des voyageurs. Sur le plus petit, nommé le pont des Moulins, qui est sur la Reuss, on voit la Danse des Morts, ouvrage du peintre Meglinger. » Quant aux deux autres ponts, l'auteur qui nous fournit ce renseignement, dit : « Le pont de Kappel, bâti sur l'écoulement du lac, a 1000 pieds de longueur; on y voit deux cents tableaux qui représentent les exploits suisses, et dont M. le trésorier de Balthasar a publié les explications. Le Hofbrücke ou pont de la cour, a 1380 pieds de longueur, et sert de communication entre la ville et l'église paroissiale et canonicale d'Im-Hof; il est orné de tableaux, dont les sujets sont tirés de l'histoire sacrée. »

M. Ramond, traducteur des *Lettres de Coxe sur la Suisse*, édit. de 1782, nous fournit, tom. I, p. 148, le passage suivant sur le même sujet : « Les trois ponts de Lucerne, dit-il, sont à la suite l'un de l'autre et semblent n'en faire qu'un. La Danse les Morts qui décore le troisième, est ce qu'il y a de plus remarquable dans leurs peintures; elle est pleine de feu, d'imagination, et plusieurs de ses tableaux m'ont paru assez bons pour n'avoir pu être défigurés par les barbouilleurs qui les ont retouchés, et qui en ont enseveli une grande partie sous leurs corrections. On trouve dans toute la Suisse, ajoute l'auteur, et même en Alsace, de ces Danses de Morts, dont l'origine paroit être due à ces épidémies que l'on qualifioit de pestes, et qui ont autrefois ravagé à plusieurs reprises ces contrées. »

Il est encore question des mêmes peintures dans un ouvrage intitulé : *Lucerne et ses environs, suivi d'un Itinéraire au Mont-Righi et autour du lac des Quatre-Cantons, orné de plans, vues et d'une carte détaillée du lac et de ses environs*; trad. de l'allemand du chanoine Businger, par Henri de Crouzaz, 2.ᵉ édit. Lucerne, X. Meyer, 1821, in-8.° L'auteur donne quatre ponts à Lucerne; après avoir parlé du troisième, dit le pont de la Chapelle, il s'exprime ainsi : « Le quatrième pont, connu sous le nom de pont des Moulins (*Mühlenbrücke* ou *Spreuerbrücke*), a 310 pieds de longueur;

il fut construit en 1403 sur la Reuss. Il offre un moyen de communication pour les piétons entre les deux parties de la ville, et est décoré d'une copie faite par Meglinger de la fameuse *Danse des Morts* de Bâle, en 36 tableaux à double face. Le génie des beaux-arts n'a pas, à la vérité, toujours conduit le pinceau des auteurs des tableaux qui ornent ces ponts; cependant ils ne sont pas tout-à-fait sans mérite, surtout ceux du pont de la Chapelle et du pont des Moulins. Ils offrent toujours un intérêt comme monumens du goût des temps où ils ont été faits, et peut-être aussi par les légendes en vers qu'on lit au-dessous de chacun d'eux. »

Enfin M. Raoul-Rochette, dans ses *Lettres sur la Suisse*, 2.e édition, Paris, 1823, 2 *vol. in-8.°*, tom. Ier, pp. 259—261, tout en faisant l'éloge des ponts de Lucerne, est bien éloigné de porter un jugement aussi favorable de la Danse des Morts que l'on y voit. Après avoir parlé des ponts considérés comme promenades charmantes, qui offrent des points de vue délicieux, surtout celui du Hof, le plus grand pont couvert de toute la Suisse, et celui de la Chapelle, qui n'a guère moins de 1000 pieds de long, l'auteur dit : « Ce n'est pas encore là tous les agrémens qu'on y trouve : l'œil du citadin et de l'étranger s'y fixe avec intérêt sur des tableaux de forme triangulaire placés entre les chevrons qui soutiennent le toit. Les sujets de quelques-uns de ces tableaux sont tirés de l'histoire héroïque de la Suisse. Un plus grand nombre retracent des scènes de l'ancien et du nouveau Testament, et des traits de la vie de S. Léger et de S. Maurice, patrons de la ville. Les peintures du pont des Moulins, au nombre de 36 tableaux à double face, sont une copie faite par Meglinger, de la fameuse Danse des Morts qui se voyoit jadis à Bâle. Je ne sais quel attrait peuvent avoir aux yeux de ce peuple ces dégoûtantes caricatures de la vie humaine, qui du moins se recommandent dans les esquisses d'Holbein par quelque artifice de pinceau. Mais dans ces copies, les traits hideux de la Mort, reproduits sans cesse au milieu des plus burlesques travestissemens, forment un spectacle si repoussant, qu'il autoriseroit la prévention la plus fâcheuse contre le goût du peuple qui se complaît à de pareilles images. » Tout en convenant avec M. Raoul-Rochette que ces peintures n'offrent rien d'agréable, nous pensons qu'elles sont précieuses sous le rapport du goût et des usages du temps où elles ont été exécutées, et nous ajouterons que si elles sont une copie de la Danse de Bâle, elles n'ont rien de commun avec les esquisses d'Holbein.

La seconde Danse des Morts de Lucerne se trouve dans le cimetière de l'église paroissiale d'Im-Hof, qui est peu éloignée du pont. Ce cimetière est entouré d'arcades sous lesquelles on voit cette Danse. Parmi les différens sujets qui la composent, on en distingue un remarquable par son expression; c'est un tableau peint à fresque, au-dessus de la tombe d'un respectable chanoine, fondateur de la société de musique. Ce studieux personnage tient à la main un livre ouvert qu'il lit avec attention; la Mort jouant du violon, vient l'avertir : il n'en est point effrayé; et marquant tranquillement, avec le signet, l'endroit de sa lecture, comme s'il devoit la reprendre, il paroît disposé à suivre la Mort, comme il suivroit quelqu'un qui seroit venu l'interrompre un moment. Cette seconde Danse de Lucerne est plus moderne que celle que l'on voit sur le pont. Elle n'a pas plus trouvé grâce au tribunal sévère de M. Raoul-Rochette, que la première Danse, car il dit : « S'il est permis de juger de l'esprit d'une nation par celui qu'elle étale elle-même dans ses inscriptions publiques, celles qu'on lit en très-grand nombre au cimetière d'Im-Hof, sont tellement pleines d'antithèses ridicules et d'images bizarrement accouplées, qu'il est impossible d'accorder l'impression de cette lecture avec la gravité du lieu et la nature des sentimens qu'il commande. Les images peintes ou sculptées qui accompagnent ces inscriptions, ne sont pas plus judicieusement choisies, ou plutôt elles y sont parfaitement assorties.... Mais il est vrai de dire que toutes ces traces de mauvais goût appartiennent à une époque déjà ancienne. »

M. Reichard, dans son *Guide du Voyageur en Suisse*, Weimar, 1819, *in*-12, p. 19, mentionne aussi cette Danse, mais sans aucun détail.

Nous avons encore ouï parler d'une Danse de Morts qui existoit dans la cathédrale d'Amiens (Somme). Il en est question, nous a-t-on dit, dans une brochure publiée par M. Rivoire en 1806. Nous n'avons pu nous la procurer.

Il est présumable qu'à l'ancien cimetière Saint-Maclou, à Rouen, il existoit jadis une Danse des Morts, et nous en jugeons par un passage tiré de la curieuse *Description historique des maisons de Rouen*, etc., par M. de la Querière, *Paris*, 1821, *in*-8.°, fig. de M. E.-H. Langlois. L'auteur dit, p. 230, que dans les galeries en pierre et en bois que l'on voit autour de cet établissement, « les filières sont sculptées d'ossemens en sau- » toirs, de têtes de morts et autres emblèmes » funéraires. » Cela nous donne à penser qu'il aura pu y avoir autrefois une Danse des Morts peinte sur les murs ; elle aura sans doute précédé, nous ne disons pas, l'incendie de 1758, mais la dévastation de 1562, et dès lors on n'en aura plus parlé. Au reste, ce n'est de notre part qu'une simple conjecture.

D'après une découverte récente, nous avons

des renseignemens plus positifs sur une Danse de Morts qui a été peinte, il y a plusieurs siècles, à Strasbourg, dans l'édifice que l'on nomme le Temple-Neuf des protestans, et qui avoit entièrement disparu. On nous a raconté que pendant l'été de 1824, comme l'on faisoit des réparations à cet édifice, on a été fort surpris de découvrir une Danse des Morts peinte sur les murs intérieurs et cachée sous une couche de blanc qui recouvroit la muraille. Les personnages étoient, disoit-on, de grandeur naturelle comme dans la Danse de Bâle. Voilà le seul renseignement oral que le hasard nous avoit procuré sur cette découverte, quand un hasard plus heureux nous fait tomber sous la main des détails très-intéressans, publiés sur cet objet par M. le professeur G. Schweighæuser, de Strasbourg : nous en devons la communication à l'obligeance de M. Maillart de Chambure fils, avocat, notre confrère à l'académie de Dijon; et nous allons les transcrire tels qu'ils ont été consignés dans le *Globe*, journal littéraire, n.° 5.

« On étoit occupé, dit M. Schweighæuser, à regratter et à reblanchir l'intérieur de l'église protestante dite l'Eglise-Neuve, construite au XIII.° siècle, et qui, dans l'origine, avoit appartenu aux Dominicains, lorsque les ouvriers, près de terminer leur travail, s'aperçurent, en peignant un bas de muraille où il existoit une crevasse, qu'il se formoit sous la brosse des bulles colorées. Cette circonstance donna lieu à l'architecte, M. Arnold, de soupçonner l'existence de peintures cachées, et en effet, les anciennes couches de chaux ayant été soigneusement lavées, on découvrit une série de tableaux représentant, à l'exception d'un seul, différens groupes d'une Danse des Morts. Ces tableaux pris en masse, ressemblent, sous le rapport de l'idée première et de la disposition, à la fameuse Danse des Morts de Bâle, mais dans les détails, ils sont d'une composition plus originale, et me paroissent préférables. Le *Sermon du Dominicain*, par lequel ouvre cette Danse des Morts comme celle de Bâle, qui se trouvoit aussi dans une église de Dominicains, est surtout d'une très-belle composition, et ne se trouve que très-peu endommagé ; d'autres groupes ont souffert davantage. Ces altérations doivent remonter au temps où l'église, abandonnée en 1546 par les moines, après avoir servi quelque temps de magasin, fut, en 1681, définitivement consacrée au culte évangélique. Les murs durent en être blanchis à cette époque ou peut-être à une époque antérieure, lorsque les protestans l'occupèrent une première fois pendant le court espace de 1549 à 1561 (1).

---

(1) Il nous semble, d'après l'exposé de M. Schweighæuser, qu'il faut faire remonter la disparition de cette

Ces tableaux commencent à 7 pieds au-dessus du sol, et ont plus de 7 pieds de hauteur. Les figures sont un peu plus que de grandeur naturelle. Les groupes, séparés par de petites colonnes peintes et surmontés chacun d'un arc également peint, ont de 5 pieds et demi à 6 pieds de large. Le premier tableau ne fait pas partie de la Danse des Morts; il représente dans trois compartimens un grand nombre de saints; il y en a neuf ou dix dans chaque compartiment, et les noms sont écrits au-dessous de chaque figure. La peinture paroît être d'une

---

Danse au moins à l'an 1546, puisque dès ce temps, cette église avoit été abandonnée par les Dominicains, après avoir servi quelque temps de magasin. Les Danses des Morts étoient alors des objets très-curieux : on seroit peut-être fondé à penser que, lors des progrès de la réforme, qui occasionnèrent de si vives altercations entre les catholiques et les réformés; on seroit peut-être, dis-je, fondé à penser que, par haine et par esprit de parti, pour priver ses adversaires d'un monument cher au peuple, l'un des deux partis aura fait disparaître cette Danse. Si nous sommes incertains sur l'époque de sa disparition, nous ne le sommes pas moins sur celle de sa fondation. Selon toute apparence, cette église ayant été construite au XIII.ᵉ siècle, sa Danse des Morts doit dater du XIV.ᵉ ou du XV.ᵉ au plus tard, car c'est dans ces deux siècles que l'on a le plus multiplié ces sortes de peintures.

autre main que la Danse des Morts, et d'une époque plus ancienne. Ensuite vient le *Sermon*, composition de douze figures : trois femmes sont assises sous la chaire ; à côté d'elles se tiennent deux personnages mal caractérisés ; puis un évêque, un cardinal, un pape, etc. Immédiatement après le *Sermon*, c'est la Mort qui vient chercher un pape : une figure accessoire complète ce tableau. Dans le troisième, la Mort enlève deux cardinaux. Dans le quatrième, un empereur et une impératrice, derrière lesquels une suivante regarde avec indifférence ; et dans le cinquième, quatre personnages, parmi lesquels on remarque un jeune homme, dont la tête est ornée d'une couronne de fleurs (1). Les quinze tableaux qui suivent, représentent des évêques, des abbés et des moines de tous les ordres, dont la Mort fait sa proie. Le reste de la série est très-endommagé et à peine distinct ; cependant la suite est indiquée par une inscription presqu'effacée et qui contient une maxime de morale. La tête de la Mort, dans

---

(1) Comme dans chaque compartiment il se trouve plusieurs personnages avec la Mort, cette Danse ne ressemble ni à celle de Bâle ni à la Danse Macabre, qui n'ont l'une et l'autre qu'un seul personnage avec la Mort, comme on le verra dans notre ouvrage. Elle ne ressemble pas non plus à la Danse d'Holbein, parce que les groupes de personnages sont tout-à-fait différens.

ces tableaux, est moins décharnée que dans les gravures des tableaux de Bâle; les traits de son visage offrent une expression toujours variée. Les vivans que cette hideuse figure traîne à sa suite, sont souvent ingénieusement groupés. Le dessin des corps présente quelques inexactitudes, mais les visages sont, pour la plupart, très-bien peints. Le choix des couleurs et la manière dont les draperies sont traitées, sont remarquables. »

Telle est la nomenclature des différentes Danses des Morts exécu... en grand par le moyen de la peinture, su... esquelles nous avons trouvé quelques renseignemens. Il est certain qu'il en a existé un grand nombre d'autres dans plusieurs contrées de l'Europe, particulièrement en Allemagne et en Suisse; mais ces peintures n'ayant plus guère été en harmonie avec le goût, l'esprit et les mœurs des XVII.ᵉ et XVIII.ᵉ siècles, on les a fait insensiblement disparoître; et on n'a pas daigné en conserver le souvenir, du moins dans les ouvrages français modernes. Aussi ce ne sont pas ces tableaux qui ont été le principal objet de nos recherches; une seule Danse de ce genre, celle de Bâle, a exigé de nous quelques détails, parce que son origine tient plus particulièrement au sujet que nous avions d'abord à traiter. C'est ce que nous allons expliquer, en terminant cette introduction par un mot sur le hasard qui nous a fait entreprendre ce travail, sur les développemens successifs dont le sujet nous a paru susceptible, et enfin sur le plan que nous avons suivi.

Nous ne songions nullement à nous occuper de recherches sur les Danses des Morts, lorsque M. Guillaume, notre ami et notre confrère aux académies de Besançon et de Dijon, nous écrivit pour nous consulter sur des figures grotesques de la Mort dont étoit orné un livre d'Heures imprimé sur vélin, en 1508, qu'il venoit d'acquérir. (Sa lettre dans laquelle il nous exposoit ses doutes, bien fondés, sur la Danse de Bâle, attribuée à Holbein, est rapportée en tête de la première partie de notre ouvrage.) Pour lui répondre sur ce sujet assez neuf, car nous ne connoissions alors aucun traité spécial relatif à la Danse de Bâle, ni aux autres Danses de ce genre, il fallut compulser différens ouvrages et recourir à quelques éditions de Danses de Morts. L'obscurité de la matière rendoit ce travail assez pénible. Cependant, à mesure que nos recherches se multiplioient, l'horizon s'agrandissoit; de nouvelles découvertes succédoient aux premières; les matériaux s'accumuloient; et bientôt nous ne dûmes plus nous borner au seul objet sur lequel notre confrère nous demandoit des explications.

Nous avons donc embrassé le système entier

des Danses de Morts, ne négligeant rien de tout ce qui y a rapport. C'est surtout en essayant de remonter à l'origine de ces Danses et de leurs éditions, que nous avons éprouvé le plus de difficultés; car d'une main, il a fallu percer des ténèbres que nous n'avons pas même pu dissiper entièrement; et de l'autre, nous avons été obligé de relever les erreurs dans lesquelles sont tombés beaucoup d'écrivains, et même des érudits, parce qu'ils n'avoient point approfondi cette partie. La plupart attribuant à Holbein les peintures de la Mort exécutées à Bâle, ont confondu dans ce singulier anachronisme les dessins faits par Mérian d'après ces peintures de Bâle, avec les propres dessins d'Holbein et même avec ceux de la Danse Macabre, qui ne se ressemblent en rien pour la disposition des personnages, quoique le fond du sujet soit le même. D'autres se sont trompés sur les auteurs de différentes Danses, soit comme peintres, soit comme graveurs. Les différentes éditions de ces Danses ont aussi donné lieu à plusieurs erreurs.

Ayant recueilli nombre de renseignemens non-seulement sur cet objet, mais encore sur l'origine (parfois conjecturale) des principales Danses de Morts, sur les dessins et les gravures que l'on en a faits, sur les éditions avec inscriptions que l'on en a publiées dès le XV.ᵉ siècle, sur les divers accessoires qui tiennent à ce sujet, nous avons pensé que tous ces détails curieux, réunis, pourroient former un ouvrage assez intéressant, et d'autant plus utile, que le fond peu connu tient à l'état des mœurs, de la littérature et des arts, dans les XIV.ᵉ, XV.ᵉ et XVI.ᵉ siècles.

Nous avons donc composé ce recueil, d'abord de tout ce qui regarde les Danses de Bâle et d'Holbein, principal objet de la lettre de M. Guillaume; ensuite nous parlons de tous les ouvrages qui ont paru sous le titre de Danses des Morts ou de Danse Macabre, soit gravés, soit imprimés en différentes langues; nous en rappelons les éditions avec des notices bibliographiques détaillées; nous citons toutes les imitations que l'on en a faites, sans oublier même la *Danse aux Aveugles*; enfin, nous donnons la description de différens *livres de prières* des XV.ᵉ et XVI.ᵉ siècles, sur les marges desquels la Danse Macabre a été gravée, soit partiellement, soit en entier; et nous n'avons point négligé les ouvrages où il est parlé, même transitoirement, des Danses en question. Puissions-nous n'avoir pas trompé la curiosité et l'attente des amateurs auxquels nous destinons cet ouvrage, et surtout n'avoir pas commis de nouvelles erreurs en cherchant à rectifier celles des autres, ce qui est très-possible; car nous avons à regretter de n'avoir pas eu à notre disposition tous les livres, et surtout des livres étrangers, que nous aurions désiré consulter sur cette matière assez obscure, et dont certains points n'ont pu être établis que par conjecture. Mais au moins nous aurons mis sur la voie ceux qui, ayant plus de ressources que nous, voudroient traiter cette matière à fond; et notre travail, même avec ses imperfections et les erreurs que nous aurions pu commettre, pourra leur être de quelqu'utilité.

AVERTISSEMENT

RELATIF

AUX RECHERCHES SUR L'ORIGINE ET L'HISTOIRE

DES CARTES A JOUER.

———

En mettant sous presse nos *Recherches sur les Danses des Morts*, nous pensions que le manuscrit fourniroit un volume qui, par sa juste proportion, seroit digne de figurer dans un cabinet d'amateur; mais l'impression étant sur le point d'être terminée, nous nous sommes aperçu que le nombre de pages qu'occupent ces recherches ne rempliroit pas nos intentions. Nous avons donc cru devoir ajouter à notre premier travail, un morceau d'érudition, choisi parmi les différentes recherches littéraires que nous avons encore en porte-feuille. Ce nouveau sujet, à la vérité, n'a de commun avec le précédent, que l'obscurité de son origine; mais sous le rapport historique et technologique, il n'en offre pas moins des difficultés dont la discussion est pleine d'intérêt, et des détails curieux, propres à piquer la curiosité. Nous voulons parler des cartes à jouer, qui ont acquis une si grande importance chez tous les peuples modernes, soit comme objet de délassement, soit comme objet d'occupation, et, disons-le, soit malheureusement comme objet d'une passion cupide, dont les résultats deviennent quelquefois si funestes. Mais ici ce n'est point comme moraliste que nous considérons les cartes : nous ne les envisageons que sous le rapport de leur origine, de leur histoire et de la rapidité avec laquelle elles se sont répandues par toute l'Europe et même au-delà des mers. Nous nous attachons surtout à la difficulté de fixer l'époque de cette invention singulière, que l'on fait flotter d'une manière très-incertaine dans l'espace de deux ou trois siècles déjà reculés.

Cette matière peut paroître frivole à certains esprits superficiels; cependant il faut bien qu'elle ne le soit pas autant qu'ils le pensent, puisque des savans du premier ordre, tels que les Daniel, les Bullet, les Rive, les Gebelin, les Breitkopf, les Singer, etc., n'ont pas dédaigné de la traiter. Cela suffisoit pour attirer notre attention. Nous avons pris connoissance de tout ce qui a été publié à ce sujet, et nous avons vu en effet que cette invention qui se rattache à tant d'événemens historiques, qui tient aussi aux arts, car, antérieure à l'origine de la xylographie, elle a peut-être mis sur la voie pour découvrir l'art de l'imprimerie; nous avons vu, disons-nous, qu'elle étoit bien digne que des érudits s'en fussent occupés.

Mais les ouvrages publiés sur cette matière, et qui pour la plupart ne sont que des opuscules, étant devenus très-rares, et même assez chers, nous avons pensé que réunir dans une analyse raisonnée les recherches et les particularités les plus curieuses contenues dans tous ces écrits, en discuter les points systématiques, et présenter un plan pour un nouvel essai sur cet objet, seroit un travail utile et qui en même temps pourroit être agréable aux vrais amateurs de ces sortes de recherches.

Nous nous sommes donc bien pénétré de l'ouvrage de chaque auteur, et nous en avons examiné scrupuleusement les détails, surtout dans ce qui regarde les dates les plus reculées de l'usage des cartes, leurs différentes espèces, les dessins figurés des plus anciennes, la variété successive des costumes et des couleurs qui ont été adoptés chez tel ou tel peuple, enfin leurs diverses dénominations; puis nous avons tâché, en renfermant ces renseignemens dans des extraits rédigés avec soin, d'éviter l'excès du laconisme ou de la prolixité; et de ces différens extraits, nous avons formé un recueil sous le titre d'ANA-LYSE CRITIQUE ET RAISONNÉE *de toutes les recherches* publiées jusqu'à ce jour sur l'origine et l'histoire des cartes à jouer. C'est ce recueil qui forme la seconde partie de ce volume. Nous espérons qu'il n'offrira pas moins d'intérêt que les recherches consacrées aux Danses des Morts, quoique le fond du sujet soit beaucoup plus familier à tout le monde.

DANSE D'HOLBEIN, N.º 43
La mort et le débauché

RECHERCHES
SUR LES
DANSES DES MORTS.

PREMIÈRE PARTIE.

DE LA DANSE DES MORTS QUI ÉTOIT PEINTE A BALE, ET DE LA DANSE DES MORTS DESSINÉE PAR HOLBEIN.

I.

La Danse des Morts de Bâle et celle d'Holbein sont totalement différentes, et n'ont de commun que le fond du sujet.

Avant d'entrer dans le détail des recherches qui nous ont occupé sur les Danses des Morts, nous croyons devoir expliquer d'abord ce que l'on entend par cette dénomination; car, en bonne méthode, un traité doit toujours être précédé de la définition de son principal objet. Nous dirons donc que les Danses des Morts sont des peintures qui existoient jadis, soit dans les cloîtres, soit sur des murs de cimetières, soit dans l'intérieur des églises, ou dans d'autres lieux apparens, et qui représentoient la Mort sous la forme d'un squelette, appelant à elle, d'un air malin, des personnages de tout état, de tout sexe et de tout âge. Ces peintures étoient autrefois très-multipliées : il en subsiste encore quelques-unes. Elles formoient une espèce de galerie, où la Mort est répétée autant de fois qu'elle a de personnages à entraîner ; c'est-à-dire, que chaque personnage a près de lui un squelette qui lui fait le signe redoutable du départ : et comme ces squelettes sont presque tous dans des attitudes plaisantes, gesticulant, dansant, et souvent ayant l'air, en jouant du violon ou de la flûte, d'inviter au bal les divers personnages qu'ils provoquent, on a donné à ces suites de groupes singuliers le nom de DANSE DES MORTS. Depuis l'invention de la gravure et de l'imprimerie, toutes ces figures, qui étoient peintes de grandeur naturelle sur des murs, ont été réduites sur le papier. On les a dessinées, gravées ; et on en a formé des recueils, qui, avec les inscriptions imprimées, ont formé, dès le XV.ᵉ siècle, des éditions précieuses, recherchées par les amateurs.

Il existe différentes sortes de Danses des Morts. Les distinguer, tracer leur histoire, donner la description des principales éditions, l'accompagner d'accessoires qui, tenant au sujet, peuvent piquer la curiosité, tel est l'objet de notre travail. Nous osons croire qu'avec l'introduction précédente, il formera le traité le plus étendu et le plus complet qui puisse exister sur les Danses des Morts. Entrons en matière.

Les recherches qui composent ce recueil ayant eu lieu, dans le principe, par suite de la lettre que nous a écrite M. Guillaume sur la Danse de Bâle, attribuée à Holbein (ainsi que nous l'avons exposé dans notre introduction), nous allons d'abord donner textuellement cette lettre; et, de la solution des questions qu'elle renferme, découleront les divers renseignemens que nous avons découverts et que nous publions, sur tout ce qui regarde les Danses des Morts, soit sous le rapport historique, soit sous le rapport bibliographique.

« J'ai fait, nous écrivoit M. Guillaume, une
» petite découverte, que vous êtes bien le maître
» de publier, si vous croyez qu'elle en vaille la
» peine. Vous savez que l'on attribue communément
» au peintre Holbein l'idée originale
» de la Danse des Morts, qu'il a peinte dans
» un cloître à Bâle, et qui dès-lors a été gravée
» par Chrestien de Mechel. Un squelette conduit
» au tombeau un personnage, et cette triste
» Danse se répète d'une manière variée pour
» tous les âges et tous les états de la vie. Eh bien,

» j'ai acheté dernièrement une paire d'Heures,
» imprimée sur vélin, en 1508, par ou pour Simon
» Vostre (1), sans mention du lieu où ce livre a
» été imprimé (2). Chaque page est encadrée, et
» l'encadrement de l'office des morts présente les
» figures de la Danse des Morts. Holbein, né en
» 1498, n'avoit que dix ans lorsque ces Heures
» ont paru. Il n'auroit donc fait que les copier,
» ou d'après ces Heures, ou d'après quelqu'an-
» cienne peinture ou gravure, retracée dans ces
» *Hore sacre*. »

Reprenons les deux principaux passages de cette lettre, qui demandent une explication, ou plutôt une rectification. 1.° « On attribue com-
» munément à Holbein l'idée originale de la Danse
» des Morts, qu'il a peinte dans un cloître à
» Bâle, et qui dès-lors a été gravée par Chrestien
» de Mechel. » On ne peut attribuer à Holbein l'idée de la Danse des Morts de Bâle, puisqu'elle a

---

(1) Simon Vostre étoit imprimeur-libraire à Paris. Il a été reçu libraire en 1491, imprimeur en 1500, et il est mort en 1528. Beaucoup d'ouvrages sont sortis de ses presses.

(2) Il a été imprimé à Paris. Ce livre d'Heures n'est ni le premier, ni le seul où l'on trouve des ornemens de ce genre : S. Vostre lui-même en a publié plusieurs; on en connoît beaucoup d'autres. Nous donnerons la description détaillée des principaux, dans la quatrième partie de notre ouvrage.

été exécutée longtemps avant sa naissance, comme nous le prouverons plus bas, et qu'il n'a pas même travaillé à la réparation de ces peintures. Ensuite, ce n'est point la Danse de Bâle qui a été gravée par C. de Mechel, mais bien une autre Danse faite sur les dessins particuliers d'Holbein. La Danse de Bâle a été gravée sur les dessins réduits de Mérian. 2.°
« Chaque page (des *Heures* de 1508) est encadrée,
» et l'encadrement de l'office des morts présente
» les figures de la Danse des Morts. Holbein, né
» en 1498, n'avoit que dix ans; il n'auroit donc
» fait que les copier, etc. » Les figures grotesques de la Mort qui ornent ce volume de 1508, ne proviennent ni de la Danse de Bâle, ni de celle d'Holbein, mais bien de la DANSE MACABRE (1), dont la première édition connue date de 1485; et cette Danse, comme peinture, est beaucoup plus ancienne. (Voyez l'introduction.)

Il s'agit maintenant de donner des preuves de ce que nous venons d'avancer. Etablissons d'abord que la Danse des Morts de Bâle n'est nullement d'Holbein, et qu'elle lui est bien antérieure. C'est ce que nous apprend d'une manière positive, la narration qui se trouve dans la préface que Mérian

---

(1) La Danse de Bâle est bien aussi une Danse Macabre; mais nous la distinguons des autres, parce qu'elle en diffère par l'attitude de ses personnages et par la manière dont elle a été gravée.

a mise en tête de son édition allemande de la Danse des Morts de Bâle, *Francfort*, 1649, in-4.°, et qui se retrouve en allemand et en français, en tête de l'édition de Bâle, d'Im-Hoff, 1744, in-4.° Voici cette narration. Quoique d'un style un peu tudesque (quant à la traduction française faite par un allemand), elle n'en est pas moins très-claire et très-positive. Nous la donnons textuellement, sans changer un seul mot, conservant même l'orthographe.

« Pour ce qui regarde le contenu (de cette
» édition, dit Mérian), vous y trouverez le fameux
» tableau de la Danse des Morts, qui est dans
» l'illustre et très célèbre ville de Basle, auprès
» des Dominicains, dans cette belle cimetière
» (sic) qui est pleine de tilleuls, sur le chemin
» pavé à côté droit à l'entrée, et fermé d'une
» galerie et d'un toit. Ce tableau est un vieux
» monument et une rare antiquité qui y fut fondée
» probablement dans le grand concile, comme
» l'on croit d'une manière très probable, par les
» pères et les prélats qui y assistoient du temps
» de l'empereur Sigismond, en mémoire perpé-
» tuelle de la mortalité ou de la peste qui y regnoit
» en 1439, pendant ce concile, et qui emporta
» beaucoup de monde, entre lesquels il y avoit
» plusieurs personnes de qualité et même (puis-
» que ce concile commença en l'an 1431 sous le
» pape Eugène IV, et dura 17 années 9 mois et

» 27 jours) des cardinaux et des prélats dont
» quelques uns sont enterrés dans cette même
» (sic); mais plusieurs encore dans la Chartreuse
» qui est dans la petite ville. Et puisque cet
» empereur, d'heureuse mémoire, étoit un ama-
» teur et un protecteur extraordinaire des savans
» et des artistes, on voyoit toujours auprès de lui
» une quantité de ces gens là. Or il y avoit en ce
» temps là un certain homme nommé JEAN D'EICK
» (Jean de Bruges ou Van-Eick), qui étant un
» peintre du Pays-Bas, inventa l'art de peindre
» en huile : car autrefois on étoit contraint de
» peindre en détrempe; ce qui ne pouvoit être de
» longue durée (1). Or, comme nous venons de

---

(1) Avant la découverte de la peinture à l'huile, les seuls procédés que l'on employât, étoient la fresque, l'encaustique, la peinture à l'eau d'œuf, au lait, à la gomme, à la colle, enfin tous les genres de détrempe. Un heureux hasard fit trouver la peinture à l'huile, dans le XV.ᵉ siècle, siècle si fécond en découvertes de la plus haute importance. Il y en a qui prétendent que cette manière de peindre est antérieure à Jean Van-Eick, natif de Maeseyck, petite ville dans la principauté de Liége, et qu'elle remonte à 1297. Cependant, on croit commu- nément que ce fut cet artiste qui la découvrit à Bruges, en 1410, c'est-à-dire, à peu près trente-un ans avant que l'on exécutât la DANSE DE BÂLE par ce procédé. Selon toute apparence, c'est à l'époque de l'invention de la peinture à l'huile, ou très-peu de temps après, qu'il faut rattacher l'origine et la formation des écoles de peinture. Les prin-

» dire, les pères du concile qui ont fait peindre en
» huile cet œuvre louable, par un des meilleurs

---

cipales sont connues sous les désignations suivantes : la ROMAINE et la FLORENTINE, dont les noms les plus illustres sont : Léonard de Vinci, F. (n. 1445 — m. 1519); Raphaël, R. (1483—1520); P. Perugin, R. (1449—1524); And. Del Sarte, F. (1488—1530); Le Parmesan (1503—1540); Polyd. Caravage (1495—1543); Jules Romain, R. (1492—1546); Salviati (1510—1563); Michel-Ange, F. (1474—1564); Daniel de Volterre, F. (1509—1566); Pierre de Cortone, R. (1596-1669), etc. L'école LOMBARDE, qu'ont illustrée Le Corrège (1494—1534); Annib. Carrache (1560—1609); Le Caravage (1569—1609); Le Dominiquin (1581—1641); Le Guide (1575—1642); Lanfranc (1581—1647); L'albane (1578—1660); Le Guerchin (1590—1666), etc. L'école VÉNITIENNE, connue par Le Giorgion (1477—1511); Jean Bellin (1426—1516); Le Titien (1477—1576); Paul Véronèze (1532—1588); Palme l'ancien (1548—1588); Jacques Bassan (1510—1592); Le Tintoret (1512—1594); Palme le jeune (1544-1628), etc. L'école FLAMANDE, célèbre par Albert Durer (1471—1528); Lucas de Leyde (1494—1533); Holbein (1498—1554); Otho-Venius (1548—1588); Rubens (1577—1640); Van-Dick (1599—1641); Paul Potter (1625—1654); Wouvermans (1620—1668); Jacq. Jordaens (1594—1674); Rembrand (1606—1674); Dav. Teniers (1610—1694); Van-Huysum (1682—1749), etc. L'école FRANÇAISE, recommandable par Le Sueur (1617—1655); Nic. Poussin (1594—1665); Bourdon (1616—1671); Le Lorrain (1600—1682); Le Brun (1619—1690); Jouvenet (1647—1717); Vien (1716—1807); Greuze (1726—1805), etc. etc. etc.

» maîtres dont on ne sait pas le nom. Ce qu'il y a ici
» de remarquable, c'est que les hommes presque
» de toutes conditions y sont peints d'après nature
» et dans le même habillement qui étoit usité alors.
» La figure du pape représente Félix V, qui y fut
» élu au lieu d'Eugene (IV); la figure de l'empereur
» est le portrait véritable de Sigismond; celle du
» roi est le portrait d'Albert II, alors roi des
» Romains; car tous ceux *(sic)* assistoient à ce
» concile. Quant aux rimes, elles sont ajoutées au
» même temps et composées selon la poésie et la
» propriété de la langue allemande alors usitées,
» comme on peut les voir au dessus de chaque
» figure et que l'on trouvera ici imprimées selon
» l'original. Or, puisque le temps avoit un peu
» effacé ce tableau, le magistrat le fit réparer en
» l'an 1568, par un habile maître, nommé JEAN
» HUGUES KLAUBER, bourgeois de Basle, qui y
» réussit si bien qu'on ne voyoit pas la moindre
» différence; et puisqu'il restoit encore dans cette
» longue muraille quelque place, on y fit peindre
» l'image du pieux et savant homme JEAN ŒCO-
» LAMPADE, en mémoire de la réformation nou-
» vellement précédée, savoir en l'an 1529, pour
» signifier qu'il n'a pas manqué à prêcher l'évan-
» gile aux hommes de toute condition. Au bout de
» toutes ces figures, le peintre peignit soi-même,
» sa femme et ses enfans, dans l'habillement qui
» étoit alors en usage, comme la table écrite en

» latin qui est à la fin de cette galerie, nous
» apprend cette rénovation. Longtemps après,
» on fit renouveller ce tableau, et c'est ainsi
» qu'il existe encore aujourd'hui. » (Il a été détruit en 1805.) Un peu plus loin, l'auteur ajoute:
« Quant au but de cet ouvrage, que j'ai pris
» la hardiesse de donner au public, j'avoue bien
» que j'y suis porté par l'amour de ma patrie
» terrestre, je veux dire la ville de Basle, dans
» laquelle je suis né; à l'honneur de laquelle
» j'ai copié cette peinture de la Danse des Morts,
» selon l'original, il y a à présent 33 ans (1);
» ensuite je l'ai gravé *(sic)* en taille-douce; et
» quoique j'aie cédé ces planches à d'autres
» personnes, néanmoins je les ai rachetées (2)

---

(1) Je présume que c'est en 1616. Mérian, né en 1593, avoit alors vingt-trois ans. Il est mort en 1652, trois ans après avoir donné la première édition de sa Danse des Morts, qui parut en allemand à Francfort, en 1649.

(2) Que sont devenues ces premières planches que Mérian avoit gravées, ensuite vendues, puis rachetées? Quelle étoit leur dimension? Etoient-elles destinées à former un recueil accompagné d'une description imprimée? Mérian les a-t-il détruites après en avoir réduit les dessins et les avoir gravés de nouveau? Nous n'avons trouvé aucun renseignement à cet égard.

M. Brunet, dans son excellent *Manuel du Libraire*, au mot MÉRIAN, dit que, selon Fuessli, il y auroit une première édition de la Danse des Morts de Bâle, datée de 1621. Alors il seroit présumable qu'elle renfermeroit les

» et gravées de nouveau et fait réduire en la
» forme dans laquelle vous les voyez. A cause de
» cela, j'y ai inséré une missive d'Eneas Sylvius
» (qui a été fait pape quelque temps après et fut
» appelé Pius II), au lieu de donner une entière
» description de cette ville (dont on trouvera la
» constitution d'à présent plus amplement dans
» mon livre intitulé *Typographia Helvetiæ*); il
» envoya cet écrit en 1436 pendant le concile à
» Julien, cardinal de S. Angeli, et y décrit très
» curieusement l'état de cette ville. Chrétien
» Ustrise le traduisit après cela en allemand (1). »

Que conclure de la narration précédente ? Que Holbein n'est point auteur de la Danse des Morts

---

premières planches de Mérian. Pour en juger avec certitude, il faudroit confronter cette édition de 1621 avec celle de 1649 et les suivantes.

(1) Cette description de la ville de Bâle par Æneas Sylvius (Piccolomini) est traduite en français, à la suite de la préface de Mérian; mais rien n'est plus pitoyable que cette traduction, et il est impossible d'en citer un morceau. Nous nous contenterons de dire qu'on n'a rien de certain sur l'origine de la ville de Bâle. La première fois qu'il en est question dans l'histoire, c'est sous l'empereur Valentinien II, qui a régné de 378 à 392. La ville est séparée en deux par le Rhin; un pont en bois, construit en 1226, et long de 250 pas, unit le grand et petit Bâle. La cathédrale a été bâtie en 1010, par l'empereur Henri II. Les horloges de la ville sonnoient une heure plus tôt qu'ailleurs. L'origine de cette bizarrerie,

de Bâle; que cette peinture lui est très-antérieure, puisqu'elle date d'environ 1441 (1), et qu'il n'est né qu'en 1498; qu'enfin on ne connoît point celui qui l'a faite, mais seulement celui qui, le premier, l'a restaurée. Cette opinion, que nous nous sommes formée d'après la lecture de la préface de Mérian, nous a été confirmée par d'autres écrivains que nous avons consultés postérieurement, et qui, tout en offrant des variantes, et même quelquefois des erreurs assez graves, sont au moins d'accord sur ce point, qu'Holbein n'a pas peint la Danse des Morts de Bâle. Citons les principaux ouvrages qui nous ont fourni des renseignemens à cet égard, et commençons par le *Voyage historique et littéraire dans la Suisse occidentale*. Neufchâtel, 1781, 2 *vol. in-8.°* L'auteur anonyme (M. Sinner, bibliothécaire de Berne, mort en 1787), dit, tom. I, pp. 51—55:

« Le couvent des Dominicains (à Bâle) avoit

---

qui ne subsiste plus, est attribuée à différentes causes. L'Université fut fondée en 1460. Bâle entra dans l'alliance des Suisses en 1501. Jean Œcolampade y introduisit la réformation en 1529.

(1) Elle doit avoir été exécutée en 1441 ou 1442, puisqu'elle a eu lieu par suite de la peste qui fit ses ravages en 1439, et que le pape Félix V, élu le 24 juin 1440, y figure. Elle ne peut guère être postérieure à 1443, puisque ce sont les pères du concile qui l'ont fait faire, et que ce concile a terminé ses sessions dans cette année.

» une bibliothèque considérable qui fut réunie
» à celle de l'université (après la réformation).
» Leur église sert aujourd'hui au culte des
» Français qui se retirèrent à Bâle, en 1572,
» après le massacre de la Saint-Barthelemy. On
» a longtemps attribué à Holbein la Danse des
» Morts, représentée dans une suite de tableaux
» peints sur les murs du portique qui entoure
» le cimetière des Dominicains; mais il est assez
» prouvé que cet ouvrage n'est pas de lui. On
» voit dans un de ces tableaux le nom du peintre
» (l'auteur auroit dû dire du peintre restaurateur)
» qui s'est représenté lui-même, au moment
» où la Mort le prend pour danser. Ce vers est
» au bas du tableau :

» Hans Hugh Kluber, lass mohlen stohn

» c'est-à-dire :

» Jean Hugue Kluber (ou Klauber), quitte ton pinceau.

» C'étoit la mode autrefois de joindre la poésie à
» la peinture. On trouve surtout dans les couvens
» beaucoup de monumens semblables. Celui
» dont nous parlons est vraisemblablement du
» XV.ᵉ siècle » (il n'y a pas de doute); « on croit
même qu'il fut peint du temps du concile de
Basle » (c'est certain); « mais il a été renouvellé à
» plusieurs reprises » (c'est vrai). « Ce Jean
» Cluber (Klauber), peintre, vivoit en 1568,
» et peut très-bien avoir été le disciple d'Hol-

» bein. » (Cela peut être, quoiqu'Holbein, qui avoit passé en Angleterre dès 1526, y fût mort en 1554; mais comment ce peintre (Klauber), qui vivoit en 1568, auroit-il pu faire les tableaux de la Danse des Morts, que l'auteur vient de déclarer peints du temps du concile de Bâle (vers 1441)? Un pareil anachronisme est incompréhensible. M. Sinner continue) : « On retoucha ces » tableaux en 1616 et en 1658. » (L'auteur auroit été plus exact s'il eût dit : Klauber retoucha ces tableaux en 1568, et on les répara encore en 1616, puis en 1658, et même en 1703.) « Ce qui
» peut avoir donné lieu de les attribuer à Holbein,
» c'est non-seulement parce qu'ils sont bien des-
» sinés, mais parce que ce peintre avoit peint et
» gravé en bois une autre Danse des Morts,
» différente pour l'ordonnance et les figures. »
(Holbein avoit bien dessiné une autre Danse des Morts; mais il ne l'a jamais peinte, et il est plus que douteux qu'il l'ait gravée en bois, comme nous le démontrerons dans un instant.) « On en
» voit une semblable dans la ville de Lucerne (1),
» accompagnée de vers. Cette manière de rappeler
» aux hommes la fragilité de la vie et la nécessité
» de mourir, est très-ancienne.... Les vers ajoutés
» aux tableaux de Basle se ressentent du goût du

---

(1) Voyez ce qui est dit sur cette Danse et sur une autre de la même ville, dans l'introduction.

» siècle, c'est-à-dire qu'ils offrent un mélange de
» gaîté et d'originalité..., etc. » On voit par cet extrait de l'ouvrage de M. Sinner, que cet auteur reconnoît que la Danse des Morts de Bâle n'est nullement d'Holbein; mais il a tort de l'attribuer à J. Klauber, et de dire qu'Holbein a peint une autre Danse de Morts; ce n'est point une Danse de ce genre, mais une Danse de paysans, qu'il a peinte sur le marché au poisson. Sa Danse des Morts n'a jamais consisté qu'en très-petits dessins de portefeuille.

M. J. Picot de Genève, dans la *Statistique de la Suisse, ou État de ce pays*, etc., 1819, in-12, a commis la même erreur et deux autres, quand il a dit, p. 341 : « Une Danse des Morts, peinture
» faite par J. Klauber d'après les ordres du concile
» de Basle » (ces ordres auroient eu plus de 130 ans de date), « au moment de la peste qui ravageoit
» cette ville, jouissoit d'une assez grande répu-
» tation. Elle étoit sur les murs du cimetière des
» Dominicains, qui ont été détruits en 1805. On a
» gravé sur ce même sujet 44 dessins à la plume,
» qui sont dus au célèbre Holbein. » (Double erreur : il n'y a que 41 dessins de la Danse des Morts de Bâle; et c'est Mérian qui les a dessinés et gravés à deux différentes reprises. Les dessins d'Holbein n'ont de commun avec ceux de Bâle que le fond du sujet : les situations des personnages sont tout-à-fait différentes.)

M. Ebel, dans son *Manuel du Voyageur en Suisse*, 1816, *in-12*, comprend (au chapitre des curiosités que l'on voit à Bâle, p. 170, n. 5,) la Danse des Morts; et il l'attribue aussi à J. Klauber, qui l'a peinte, dit-il, par ordre du concile, à cause de la peste. Outre cette dernière erreur sur l'origine de cette peinture, on peut faire observer à M. Ebel, dont le livre porte la date de 1816, qu'on ne pouvoit plus guère voir cette Danse au moment où il a écrit, puisqu'elle a été détruite en 1805.

M. Reichard, dans son *Guide des Voyageurs en Suisse*, neuvième édition, *Weimar*, 1819, *in-12*, page 21, dit : « La fameuse curiosité de Bâle, la
» Danse des Morts, peinte sur les murs d'un
» cimetière, par Jean Cluber, le maître de
» Holbein, et retouchée quatre fois, en 1568,
» 1616, 1658 et 1703, vient d'être enlevée et
» détruite en 1805. Mais plusieurs amateurs
» d'antiquités nationaux en ont conservé et sauvé
» des fragmens précieux dans leurs cabinets. »
On voit que M. Reichard a partagé l'erreur de ses prédécesseurs, sur le peintre qui le premier a exécuté la Danse des Morts en question. Puis, il fait Klauber le maître d'Holbein, tandis que M. Sinner, plus haut, le dit son disciple.

L'auteur de l'article HOLBEIN dans la *Biographie Universelle* de MM. Michaud, dit, en parlant des ouvrages de ce peintre : « Nous citerons entre
» autres une Danse de village pour la poissonnerie

» de Bâle et une Danse des Morts. » Puis il ajoute
en note : « La Danse des Morts peinte en 1543
» sur les murs du cimetière de Bâle, n'est pas
» d'Holbein. Ses dessins sous le même titre, qui
» ont été gravés plusieurs fois, sont à St.-Péters-
» bourg. La dernière édition fait partie de
» l'œuvre de J. Holbein, publiée par M. de
» Mechel, *à Bâle*, 1780, *4 vol.* (cahiers) *in-fol.*
» Ce sujet bizarre avoit été mis en vers latins,
» vers 1460, par Desrey de Troyes, d'après
» les vers allemands d'un poëte inconnu, que
» Fabricius (*Biblioth. Lat. med. ævi*) nomme
» MACABER; et ces peintures sont souvent citées
» dans le XVI.ᵉ siècle, sous le nom de Danse
» Macabre. V. la dissertation de M. G. M. Raymond
» sur ce sujet, dans le *Magasin Encyclop.*, 1814,
» tom. V, p. 5. » Il y a plusieurs observations à
faire sur cette note. D'abord, Holbein n'a pas
peint une Danse des Morts; il l'a seulement
dessinée. Celle de Bâle, comme l'observe très-
bien l'auteur, n'est pas d'Holbein; mais il prétend
qu'elle a été peinte en 1543, et elle l'a été entre
1440 et 1443. Cette erreur provient sans doute de
Fabricius, qui dit, *loco citato*, au mot MACABER:
*Sunt imagines Mortis..... Mindæ in Westphalia,...
Lubecæ, ... Annæbergæ, ... Dresdæ; ......
enfin Basileæ in cænobio Augustinianorum, auctore
J. Holbeinio pictore clarissimo anno 1543.* On voit
qu'il y a ici double erreur de la part de Fabricius:

l'une sur le nom d'Holbein, qui n'a point fait cette peinture; l'autre sur la date de cette Danse, qui est antérieure d'un siècle à 1545. Ensuite, l'auteur confond la Danse de Bâle et celle d'Holbein avec la Danse Macabre. Nous prouverons la différence qui existe entre les trois, quoique le fond du sujet soit le même. Nous pensons encore que Fabricius s'est trompé en reportant à 1460 la traduction en vers latins de Desrey : nous sommes assuré que la première édition de Desrey est de 1490. Ne seroit-ce pas dans Fabricius une faute typographique, consistant dans le renversement du chiffre 9, qui alors forme un 6? Nous finirons par dire que la dissertation de M. Raymond n'a qu'un rapport indirect à la Danse Macabre. C'est une description de deux exemplaires d'*Heures*, sur les marges desquels se trouvent des Danses de Morts, dans le genre de celles dont nous parlons. « V. *Magasin Encyclop.*, 1814, tom. V., pp. 5-18. » Il falloit plutôt renvoyer à la dissertation de M. Champollion-Figeac, qui regarde véritablement la Danse Macabre, et qui est insérée dans le même *Magasin Encyclop.*, décemb. 1811, pp. 355—369. Nous aurons occasion par la suite de parler en détail de ces deux dissertations.

De tous ceux qui, dans leurs ouvrages, ont mentionné transitoirement la Danse des Morts d'Holbein, M. Coxe, auteur des *Lettres sur la Suisse*, trad. par M. Ramond, est celui qui a le plus approché de la vérité. Nous donnons le passage relatif à cet objet, d'autant plus volontiers, qu'il coïncide avec le résultat de nos recherches.

« La Danse des Morts, dit-il (tom. II, pp.
» 309—311, édition de 1782), qui se voit dans
» le cimetière des prédicateurs du faubourg
» St.-Jean, est toujours montrée aux étrangers
» comme un ouvrage d'Holbein. Elle est peinte
» à l'huile sur un mur et gardée par une balus-
» trade de fer; mais comme elle a été retouchée
» par différentes mains, il est difficile d'y retrouver
» la moindre trace du pinceau d'Holbein; et dans
» le fait, M. Horace Walpole et d'autres juges
» aussi peu récusables, ont prouvé jusqu'à l'évi-
» dence, que non-seulement cette Danse a été
» peinte avant la naissance de ce peintre, et
» pour conserver la mémoire de la peste qui
» ravagea Bâle pendant la tenue du célèbre con-
» cile convoqué en 1431 par le pape Eugène IV,
» mais qu'Holbein ne fut pas même employé à
» la réparer (1). Il est probable, à la vérité, que

---

(1) Nous ne connoissons point ces observations de M. Walpole sur la Danse des Morts de Bâle. Nos recherches étoient déjà presque toutes terminées, quand le passage de M. Coxe nous est tombé sous la main. Si nous avions pu découvrir l'ouvrage où M. Walpole a consigné ses réflexions à ce sujet, nous les aurions mentionnées ici, et sans doute elles auroient abrégé toutes les preuves que nous donnons, qu'Holbein est étranger à la Danse des

» c'est dans cet ancien monument qu'il a pris
» l'idée de ses fameux dessins de la Danse des
» Morts. En traitant ce sujet, il a déployé une
» richesse d'imagination si surprenante, il a
» montré tant de jugement dans sa manière de
» grouper les figures, et tant d'esprit dans leur
» exécution, que Rubens se plaisoit à étudier
» ces dessins avec une attention particulière, et
» ne dédaigna pas d'en faire lui-même des copies.
» Il existe quelques estampes gravées d'après
» ces dessins par Hollar (1); mais elles sont

Morts de Bâle. Nous présumons que l'opinion de M. Walpole est développée dans son bel ouvrage, *Anecdotes of painting in England* (Anecdotes sur la peinture en Angleterre), etc., *Strawberry-Hill*, 1762—63—71, 5 vol. pet. in-4.°, fig.

(1) Le nombre est de 30 sur 53, si l'on s'en rapporte à la description qu'en a donnée Papillon, ou sur 44, si l'on s'en tient à la collection de Mechel; mais il est difficile de savoir au juste quel est le nombre des dessins originaux d'Holbein. La collection acquise par le prince de Gallitzin, et qui est dans le cabinet de l'empereur de Russie, manque de 4 dessins, que M. de Mechel a pris dans les gravures d'Hollar. D'un autre côté, Holbein a des petits dessins de groupes d'enfans bacchiques, que l'on réunit quelquefois à la Danse des Morts, quoiqu'ils n'y aient pas de rapport.

Winceslas Hollar, né à Prague en 1607, passa en Angleterre et y travailla longtemps. Après la mort de l'infortuné Charles I.er, les guerres civiles qui désolèrent

» très-rares. M. de Mechel, célèbre artiste de
» Bâle, s'occupe maintenant à en donner des
» gravures faites sur les originaux; elles ne peuvent
» manquer d'être bien reçues par les amateurs
» des beaux-arts. » En effet, cette collection de
M. de Mechel a paru (en 1780), et elle est la
plus belle que nous ayons de cette Danse célèbre.

Nous ne prolongerons pas davantage les citations des écrivains qui ont parlé de la Danse des Morts de Bâle. En voilà suffisamment pour prouver que tous, à l'exception de M. Coxe, ont donné dans des erreurs plus ou moins graves, mais dont la plus considérable est d'avoir attribué cette Danse à Holbein. Revenons maintenant au travail de ce célèbre peintre, et tâchons d'éclaircir la part qu'il a eue aux différentes Danses de Morts qui ont été publiées.

Plusieurs personnes, par suite de l'erreur que nous venons de rectifier, ont prétendu qu'il avoit réduit les figures de la Danse de Bâle à de

---

l'Angleterre, le déterminèrent à se rendre à Anvers. Il y vécut dans la misère; à peine gagnoit-il pour sa nourriture et pour son entretien, parce qu'il étoit mal payé par les marchands d'estampes et les libraires. Il retourna à Londres. La misère l'y poursuivit, et il y mourut en 1670. Après sa mort, ses estampes furent tellement recherchées, que plusieurs épreuves ont été payées plus cher que la planche gravée.

On assure que c'est en 1651 qu'il a gravé les dessins de la Danse d'Holbein.

petits dessins de 2 pouces 5 lignes de hauteur, sur 1 pouce 10 lignes de largeur, tels qu'on en possède de lui sous le titre de Danse des Morts. Ce que nous avons exposé précédemment prouve que cette opinion n'est pas soutenable. Il est bien vrai que son génie s'est exercé sur le même sujet, et s'est souvent rencontré avec celui du peintre de la Danse de Bâle; mais il n'y a ni copie, ni imitation : et pour s'en convaincre il suffit de jeter les yeux sur les éditions de la Danse d'Holbein, par Hollar et Mechel (j'ai l'une et l'autre sous les yeux), et sur la description très-détaillée qu'a donnée de cette Danse Papillon (*Traité de la Gravure en bois*, tom. I, pp. 168—181), et de comparer ces différens ouvrages avec celui de Mathieu Mérian, représentant la Danse des Morts de Bâle en 41 planches. On verra qu'il n'y a pas le moindre rapport entre les dessins et la disposition des personnages de ces deux Danses.

Nous observerons que Papillon, si sujet aux erreurs et à l'ignorance dans tout ce qui tient à l'histoire de son art, ne s'est point écarté de la vérité dans la description dont nous venons de parler, et M. Demurr lui rend cette justice; mais il s'est gravement trompé, comme l'observe fort bien M. Jansen dans son *Origine de la Gravure*, tom. I, p. 119, en confondant la Danse de Bâle donnée par Mérian, et celle d'Holbein. Si l'on en croit encore M. Jansen (sans doute d'après

M. Demurr), Papillon s'est de plus trompé en prétendant que c'est Holbein lui-même qui a gravé sa Danse. On assure que les dessins sont bien certainement de lui, mais qu'ils ont été gravés par Jean Lutzelburger, appelé Franck. L'erreur provient de ce que Hans (Jean) Lutzelburger a signé ses gravures des lettres H et L, liées ensemble, qu'on a prises pour le monogramme d'Holbein; tandis que celui-ci a toujours signé son nom par un H et un B, également liés. M. Jansen ajoute que la plupart des figures se rapportent à la Danse de la Mort de Berne, dont Huldreich Frælich a donné des gravures en bois, publiées en 1608, in-8.° Alors les 53 figures attribuées à Holbein, et dont Papillon donne la description, exacte selon M. Demurr, ne seroient donc pas toutes de lui; et il faudroit se borner à celles qui ont été gravées par M. de Mechel et qui sont au nombre de 47, y compris le dessin d'un fourreau de poignard en deux pièces, sur lequel Holbein a aussi dessiné une Danse de Morts. Quant à Hollar, il n'a gravé postérieurement (en 1651), comme nous l'avons déjà dit, que 30 sujets d'après Holbein. Nous parlerons ailleurs de cette collection.

Où Holbein a-t-il fait ses dessins originaux? Est-ce à Bâle, est-ce à Londres? M. de Mechel pense que, d'après la parure et le caractère de quelques-unes des figures, ces dessins ont été faits pendant le séjour d'Holbein en Angleterre. (Il arriva à Londres en 1520, âgé de 22 ans.) D'autres pensent qu'ils ont été faits à Bâle avant le départ d'Holbein. Il est vrai que la première édition de ce recueil de gravures est de Bâle, 1530; mais il y avoit dix ans qu'Holbein étoit en Angleterre, et M. Demurr paroît certain que ces dessins ne peuvent avoir été gravés que par Lutzelburger, bien que d'autres les attribuent au burin d'Holbein.

Quoi qu'il en soit, ces dessins originaux (que M. Coxe croit avoir été dans la collection d'Arundel lorsqu'Hollar les grava) étoient parvenus dans le cabinet de M. Crozat, qui fut vendu en 1771. M. le prince de Gallitzin en fit l'acquisition, et maintenant ils sont dans le cabinet de S. M. l'empereur de Russie. N'ayant pas le catalogue de M. Crozat, nous ne pouvons fixer le nombre de ces dessins originaux; mais M. Coxe dit que M. de Mechel a augmenté la suite qu'il a publiée, de 4 dessins qu'il a pris des gravures de Hollar. Or, comme le nombre des sujets traités par M. de Mechel est de 46, nous en concluons que les dessins originaux acquis par M. de Gallitzin pouvoient être au nombre de 42. si toutefois on peut regarder le frontispice ou premier sujet de M. de Mechel, comme appartenant à Holbein, ce dont nous doutons. M. Coxe ajoute que M. de Mechel a rejeté, comme étrangers au sujet, plusieurs groupes délicieux d'enfans bacchiques, qui lui paroissent égaler en vérité et en beauté tout ce qu'il a vu de mieux dans Rubens. M. de Mechel auroit pu encore retrancher le n.° 44 (le pauvre), où la Mort ne figure point.

Nous allons maintenant prouver la différence qui existe entre la Danse d'Holbein et celle de Bâle, par une description parallèle de l'une et de l'autre. Comme on reconnoît que celle d'Holbein, faite par Papillon, d'après un exemplaire de l'édition italienne de 1549, est exacte, et que d'ailleurs elle renferme 53 sujets, nous la donnerons; mais nous aurons soin d'indiquer à chaque dessin, si ce même sujet se trouve ou manque dans la collection d'Hollar ou dans celle de M. de Mechel. Vis-à-vis, nous présenterons la description de la Danse de Bâle gravée par Mérian, article par article. C'est ce qui va faire l'objet de la seconde division de notre première partie.

II.

Description parallèle de la Danse des Morts d'Holbein et de celle de Bâle.

DANSE D'HOLBEIN.

I.

Création d'Ève.

Nota. Dans la collection d'Hollar, le premier numéro est celui qui, dans la présente description, se trouve sous le numéro 53 ou dernier.

Dans la collection de Mechel, ce premier numéro est un frontispice portant, sur une table de pierre posée verticalement, ces mots : LE TRIOMPHE DE LA MORT GRAVÉ D'APRÈS LES DESSINS ORIGINAUX DE JEAN HOLBEIN PAR CHRÉTIEN DE MECHEL GRAVEUR A BASLE, 1780; avec des attributs autour de cette pierre, et cette devise au bas : *Mors sceptra ligonibus æquat.*

II.

Le serpent séduit Ève; elle est assise et paroit l'écouter avec plaisir; elle tient la pomme. Adam debout est près de l'arbre fatal et cueille une pomme pour la manger. Différens animaux

DANSE DE MÉRIAN.

I.

Prédicateur en chaire, parlant de la mort à un auditoire composé de personnes de tout état : pape, empereur, roi, cardinal, évêque, homme, femme, mendiant, etc. etc.

II.

Espèce de chapelle remplie de morts, dont on ne voit que les têtes. Au fronton du monument, est représenté le jugement dernier. En avant sont deux squelettes représentant la Mort.

DANSE D'HOLBEIN.

sont autour des deux personnages.

Collection d'Hollar, même sujet, n. 2.
Collection de Mechel, même sujet, n. 2.

III.

Adam et Eve sont chassés du Paradis. La Mort les devance; elle joue de la vielle, et paroît animée d'un geste malin, qui la fait gambader de joie.

Coll. Hollar, m. s. n. 3; mais le dessin est un peu différent.
Coll. Mechel, m. s. n. 3.

IV.

Adam, à demi vêtu, travaille à déraciner un arbre; la Mort est à ses côtés qui l'aide. Plus loin, Eve allaite un de ses enfans; elle a entre les bras une quenouille, image de ses peines et de ses travaux futurs.

Coll. Hollar, m. s. n. 4.
Coll. Mechel, m. s. n. 4.

DANSE DE MÉRIAN.

Ils jouent de la trompette, et l'un d'eux bat la caisse.

III.

La Mort, d'une main, bat la caisse avec un os sur une tête de mort, attachée à sa ceinture en guise de tambour; et, de l'autre main, elle entraîne le pape. Une bulle avec des sceaux est à terre.

IV.

La Mort, jouant de la trompette, tire par la main un empereur; le sceptre de celui-ci tombe. Le globe terrestre, surmonté d'une croix, est entre les jambes de la Mort.

DANSE D'HOLBEIN.

V.

Plusieurs morts dans un cimetière; leur attitude est plaisante. L'un est coiffé d'une cornette de nuit, et joue de la vielle; l'autre est en chemise avec un mannequin sur la tête. Celui-ci, d'un air grave, jette tout son corps en arrière, en sonnant de la trompette; celui-là bat des timballes avec beaucoup d'activité, etc.

C. Hollar. Ne s'y trouve pas.
C. Mécham. Ne s'y trouve pas.

VI.

Un pape tient une couronne, qu'il va poser sur la tête d'un empereur, qui lui baise les pieds. La Mort, qui rit au nez du pape, l'embrasse d'une main. Un diable, grimpé sur le haut du trône où il est assis, soulève un des bords du pavillon, pour examiner ses actions. On voit plus loin un cardi-

DANSE DE MÉCHAN.

V.

La Mort parle à une impératrice, en la tenant par la main. Cette Mort est chevelue : l'impératrice a l'air de tomber en foiblesse; elle a des souliers à la poulaine.

VI.

La Mort joue de la trompette, à laquelle tient un drapeau flottant, au milieu duquel est une tête de mort. Elle entraîne par-dessous le bras un roi qui paroît glacé d'effroi; son sceptre échappe de sa main. Il a des souliers à la poulaine.

DANSE D'HOLBEIN.	DANSE DE MÉRIAN.
nal, un évêque, un mort le chapeau de cardinal sur la tête, et un diable au-dessus d'eux, qui tient une pancarte où des sceaux sont attachés.	

COLL. HOLLAR, m. s. n. 5.
COLL. MECHEL, m. s. n. 5.

VII.

Un empereur assis sur son trône, écoute attentivement une espèce d'avocat, qui plaide une cause devant lui. Un paysan, le genou en terre, attend la décision de son procès. La Mort est montée sur le dos du prince, dont elle tient la tête en riant, et en regardant l'avocat.

COLL. HOLLAR, m. s. n. 14.
COLL. MECHEL, m. s. n. 17.

VII.

La Mort un peu chevelue, avec un serpent qui lui sert de collier, et des mamelles pendantes, tire par la ceinture une reine qui paroît faire quelque résistance et des observations. Toujours les souliers à la poulaine.

VIII.

Un roi à table tient une coupe, dans laquelle on lui verse à boire; la Mort la tient

VIII.

La Mort, coiffée d'un chapeau de cardinal (au bas de ses cordons pend une son-

DANSE D'HOLBEIN.

aussi de son côté. C'est une image, ou du danger que court un prince d'être empoisonné, ou du danger des excès de table, qui sont mortels.

Coll. Holbein, N'existe pas.
Coll. Mecuel, m. s. n. 18.

DANSE DE MÉRIAN.

uette), invite un cardinal à quitter la vie. Un serpent entortillé sort du ventre du squelette. Une tête de mort et un os sont à ses pieds. Le cardinal joint les mains; il a entre les bras une croix en guise de crosse, et paroît affecté douloureusement.

IX.

Un cardinal gros et gras tient à la main des lettres de rémission qu'une espèce de gentilhomme paroit lui demander. La Mort, d'un air comique, fait tourner le grand chapeau du cardinal sur sa tête.

Coll. Holbein, m. s. n. 6.
Coll. Mecuel, m. s. n. 6.

IX.

La Mort emmène par la main un évêque qui la suit, sa crosse à la main, sans avoir l'air de faire résistance. Tout en marchant, la Mort retourne la tête pour parler à l'évêque; elle fait un geste du bras droit.

X.

La Mort, habillée en duègne, conduit une impératrice en pompeux équipage au bord de sa fosse, qu'elle lui montre du doigt. Cette

X.

La Mort, avec une espèce de linceul flottant sur sa tête et sur son corps, entraîne un duc qui tourne la tête de l'autre côté. Une

DANSE D'HOLBEIN.

Mort est des plus grotesques; elle a l'air d'une vieille dont les mamelles sont pendantes; elle rit au nez de la princesse.

Coll. Hollar, m. s. n. 15.
Coll. Mechel, m. s. n. 19.

XI.

La Mort, revêtue des habits de la Folie, prend par la main une reine, en lui montrant une horloge de sable. Un écuyer fait tous ses efforts pour retenir cette princesse, qui paroît jeter de grands cris et être fort alarmée.

Coll. Hollar, m. s. n. 16.
Coll. Mechel, m. s. n. 20.

XII.

La Mort emmène un évêque un peu malgré lui. Ses ouailles, représentées par des enfans et des brebis, sont dispersées par la campagne.

Coll. Hollar, m. s. n. 8.
Coll. Mechel, m. s. n. 8.

DANSE DE MÉRIAN.

tête de mort et un os sont aux pieds de la Mort.

XI.

La Mort, jouant de la mandoline, adresse la parole à une duchesse, qui paroît lui faire des observations.

XII.

La Mort entraîne avec force un comte, qui semble se plaindre, mais enfin se résoudre. Une tête de mort et des os sont aux pieds de la Mort. Cette Mort n'est point figurée par un squelette, mais par un personnage très-maigre.

DANSE D'HOLBEIN.

XIII.

Une pauvre femme tient par la main son enfant, et demande l'aumône à un prince de l'empire, qui la refuse brusquement. La Mort prend celui-ci par le bras.

Coll. Hollar, m. s. n. 7.
Coll. Mechel, m. s. n. 7.

XIV.

La Mort s'empare de la mitre et de la crosse d'un abbé qui a beaucoup d'embonpoint, et le tire par sa robe. L'attitude moqueuse de l'une et l'air effrayé de l'autre sont très-bien représentés.

Coll. Hollar, m. s. n. 10.
Coll. Mechel, m. s. n. 11.

XV.

La Mort entraîne une abbesse, en la tirant par son scapulaire; derrière elle,

DANSE DE MÉRIAN.

XIII.

Un abbé avec sa crosse est emmené par la Mort; il se plaint. La Mort est coiffée d'une espèce de mitre, et semble gambader.

XIV.

Un chevalier semble tomber. La Mort, qui a enlevé le sabre de ce chevalier, lui passe la jambe entre les cuisses, et le pousse de la main gauche. Cette Mort a le crâne fendu; elle est cuirassée. Le casque du chevalier est entre ses jambes.

XV.

La Mort, la tête et une partie du corps couvertes d'un linceul flottant, tire

SUR LES DANSES DES MORTS. 33

••••••••

DANSE D'HOLBEIN.

une jeune novice paroît jeter les hauts cris à la vue de ce triste spectacle.

C. Hollar, m. s. n. 11.
C. Mechel, m. s. n. 12.

XVI.

Un gentilhomme, l'épée à la main, se bat avec la Mort ; ils se prennent tous les deux à la gorge.

C. Hollar. N'existe pas.
C. Mechel, m. s. n. 17.

XVII.

La Mort montre une horloge de sable à un chanoine. Derrière eux est un officier qui tient un oiseau de proie, et la Folie l'accompagne.

C. Hollar. N'existe pas.
C. Mechel, m. s. n. 9.

XVIII.

La Mort enlève à un juge de village son bâton. Ce juge tend la main à un seigneur

DANSE DE MÉRIAN.

un jurisconsulte par le bras, tout en dansant.

XVI.

La Mort porte une main sur la tête d'un magistrat, et de l'autre lui touche le bras. Des ossemens et une tête de mort sont à terre. Au bas de la gravure on lit : *Chovin fe.*

XVII.

La Mort prend par la main un gros chanoine, qui ne paroît pas très-effrayé. La Mort gambade ; elle a une espèce d'aumusse passée au cou.

XVIII.

La Mort, en vrai squelette, joue d'un galoubet, tenant une espèce de pot

3

DANSE D'HOLBEIN.

qui ouvre sa bourse pour lui donner de l'argent. Ce seigneur regarde avec colère un ouvrier ou paysan, qui sans doute lui demande son salaire.

C. Hollar. N'existe pas.
C. Mechel, m. s. n. 29.

XIX.

Un juge vend la justice et reçoit de l'argent d'un particulier. La Mort est entre eux. Plus loin, un pauvre, joignant les mains, se plaint de l'injustice qu'on lui fait.

C. Hollar, m. s. n. 22.
C. Mechel, m. s. n. 31.

XX.

Un magistrat et un bourgeois causent ensemble. Le diable est perché sur le cou de celui-ci, et lui souffle dans l'oreille avec un soufflet. A ses pieds, la Mort lui présente une horloge de sable; et un pauvre tout dé-

DANSE DE MÉRIAN.

passé dans le bras gauche, qui soutient l'instrument. Elle tourne le dos à un médecin, tout en le tirant par la manche avec sa main droite. Le médecin effrayé veut fuir. Une fiole se répand à ses pieds.

XIX.

La Mort tire par le bras un gentilhomme qui paroît chanceler. Il est cuirassé; son épée tombe à terre.

XX.

Une femme se regarde dans son miroir. Derrière elle, la Mort, en sautant, la tire par le bras. Cette femme a des souliers à la poulaine, montés sur des espèces de sabots aussi longs que les souliers. Tout oc-

DANSE D'HOLBEIN.

guenillé lui demande l'aumône.

C. Hollar. N'existe pas.
C. Mechel, m. s. n. 30.

XXI.

Un curé en chaire prêche ses paroissiens ; la Mort derrière lui s'empare de son étole.

C. Hollar, m. s. n. 12.
C. Mechel, m. s. n. 13.

XXII.

Un prêtre porte le viatique ; la Mort le précède, tenant une sonnette et une lanterne : triste présage pour le malade que le prêtre va administrer.

C. Hollar. Ne s'y trouve pas.
C. Mechel, m. s. n. 14.

DANSE DE MÉRIAN.

cupée de son miroir, elle ne paroît pas faire attention à son triste acolyte.

XXI.

La Mort se saisit d'un banquier, qui la regarde avec effroi ; il tient de la main gauche une balance : dans le bassin le plus élevé est de l'or, et dans l'autre une tête de mort. De la main droite il puise dans une bourse. Derrière la Mort est un ballot de marchandises.

XXII.

Une abbesse, avec sa crosse, paroît immobile. La Mort la tire par l'extrémité de son voile, et lui fait signe du doigt, en riant, de marcher sans délai.

DANSE D'HOLBEIN.

XXIII.

La Mort, d'un air comique, tire par son capuchon un frère quêteur, qui a la besace sur le dos, et sa boîte à la main. Il revient de la quête, et est près de rentrer au couvent. Le moine effrayé paroit jeter les hauts cris et vouloir s'enfuir.

C. Hollar, m. s. n. 9.
C. Mechel, m. s. n. 19.

XXIV.

Une dame est à genoux devant un prie-Dieu ; elle regarde un jeune homme qui touche un téorbe. La Mort éteint un des cierges qui brûlent sur le prie-Dieu.

C. Hollar, m. s. n. 19.
C. Mechel, m. s. n. 2{.

XXV.

Une vieille marche avec un bâton. Un mort la précède, jouant du tympanon ;

DANSE DE MÉRIAN.

XXIII.

Un mendiant ayant une jambe de bois, dispute son bâton à la Mort qui veut s'en emparer. Celle-ci a la jambe droite cassée aux deux tiers ; ce qui en reste est appuyé en arrière sur une petite fourche plantée en terre.

XXIV.

Un ermite, son bâton et son chapelet à la main, est vis-à-vis la Mort, qui bat le tambour sur une lanterne ouverte, attachée à sa ceinture. La Mort a le ventre entr'ouvert.

XXV.

La Mort tire avec force, par le bras, un jeune homme qui fait résistance, et qu'on

DANSE D'HOLBEIN.

et un autre mort la conduit.

C. Hollar, m. s. n. 19.
C. Mechel, m. s. n. 42.

XXVI.

Un médecin est assis devant une table; la Mort lui présente une bouteille dans laquelle est de l'urine d'un malade qu'elle conduit par la main, et qui paroît en grand danger.

C. Hollar, m. s. n. 13.
C. Mechel, m. s. n. 15.

XXVII.

Un astrologue considère une sphère suspendue au plancher. La Mort lui présente une tête de mort, sans doute comme un objet plus digne de ses méditations.

C. Hollar. N'existe pas.
C. Mechel, m. s. n. 16.

XXVIII.

Un avare est environné d'or et de sacs pleins d'ar-

DANSE DE MÉRIAN.

voit sur le point de succomber.

XXVI.

La Mort ayant une petite barbe de juif, caresse de la main droite un usurier, et de l'autre le prend par le bras. L'usurier est assis devant une table, et offre à la Mort une poignée de l'or qui est dessus, tant étalé que dans un sac.

XXVII.

La Mort saisit une jeune fille par derrière, et lui inspire le plus grand effroi. On voit, à l'angle gauche de la gravure, une pierre tumulaire avec des armoiries dessus.

XXVIII.

Un musicien, ayant une bouteille à sa ceinture et

DANSE D'HOLBEIN.

gent. La Mort lui enlève en un moment toutes ses richesses.

C. Hollar, m. s. n. 26.
C. Mechel, m. s. n. 37.

DANSE DE MÉRIAN.

un hautbois dans la main gauche, tient de la droite un cordon qui semble servir de ceinture à la Mort, et qui soutient une boîte entr'ouverte, suspendue devant elle. Celle-ci, jouant du violon, danse devant le musicien.

XXIX.

La Mort saisit un marchand pendant qu'il est occupé à compter de l'argent sur quelques ballots de marchandises.

C. Hollar, m. s. n. 23.
C. Mechel, m. s. n. 32.

XXIX.

La Mort appelle un héraut d'armes et lui fait signe de la main droite de venir. Elle tient de la main gauche trois petits objets ressemblant à de petits fuseaux à faire la dentelle. Le héraut tenant la poignée de son épée attachée devant lui à sa ceinture, a l'air consterné.

XXX.

Un vaisseau est agité par la tempête : ceux qui le montent paroissent désespérés en voyant la Mort qui brise le mât du vaisseau.

XXX.

La Mort, coiffée d'un bonnet ou chapeau rond, surmonté d'une plume, ayant une espèce de vielle au côté, suspendue par une cour-

DANSE D'HOLBEIN.

C. Hollar. N'existe pas.
C. Merian, m. s. n. 34.

DANSE DE MERIAN.

roie, invite à danser avec elle un maire qui fait triste mine et paroît dire qu'il n'aime pas la danse.

XXXI.

Un soldat armé de toutes pièces se bat avec la Mort, qui lui passe sa propre lance au travers du corps.

C. Hollar. N'existe pas.
C. Merian, m. s. n. 26.

XXXI.

La Mort ayant pour ceinture un serpent entortillé, emmène un grand prévôt par le bras. Celui-ci tient son bâton prévôtal en guise d'épée; il paroît marcher d'assez mauvaise grâce. Son épée attachée à sa ceinture, pend devant lui. Une bêche est à terre, entre ses jambes.

XXXII.

Un gentilhomme campagnard paroît s'écrier en demandant grâce à la Mort qu'il aperçoit et dont il sent les premières atteintes. Elle se saisit de l'écusson de ses armes, et lui en donne des coups sur le dos.

C. Hollar, m. s. n. 20.
C. Merian, m. s. n. 25.

XXXII.

La Mort, coiffée du bonnet de la Folie, et vêtue de sa robe ornée de grelots, et agitant une couronne également composée de grelots, entraîne, en dansant, un bouffon, affublé aussi du costume de la Folie, et baissant la marotte qu'il tient de la main droite.

DANSE D'HOLBEIN.

DANSE DE MÉRIAN.

XXXIII.

Un vieillard marche appuyé sur un bâton. La Mort, jouant du psaltérion, le conduit par le bras au bord de sa fosse.

C. Hollar, m. s. n. 28.
C. Mechel, m. s. n. 41.

XXXIII.

La Mort, coiffée d'un bonnet de clincaille, se jette sur une boutique portative de merceries, qu'un marchand tient devant lui suspendue à son cou. Le mercier détourne la tête avec un geste d'effroi.

XXXIV.

On habille une dame. La Mort lui met autour du cou un collier enjolivé d'ossemens humains.

C. Hollar, m. s. n. 17.
C. Mechel, m. s. n. 22.

XXXIV.

Un aveugle mendiant, appuyé sur son bâton, est conduit par son chien. La Mort, coiffée d'un chapeau surmonté de deux plumes, saisit d'une main le bâton de l'aveugle, et de l'autre coupe avec des ciseaux le cordon auquel est attaché le chien, et que tient le mendiant, qui va tomber dans une fosse creusée à ses pieds.

XXXV.

Un amant et sa maîtresse se promettent un amour

XXXV.

La Mort, coiffée d'une espèce de toque rabattue,

DANSE D'HOLBEIN.

éternel. La Mort, placée devant eux, frappe avec beaucoup de force sur un tambour attaché à sa ceinture.

C. Hollar, m. s. n. 18.
C. Mechel, m. s. n. 23.

DANSE DE MÉRIAN.

prend de la main gauche un juif par la barbe, et l'attire de la droite ; elle répand devant lui un sac plein d'or. Le juif résiste et fait signe qu'il a encore quelque chose à terminer avant de la suivre. Son habit est bordé de talismans.

XXXVI.

Une dame, vêtue d'habits magnifiques, est assise sur un lit de repos. A ses pieds sont deux morts, dont l'un joue du violon, et l'autre la tire par sa robe.

C. Hollar. N'existe pas.
C. Mechel, m. s. n. 21.

Nota. Sous un des piliers du lit, dans ce numéro 36, on trouve gravées sur un écusson, deux lettres liées ensemble : ce sont un H et un L formé du jambage droit du H. Papillon prétend que c'est une des marques d'Holbein, et donne une grande note à cet égard. Nous avons vu plus haut que cette marque étoit celle de Hans Lutzelburger.

XXXVI.

La Mort attaque un païen qui est armé d'un arc et d'une flèche; son sabre est suspendu par une chaîne à son côté; il est richement habillé. Il semble faire des observations à la Mort, qui est peu disposée à l'écouter, car elle le traite fort rudement. A terre est un ossement, à côté d'une espèce de fer de cheval brisé. On ne peut guère juger, par le costume, à quelle nation appartient ce personnage.

DANSE D'HOLBEIN.

XXXVII.

Un crocheteur, extrêmement chargé, est arrêté par la Mort ; il paroît lui demander quartier, jusqu'à ce qu'il ait été porter sa charge. Derrière lui, une autre Mort joue avec un archet sur une espèce de trompette marine.

C. Hollar, m. s. n. 2f.
C. Mechel, m. s. n. 33.

XXXVIII.

Un paysan laboure son champ. La Mort conduit les chevaux qui traînent la charrue, sur le soc de laquelle est appuyé le laboureur.

C. Hollar. N'existe pas.
C. Mechel, m. s. n. 36.

XXXIX.

Une paysanne fait de la bouillie pour ses enfans. La

DANSE DE MÉRIAN.

XXXVII.

La Mort, jouant de la musette, prend la main d'une païenne richement mise, et l'entraîne avec elle. Cette femme, qui a une espèce de turban et des souliers à la poulaine, paroît décidée à suivre la Mort.

XXXVIII.

La Mort, tenant de la main droite sur son épaule, une broche garnie d'une volaille embrochée, emmène de la main gauche un gros et gras cuisinier, qui détourne la tête en gémissant. Il tient de la main gauche une cuillère à pot et un pot penché, d'où la liqueur se répand.

XXXIX.

Un paysan, chargé d'un panier où il y a un coq, et

DANSE D'HOLBEIN.

Mort lui enlève le plus jeune. Un petit frère de celui-ci paroît au désespoir; et la mère éperdue laisse répandre la bouillie dans le feu.

C. Hollar, m. s. n. 30.
C. Mechel, m. s. n. 45.

XL.

La Mort, armée d'un bouclier et d'un ossement, se bat contre un soldat suisse qu'elle va envoyer tenir compagnie à plusieurs autres soldats déjà terrassés sous ses pieds. Plus loin, une autre Mort bat la caisse et conduit des soldats.

C. Hollar, m. s. n. 21.
C. Mechel, m. s. n. 28.

Nota. Dans la collection d'Hollar, la Mort est armée d'une lance, et se bat contre un soldat armé. C'est à peu près le même fond, mais les dessins sont différens.

XLI.

On voit plusieurs joueurs.

DANSE DE MÉRIAN.

portant de la main gauche un fléau sur son épaule et un sabre sur son bras, est arrêté par la Mort, qui porte la main sur son bras droit. Le paysan a l'air de se gratter le front, comme étant embarrassé.

XL.

Un peintre debout, tenant un pinceau de la main droite et une palette chargée de couleurs de la main gauche, est pris, par derrière, par la Mort, qui lui montre où il doit aller. Cette Mort est couronnée de fleurs. A côté, est une table, sur laquelle est un marbre, et une petite Mort y broie des couleurs.

Nota. C'est sans doute le portrait de Klauber, peintre dont a été question précédemment. V. ci-dessus p. 13.

XLI.

La femme du peintre tient

DANSE D'HOLBEIN.

L'un d'eux fait une triste figure ; le diable le tire par les cheveux, et la Mort lui serre le gosier pour l'étrangler.

C. Hollar, m. s. n. 27.
C. Mechel, m. s. n. 40.

DANSE DE MÉRIAN.

un berceau appuyé sur son ventre avec la main gauche, et met la main droite sur la tête de son enfant, qui, debout près d'elle, semble s'attacher fortement à ses vêtemens. La Mort, par derrière, vient poser une espèce d'ornement sur la tête de la femme.

XLII.

Des buveurs sont à table avec des femmes. L'un d'eux rejette ce qu'il a bu de trop. La Mort en prend un autre par les cheveux, et d'un air comique lui verse un pot de vin dans la bouche.

C. Hollar. N'existe pas.
C. Mechel, n. 39.

XLII.

Adam et Eve sont debout. Un pommier chargé de fruits est par derrière. Eve présente une pomme à Adam, qui, avant de la prendre, fait un signe en montrant le ciel avec le doigt. La Mort ne paroît pas dans ce sujet.

XLIII.

Un homme débauché lève le devant de sa robe. La Mort l'accompagne en jouant de la musette.

C. Hollar. N'existe pas.
C. Mechel, n. 46.

XLIII.

Tête d'homme coiffée d'un bonnet avec un bandeau qui tient les cheveux au-dessus du front. Un grand collet échancré et rabattu est autour du cou. Cette tête,

DANSE DE MÉRIAN.

avec moustaches et barbe, est fort belle. Retourne-t-on ce dessin pour le voir en sens inverse, il représente une tête de mort effroyable.

Ici finit la Danse des Morts de Mérian, prise sur les murs du cimetière des Dominicains à Bâle. La plupart des gravures qui la composent portent au bas, *Chovin fecit*; quelquefois il n'y a que *Cho*, et d'autres fois qu'un seul *C*. Elles sont toutes en taille-douce, d'après les dessins de Mérian, et quelquefois retouchées sur l'original ; mais le burin manque de délicatesse.

Nota. Dans la partie bibliographique ci-après, où seront les notices des quatre éditions qui servent de bases aux présentes descriptions, nous donnerons les dimensions des dessins ou gravures qui ornent chacune d'elles, ainsi que d'autres détails.

DANSE D'HOLBEIN (Continuation).

XLIV.

Une paysanne chargée de marchandises est au milieu d'un bois. Elle est arrêtée par un voleur, qui, au même instant, est lui-même saisi par la Mort.

C. Hollar. N'existe pas.
C. Mechel, m. s. n. 58.

XLV.

Un aveugle est conduit par la Mort.

C. Hollar. N'existe pas.
C. Mechel, m. s. n. 43.

XLVI.

Une charette, chargée de plusieurs tonneaux de vin, est renversée et brisée. Les chevaux sont abattus. Le conducteur paroît se désoler. La Mort enlève une des roues de la charette. Une autre Mort la décharge.

C. Hollar, m. s. n. 25.
C. Mechel, m. s. n. 35.

XLVII.

Un pauvre est sur un fumier, près d'une grande maison. Quoique la Mort ne figure pas dans ce sujet, on voit, par l'attitude et l'air souffrant du pauvre, qu'elle ne peut être bien éloignée.

C. Hollar. N'existe pas.
C. Mechel, m. s. n. 45.

XLVIII, XLIX, L, LI.

Ce sont des jeux d'enfans, très-bien dessinés. Nous avons déjà eu occasion d'en parler : ils ne sont point de la Danse des Morts. V. ci-dessus p. 25.

C. Hollar. N'existent pas.
C. Mechel. N'existent pas.

LII.

Le jugement dernier. Jésus-Christ est assis sur l'arc-en-ciel, les pieds appuyés sur le globe. Au-dessous, une grande multitude élève les mains vers lui. Il paroît leur être favorable. Le ciel est ouvert derrière le Seigneur; on y voit les patriarches, les anges, etc.

C. Hollar. N'existe pas.
C. Mechel. N'existe pas.

LIII.

Un gentilhomme, le chapeau sur la tête, la main droite sur le côté, est dans l'attitude d'un homme qui parle. Sa femme est devant lui ; elle a le cou orné d'un collier et d'une chaîne d'or. Elle paroît regarder une espèce de tête de chien, qui est sous le manteau et le bras de son mari. Il semble qu'elle caresse cette tête avec la main droite que l'on ne voit pas, parce qu'elle est cachée derrière un vieux casque servant de couronnement à un cartouche qui renferme une tête de mort. Ce cartouche est rongé de vieillesse, de même que le tapis qui est posé sur le dessus du casque, et qui, en lambeaux, tombe jusque sur le piédestal du cartouche. Une horloge de sable sert de cimier au casque, et deux bras de morts, qui tiennent élevée une grosse pierre, surmontent le tout.

Nota. Papillon dit que cette estampe est le chef-d'œuvre d'Holbein et l'un des plus beaux de la gravure en bois : il l'estime plus de 24 liv. Elle est, dans sa description, la dernière de l'édition de la Danse des Morts de ce célèbre peintre, donnée en 1649. Hollar en a fait le frontispice de son recueil. M. de Mechel n'en parle pas.

Continuons à citer Papillon, qui, à la suite de sa description en 53 articles, que nous venons de rapporter, dit d'abord, en parlant encore de cette dernière estampe : « Je n'ai rien vu d'égal à cette
» gravure ; plus je l'examine, plus la patience,
» l'art et la hardiesse du travail excitent mon
» admiration. Il est vraisemblable que ces deux
» figures représentent les personnes pour qui
» Holbein *peignit* la Danse des Morts : les têtes
» sont trop bien finies pour douter qu'elles ne
» soient leurs portraits ; car je ne puis croire que
» ce soit ceux d'Holbein et de sa femme, comme
» plusieurs personnes le prétendent, d'autant

» plus qu'on ne sait pas même positivement qu'il
» ait été marié. »

Ce passage renferme plusieurs erreurs grossières. On voit d'abord par le mot *peignit*, combien Papillon étoit peu instruit de l'origine de la Danse peinte à Bâle ; il en donne une preuve bien plus forte quand il la raconte ainsi, dans son *Traité de la Gravure*, tom. I, p. 166 : « Holbein, dit-il, s'étant
» perfectionné dans la peinture, fut choisi par
» un magistrat de la ville de Basle pour peindre
» une Danse des Morts dans le marché aux
» poissons de cette ville, proche un cimetière. »
Double sottise : il confond la Danse des paysans par Holbein, dans le marché aux poissons, avec l'ancienne Danse des Morts, par un anonyme, dans le cimetière des Dominicains. « Cet ouvrage,
» continue-t-il, augmenta sa réputation, et fit
» beaucoup de bruit dans le monde. Cependant
» on y découvre de grands défauts d'anatomie.
» Il employa son habileté à réduire ces tableaux
» en petites estampes qu'il a gravées en bois
» d'une délicatesse et d'une beauté sans égale
» (1). Il faut que les planches de ces estampes

---

(1) Il est présumable que Papillon a puisé ces absurdités dans la *Dissertation sur l'origine et les progrès de l'art de graver en bois*, etc., par Fournier, *Paris*, 1758, in-8.°, où il est dit (p. 70) : « Holbein ayant peint une Danse des Morts dans
» le marché au poisson de la ville de Basle, en réduisit

» aient été gravées environ l'an 1530, etc. etc. » Dans tout ce que dit là le bonhomme Papillon, il y a presque autant d'erreurs que de mots; et cela ne mérite pas même une réfutation. Il en est de même de ses doutes sur le mariage d'Holbein.

Comment ignoroit-il que les portraits d'Holbein et de sa femme, peints par lui-même, sont conservés à la bibliothèque de Bâle? Ils ont été très-bien gravés, dans cette ville, par M. B. Hübner. L'un représente Holbein, une espèce de chapeau sur la tête, en robe ou manteau bariolé. Au bas de l'estampe on lit : *Johannes Holbein J. F. pictor celeber civis basiliensis immortale patriæ Britanniæque decus. Natus A. D. 1498. Denatus Londini A. 1554. Joh. Holbein pinxit. B. Hübner sculp. 1790. Basileæ, ap. Ch. à Mechel Chalcogr.* L'autre portrait représente une femme assez massive, avec deux enfans très-beaux. On lit au bas de l'estampe : *Uxor et liberi Joh. Holbenii, civis basil. pictoris eximii. Ad tabulam J. Holbenii in biblioth. pub. Basil. adservatam. Joh. Holbein pinxit. B. Hübner sculps. Basileæ*, etc. D'après cela, on ne peut pas

---

» les dessins et en grava de petites estampes qui lui firent
» autant d'honneur que ses tableaux. Il peignit et grava
» également à Basle une Danse de paysans. » Si Fournier, homme instruit d'ailleurs, eût pris quelques renseignemens avant de tracer ces lignes, il n'eût pas accumulé tant d'assertions erronées.

douter qu'Holbein ait été marié. Je possède ces gravures, ainsi que plusieurs autres portraits de grands hommes peints par Holbein et gravés dans le même genre par Hübner; entre autres Erasme, Froben, Th. Morus, Amerbach, Meier, etc.; ils font partie de l'œuvre d'Holbein, dont je parlerai plus bas.

Revenons à Papillon. Il ajoute encore à la description des 55 articles mentionnés ci-dessus : « On a fait quantité de copies de cette Danse des » Morts, mais il est aisé de ne pas les confondre » avec les originaux. Le dessin et la gravure des » copies n'approchent en aucune manière de leur » beauté, qui a donné l'idée d'en faire d'à peu près » pareilles. J'en ai vu à des bordures d'anciennes » Heures gothiques; l'ancienne Danse Macabre en » est une imitation (1); de même que de mes jours » on en a fait en papier bleu de la bibliothèque » du Pont-Neuf, de l'imprimerie de la veuve Oudot

---

(1) Rien de plus absurde que cette assertion. La Danse Macabre est bien antérieure à la naissance d'Holbein; nous avons déjà vu qu'on en connoît, comme peinture, une qui existe depuis l'an 1385; et, comme gravure, nous verrons par la suite qu'il y en a une édition de 1485 (Holbein est né en 1498). Quant aux mêmes Danses sur les marges d'anciennes Heures, nous prouverons qu'il en existoit déjà vers 1490. Que Papillon vienne nous dire après cela, que ce sont des imitations de la Danse d'Holbein; c'est précisément le contraire.

» à Troyes, et que, depuis quelques années, le
» nommé Le Blond, à Orléans, en a gravé en bois
» et en fait des dominotés, qui se vendent par les
» étaleurs d'images. Cette dernière Danse des
» Morts compose en tout un carré de plusieurs
» feuilles assemblées, d'environ trois pieds en tout
» sens. Il y a quelques vers sous chaque figure,
» et le tout n'est pas mieux gravé que les jeux de
» l'oye, gravés en bois, à Chartres par Hoyau. »
Nous ne prolongerons pas davantage les citations
de Papillon. Nous avons déjà eu plusieurs fois
l'occasion, dans nos ouvrages précédens, de remarquer que Papillon n'avoit aucune espèce d'érudition, et que, si on l'ôte de la partie mécanique
de son art (la gravure en bois), qu'il a très-bien
traitée, le reste de son ouvrage est presque toujours
pitoyable.

Après avoir démontré que la Danse des Morts
peinte à Bâle est bien antérieure à Holbein; qu'il
n'a jamais travaillé à cette Danse; qu'il a fait de
petits dessins dans le même genre, qui passent pour
des chefs-d'œuvre; que ces dessins ont été gravés
par J. Lutzelburger; qu'enfin il existe une grande
différence entre les dessins de la Danse d'Holbein
et les dessins de la Danse de Bâle gravés par Mérian:
il nous reste, pour compléter la première partie
de notre travail, à donner la notice des différentes
éditions de ces deux collections; ensuite nous
passerons à la Danse Macabre.

III.

Notice des Editions de la Danse des Morts dessinée par Holbein et gravée d'après ses dessins.

Il est bien présumable que les premières épreuves des petites gravures faites d'après les dessins de la Danse des Morts d'Holbein, ont d'abord paru isolément, et ont été recueillies, comme gravures, par des amateurs, pour figurer dans leur cabinet d'estampes. Ces objets n'étant pas du ressort de la bibliographie, nous n'en parlerons pas, ou du moins nous les mentionnerons très-légèrement; et nous ne nous occuperons de ces gravures que lorsqu'accompagnées d'un texte et reliées ensemble, elles auront formé ce qu'on appelle un volume. Nous suivrons l'ordre chronologique dans la série des éditions.

....

La Danse des Morts, ou la Mort étendant son empire sur toutes les conditions. *Basileæ*, 1530, *in-8.°*

Cette édition passe pour la première de cette collection de gravures, dessinées par Hans (Jean) Holbein, et gravées par Hans (Jean) Lutzelburger, surnommé Franck. Nous ne connoissons pas le véritable titre de ce recueil, et nous doutons qu'il en ait un, d'après tous les catalogues de bibliographie et d'estampes que nous avons consultés. Les petites gravures en bois ont 2 pouces 5 lignes de hauteur, sur 1 pouce 10 lig. de largeur. Au-dessus de chaque estampe, il y a en allemand une sentence tirée de l'Ecriture sainte, et au bas, des vers également en allemand. Cette édition ne contient que 41 estampes, auxquelles on en a par la suite ajouté 12, comme nous le verrons plus bas.

Dans beaucoup de cabinets d'amateurs, on trouve des séries plus ou moins nombreuses de ces petites gravures. Les unes en comprennent 21; d'autres vont jusqu'à 62, par des additions de gravures du même burin à peu près, et du même format. Mais, si toutes sont gravées sur les dessins d'Holbein, il est certain qu'elles n'appartiennent pas toutes à la Danse des Morts de ce peintre.

M. le comte Rigal, dont le cabinet d'estampes s'est vendu en décembre 1817, possédoit une série de ces gravures au nombre de 62 sujets, tirés sur le *recto* et sur le *verso* de 31 feuillets. De ces 62 sujets, dit-il, 53 étoient de la première édition, et 9 autres des éditions postérieures. Il me semble qu'il y a ici erreur, et qu'il ne devoit y en avoir que 41 de la première édition, du moins pour les dessins appartenant véritablement à la Danse des Morts; quoi qu'il en soit, cette série de 62 n'a été vendue que 33 fr. 05 c.

Une seconde série, composée seulement de 23 sujets qui appartiennent à la même collection, dont nous avons donné précédemment la description en 53 articles, a été vendue à la même vente 40 fr. Mais chaque estampe n'étoit tirée qu'au *recto*; c'est sans doute, avec la qualité des épreuves, ce qui en a fait porter le prix plus haut. Les numéros de ces 23 sujets sont : 1 à 4 Adam et Eve; 6 le Pape; 7 l'Empereur;

8 le Roi; 9 le Cardinal; 12 l'Évêque; 13 l'Abbé; 14 le Duc; 15 l'Abbesse; 17 le Chanoine capitulaire; 21 le Prédicateur; 22 le Curé; 23 le Moine; 25 la Vieille; 26 le Médecin; 28 l'Homme riche; 29 le Marchand; 32 le Comte; 34 la Comtesse, et 39 le jeune Enfant. On trouve à la suite de cette nomenclature, la note suivante : « Premières et très rares épreuves; au
» haut, au dessus de chaque sujet, le titre en al-
» lemand; le *verso* de chaque feuille est blanc. La
» collection de M. Otho, à Leipzig, ne *possédoit*
» que 21 épreuves de cette qualité; plus trois pre-
» mières épreuves de l'histoire du vieux Testament,
» imprimées sur des feuilles blanches au *verso*. » Ces différens détails sont tirés du *Catalogue raisonné des Estampes du cabinet de M. le comte Rigal*, par F. L. Regnault de la Londe, peintre et graveur. Paris, 1817, *in-8.°* de xij—577 pages, avec les prix impr. V. p. 175.

On trouvera encore une série de la suite de la Mort en 30 pièces, d'après J. Holbein, dans le *Catalogue des Dessins et Estampes du cabinet de Basan père*. Paris, 1779, *in-8.°*, n. 854. Ce sont sans doute les 30 sujets gravés par Hollar.

M. Joubert, dans son *Manuel de l'amateur d'Estampes*, etc.. Paris, 1821, 4 vol. *in-8.°*, dit, tom. II, p. 130, à l'article Holbein (qui nous a paru bien court) :
« Son *ancien Testament* n'a pas autant de mérite que
» sa *Danse des Morts*, parce que les figures y sont
» forcées et courtes.

» *La Danse des Morts*, suite de 53 estampes. Vente
» *Rigal*, 33 fr. *Véritable chef-d'œuvre de gravures en*
» *tailles de bois*.

» *Suite extraordinairement rare* et presqu'impossible
» à rassembler. Les premières épreuves ont le titre

« au-dessus du sujet et en allemand, et le verso en
« blanc.
« Aux éditions subséquentes, il en a été ajouté
« 9 feuilles; ce qui porte la suite à 62 feuilles. »
Cette indication de M. Joubert a été puisée dans
le catalogue de M. le comte Rigal, p. 175, n. 383.
Mais nous l'avons donnée ci-dessus beaucoup plus
exactement.

M. Joubert annonce à la fin de son article : « *La*
« *Danse des Paysans* qu'il avoit peinte à Basle, mais
« elle est à peu près introuvable. » Nous présumons
aussi qu'elle est introuvable, car jamais nous n'en
avons entendu parler comme objet gravé.

M. Joubert, donnant le détail des principales
pièces gravées par Hollar, termine l'article de ce
graveur par « *la Danse de la Mort*, ou la Mort exerçant
« son empire sur toutes les conditions, suite de 30
« pièces en hauteur. Vente *Pallière*, 18 fr.... Holbein. »

**La Danse des Morts, ou Icones Mortis (*sans
date*). In-8.°**

Quoique cette édition soit sans date, elle est peu
postérieure à la précédente, que nous avons donnée
pour la première. Les vers qui accompagnent les
gravures sont en flamand.

**Les Simulachres et historiées Faces de la Mort
autant élégament pourtraites qu'artificiellement
imaginées.** *Lyon, sous l'escu de Cologne,* 1538,
petit in-4.° de 52 feuillets.

Ce volume, assez rare quand les exemplaires sont

bien conservés, renferme 41 planches gravées sur bois; il vaut 15 à 20 fr. Il a été imprimé par les frères Melchior et Gaspard Treschel. M. Ramond, traducteur des *Lettres de Coxe sur la Suisse*, dit dans une note, tom. II, p. 311, qu'il a vu un exemplaire de cet ouvrage avec les gravures enluminées, et que le premier trait est fort bon. M. Demurr, qui parle de cette édition dans le 16.ᵉ vol. du *Journal des Arts et de la Littérature* (en allemand), a raison d'en attribuer la gravure à Hans Lutzelburger, dont le monogramme H. L. est sur l'une des planches du recueil. Malgré l'estimation que nous avons donnée plus haut de cet ouvrage, un exemplaire relié en vélin, n'a été vendu que 3 liv. chez M. de la Vallière en 1784; 3 fr. 80 c. chez M. Lamy, en 1807; et un autre 3 fr. seulement chez M. Méon, en 1809.

Les Figures de la Mort des bons et des mauvais de l'ancien et nouveau Testament, gravées en bois d'après Holbein. *Lyon*, 1538, *in-8.*°

Ce volume est ainsi annoncé dans le catalogue des dessins et estampes de M. Mariette, *Paris*, 1775, *in-8.*°, sous le n. 1132. Il n'a été vendu que 3 liv. Cette riche collection de M. Mariette, composée de 1491 articles, tant pour les tableaux, terres cuites, marbres, bronzes, pierres gravées, dessins originaux des grands maîtres des écoles d'Italie, de Flandre, de Hollande, d'Allemagne et de France, que pour les estampes de ces mêmes écoles, et les livres d'estampes, sciences et arts, a rapporté, à la vente qui s'en est faite, la somme de 292,003 liv. 14 s.

Imagines de Morte (cum epigrammatibus è

gallicis à Georgio Emilio in latinum versis). *Lugduni*, 1542, in-12.

Cette édition, ornée de 41 planches, est mentionnée dans le *Bibliographical Decameron* de M. Dibdin, *London*, 1817, 3 vol. in-8.°, seconde journée, p. 41. Un exemplaire a été vendu 10 liv. chez M. Mariette. V. son catalogue n. 1131.

Imagines Mortis, etc. *Lugduni*, 1545, in-12.

On ne trouve que 41 planches dans cette édition, comme dans la précédente. M. Dibdin en fait également mention.

Imagines Mortis, etc. *Lugduni*, 1547, in-12.

Toujours 41 planches.

Imagines Mortis duodecim imaginibus, præter priores, totidem inscriptionibus, præter epigrammata è gallicis à G. Emilio in latinum versa, cumulatæ. *Lugduni*, 1547, in-8.°

Cette édition, moyennant les 12 figures ajoutées, en renferme 53. Le texte français est avec le texte latin. Un exemplaire en maroquin rouge a été vendu 5 liv. 17 s., en 1803, chez M. Méon.

Les Images de la Mort, avec le texte français, etc. *Lyon*, 1547, in-8.°

Cette édition, différente de la précédente, a aussi 53 figures.

Simolachri, historie e figure della Morte. In Lione, appresso Giovan Frellone, 1549, in-8.°

Dans cette édition, le passage de l'Ecriture sainte est en latin au-dessus de l'estampe, et le quatrain du bas est en italien. Papillon, qui en possédoit un exemplaire, sur lequel il a donné la description que l'on a vue plus haut en 53 articles, prétend que, lorsque cette édition fut faite, les planches devoient déjà avoir fourni plus de cent mille épreuves; car le filet de quelques-unes étoit tout usé à force de service. Cela n'est pas surprenant si les mêmes planches ont servi à toutes les éditions de Lyon dont nous venons de parler, et sans doute à d'autres que nous ignorons.

« D'ailleurs, ajoute Papillon, il s'en faut beaucoup
» que cette édition soit imprimée aussi nette et aussi
» propre que les premières qui furent faites en Suisse
» sous les yeux d'Holbein, lesquelles sont devenues
» rares. » (Très-rares en effet; car, à part la première édition, publiée à Bâle en 1530, et je doute qu'elle ait été faite sous les yeux d'Holbein, qui devoit être alors en Angleterre, il ne m'en est pas tombé sous la main une seule donnée en Suisse jusqu'à cette époque.) « Il y a, poursuit Papillon, dans celle (de 1549)
» que j'ai, 53 estampes, parmi lesquelles plusieurs
» sont ajoutées qui n'ont pas été peintes par Holbein
» dans sa Danse des Morts de Bâle (toujours les
» mêmes erreurs); mais elles ont été dessinées (oui)
» et gravées de sa main (plus que douteux) pour le
» libraire de Lyon qui imprima et vendit ce livre.
» Il est facile de les connoître, parce qu'elles n'ont
» qu'un simple filet et que les premières en ont
» un double. » Ces estampes sont portées dans la

description précédente sous les n.° 11, 22, 47, 48, 49, 50 et 51. Ce livre, dit encore Papillon, a des lettres grises.

Images de la Mort (*sans date et sans nom de lieu*). *In-8.°*

Dans cette édition, les vers sont en français.

Icones Mortis, duodecim imaginibus, præter priores, totidemque inscriptionibus, præter epigrammata è gallicis à Georgio Æmilio in latinum versa, cumulatæ. *Basileæ*, 1554. (Après les estampes en bois, suit :) Medicina animæ, etc.; Paraclesis ad periculosè decumbentes; D. Cæcilii Cypriani Sermo de mortalitate; Oratio ad Deum apud ægrotum dum inuisitur, dicenda; Oratio ad Christum in gravi morbo dicenda; D. Chrysostomi nonnulli Sermones. (*Basileæ*, 1554, *in-8.°*)

Ces dernières pièces ont été ajoutées aux traductions indiquées, et aux contrefaçons latines.

Imagines Mortis; his accesserunt epigrammata è gallico idiomate à G. Æmylio in latinum translata; ad hæc Medicina animæ, etc. etc., et Erasmi Roterodami Declamatio de morte. *Coloniæ, apud hæredes Arnoldi Birckmani*, 1555, *pet. in-8.°*

Imagines Mortis, etc. *Coloniæ*, 1557, *in-8.°*

Imagines Mortis, etc. *Coloniæ*, 1567, *in-8.°*

Imagines Mortis, etc. *Coloniæ*, 1573, in-8.°

Les estampes de ces quatre éditions ne sont pas les mêmes que celles des éditions précédentes; mais elles ont été copiées par un artiste habile, sans cependant pouvoir être comparées aux originales. Les n.° 17 et 18 sont marqués d'un A italique. Elles sont d'un autre maître que celui qui a copié les 51 autres morceaux. Il faut dire que ces copies sont d'un pouce plus larges que les estampes originales; mais elles ont la même hauteur.

Images de la Mort, avec quatrains au dessus d'icelles (trad. du latin en françois), auxquelles sont ajoutées dix-sept figures (3 seulement); davantage la Médecine de l'ame; la Consolation des malades; un Sermon de mortalité de sainct Cyprian; un Sermon de patience par sainct Jean Chrysostome. *Le tout imprimé à Lyon par Jean Frellon, l'an 1562, in-8.°*

Ce titre est pris en grande partie dans Duverdier, édit. de 1773, in-4.°, tom. II, p. 559. On y a ajouté : « Et a ce livre été traduit de françois en latin, italien,
« espagnol, allemand et anglois. »

Voici comment Papillon s'exprime sur cette édition. Quoiqu'il y ait encore quelques erreurs dans ce passage, sa description nous paroît assez exacte, quant aux gravures ajoutées. « Le frontispice, dit-il,
« porte mal à propos 17 figures ajoutées, car je n'en
« ai trouvé que 3 de plus que dans mon exemplaire
« italien (de 1549), et malgré cela les réclames du
« livre sont justes. La première de ces estampes

» ajoutées suit immédiatement le 34.ᵉ sujet des
» images expliquées ci-devant (V. p. 34); elle repré-
» sente une jeune mariée entraînée par la Mort et
» précédée d'un joueur de guitare; cette estampe a
» un double filet, est bien dessinée et gravée, et
» paroît avoir été omise dans les premières éditions
» de la Danse des Morts. La seconde estampe qui suit
» représente un nouveau marié que la Mort emmène
» en gambadant d'une manière comique; quoique
» celle-ci n'ait point de double filet, comme je l'ai
» remarqué de celles qui ne font point suite dans la
» Danse des Morts d'Holbein, néanmoins le goût du
» dessin et la beauté de la gravure font bien connoître
» qu'elle est de la main de cet habile artiste. » (Cela
ne seroit pas facile à prouver.) « La troisième et la
» quatrième estampes ajoutées et qui suivent la pré-
» cédente, représentent des jeux d'enfans. Elles
» n'entrent point dans la suite de la Danse des Morts,
» non plus que la cinquième représentant aussi un
» jeu d'enfans et servant de frontispice au *Traité de*
» *la Médecine de l'Ame*, qui fait la suite de ces Images
» de la Mort. » Un exemplaire de cette édition de
1562, n'a été vendu que 7 f. 65 c., chez M. Lamy,
en 1818. Il en existe un à la bibliothèque royale de
l'Arsenal.

Nous avons parlé avant ce dernier article de quatre
éditions faites à Cologne, et dont les estampes ne
sont que des copies, mais assez bien faites. Il y en a
encore d'autres exécutées à Augsbourg. Celles-ci sont
en taille-douce; leur grandeur est la même que celle
des originaux en taille de bois. Ce sont soixante feuilles
sur pap. *in-*4.°, sans titre. Il y a des numéros, mais
l'ordre en est interverti.

Imagines Mortis : item Epigrammata è gall. à G. Æmilio in latinum versa. Lugduni (Frellonius), 1574, *in-12.*

Un exemplaire de cette édition étoit dans la bibliothèque de M. Courtois, avec cette note : *Fig. de Hans Holbein.*

Il existe sans doute encore une grande quantité d'éditions de la Danse des Morts d'Holbein, qui ont été imprimées en Allemagne avec des gravures renouvelées; mais elles nous sont inconnues (1). Continuons à rapporter celles qui, imprimées ailleurs, nous semblent dignes de fixer l'attention des amateurs.

---

(1) On connoît plusieurs éditions des *Imagines Mortis* qui sont sans figures : nous ne croyons pas devoir les citer. Nous nous contenterons de rapporter le titre de l'exemplaire d'une petite édition que nous avons sous les yeux, et qui donnera une idée suffisante des autres. *Imagines Mortis. His accesserunt Epigrammata è gallico idiomate à Georgio Æmylio in latinum translata. Ad hæc Medicina animæ, tam iis qui firma, quam qui adversa corporis valetudine præditi sunt, maxime necessaria. Quæ his addita sunt, sequens pagina demonstrabit.* Lubecæ, sumpt. L. Alberti, bibliopolæ, 1605, petit in-24. Les 25 premières pages seulement de ce volume sont consacrées à une épître dédicatoire en vers latins *ad lectorem christianum*, et aux 52 épigrammes en vers latins de G. Æmylius. Chaque épigramme est précédée de son titre et d'un texte de l'Ecriture sainte analogue au sujet. Voici la série des sujets ou titres de chaque épigramme : *Creatio mundi.* — *Peccatum.* — *Mors.* — *Maledictio.* — *Typus omnium morentium.* — *Papa.* — *Imperator.* — *Rex.* — *Cardinalis.* — *Imperatrix.* — *Regina.* — *Episcopus.* — *Princeps.* — *Monachus.* — *Regina.* — *Eques.* — *Canonicus.* — *Judex avarus.* — *Causidicus.* — *Falsis concionatoribus verus concionator.* — *Monachus mendicans.* — *Monastica.* — *Anus.* — *Medicus.* — *Astronomus.* — *Dives.* — *Avarus.* — *Nauta.* — *Bellator.* — *Nobilis.* — *Decrepitus.* — *Sponsa.* — *Conjux.* — *Virgo.* — *Senex fessus.* — *Arator.* — *Parvulus lactescens.* — *Miles.* — *Aleator.* — *Ebrius.* — *Stultus.* — *Latro.* — *Cæcus.* — *Auriga.* — *Pauper.* — *Infans.* — *Puer.* — *Bacchici Ventres.* — *Triumphantes.* — *Extremum Judicium.* — *Insignia Mortis.* Ces 52 épigrammes, comme nous l'avons dit, n'occupent que

DANSE DE BASLE, N°. 28.

La mort et le musicien.

Mortalium Nobilitas iconibus ab Holbenio delineatis et à W. Hollar exculptis expressa. *In-8.°*

Recueil des trente pièces gravées par W. Hollar. M. Renouard, qui possède ce recueil dans son riche cabinet, dit, p. 270 du tom. III de son beau catalogue : « Trente pièces. Volume précieux d'anciennes et » belles épreuves avec des cadres en cartouches » gravés aussi par Hollar, d'après Abr. A. Diepenbeck. » On y a ajouté un bon portrait d'Holbein gravé par » Hollar. C'est l'édition première de ces jolies gra- » vures en taille-douce, réimprimées plusieurs fois » et en dernier lieu en 1780 (ne seroit-ce pas en » 1790?), à Londres, chez Edwards. » Hollar a gravé les dessins d'Holbein en 1651.

M. Brunet dit, dans sa troisième édition du *Manuel du Libraire*, tom. II, p. 203, qu'il y a encore une de ces éditions ou recueil des fig. d'Hollar, portant l'adresse de Pitau, à *Paris*. Ce Pitau étoit sans doute marchand d'estampes; car il n'y a jamais eu à Paris, de libraire de ce nom.

Le Triomphe de la Mort, gravé, d'après les dessins de J. Holbein, par W. Hollar, avec l'explication. *(Londres, 1790). Pet. in-8.°, pap. vél.*

Ce petit volume contient 44 feuillets non numérotés, savoir : 30 pour les gravures, tirées d'un seul

---

25 pages, et il y en a plus de 200 pour les pièces accessoires ; mais elles sont sans pagination. On voit dans ce dénombrement qu'il y a quelques sujets qui n'ont pas été traités par Holbein. Ces sortes d'ouvrages n'étoient guère que des livres de dévotion.

côté, et 14 pour les explications; mais tous sont entremêlés, et, autant qu'il a été possible, l'explication est vis-à-vis chaque sujet. Un exemplaire a été vendu 11 liv. 19 s., chez M. Méon, en 1803; un autre a été porté au prix de 20 fr. 05 c., chez M. Lamy, en 1807; et un troisième, avec les figures imprimées sur papier de Chine, 20 fr., chez M. Morel de Vindé, en 1823. On a tiré plusieurs exemplaires sur VÉLIN, dont un a été vendu 101 fr., en 1816; un autre a été porté à 210 fr., chez M. Mac Carthy, en 1817, avec cette note : « *Il n'a été tiré que deux exemplaires sur* VÉLIN; *chaque page est entourée d'un filet d'or.* » Ce qui pourroit donner à douter sur ce petit nombre d'exemplaires imprimés sur VÉLIN, c'est qu'en 1804, un exemplaire de cette nature, avec les figures peintes très-délicatement, a été vendu 17 liv. 17 sch. sterling (à peu près 400 fr.). Quoi qu'il en soit, cette édition, dont on a voulu faire un objet de luxe, ne répond point à ce qu'on devoit en attendre. Les figures ne sont, pour la plupart, que de mauvaises épreuves provenant des anciens cuivres gravés en 1651, et très-fatigués par les nombreuses copies que l'on en a tirées. Nous ajouterons encore que plusieurs gravures sont des contre-épreuves, et que souvent les détails de quelques parties du dessin ont été changés. Chaque estampe a 2 pouces 6 lig. de haut, sur 2 pouces de large. On peut voir le contenu de chaque sujet dans la description de la Danse d'Holbein que nous avons donnée, d'après Papillon, ci-dessus, pp. 26—47. On y trouvera à la suite de chaque article l'indication des articles gravés par Hollar, avec son numéro dans la présente édition de 1790.

Le Triomphe de la Mort, gravé par Chrétien de Mechel, d'après les dessins de Jean Holbein. *Basle, 1780, chez l'auteur, in-fol.*

Cette édition, qui forme la première partie de l'œuvre d'Holbein, est fort belle et fort bien gravée. Elle consiste en 24 feuillets, dont 2 pour le faux titre et le titre; 2 pour la dédicace à S. M. Georges III, roi de la Grande-Bretagne; 5 pour les explications des (47) sujets du Triomphe de la Mort (la dernière page des explications est terminée par une superbe vignette, représentant le globe terrestre dans des nuages, et la Mort accourant du haut des airs dominant ce globe, et levant sa faulx avec activité pour exercer son empire sur la terre); 12 feuillets gravés au *verso*, et renfermant chacun quatre sujets, à l'exception du dernier feuillet, qui ne contient que 2 sujets; et plus bas, un fourreau de poignard en deux pièces, sur lequel est une Danse de Morts. Viennent ensuite deux grandes estampes, chacune sur un feuillet. L'une représente le *Triomphe de la Pauvreté*, et l'autre le *Triomphe de la Richesse*. On lit au bas de ces deux estampes : *Joh. Holbein pinxit Londini. — Frider. Zuccari delin.* 1574. Un dernier feuillet donne l'explication de ces deux estampes.

Nous avons dit que 12 feuillets contenoient 46 sujets de la Danse des Morts; ces sujets, supérieurement gravés en taille-douce (à 4 sur le *recto*; le *verso* est en blanc), ont chacun 3 pouces 8 lignes de hauteur, et 3 pouces de largeur. Nous les avons tous indiqués dans la description, à la suite des articles de la description donnée par Papillon, et que nous avons rapportée ci-devant, pp. 26—47. Quant aux deux grandes estampes que Mechel a placées à la suite de la Danse des Morts, elles ont chacune 11 pouces de hauteur sur 6 pouces 2 lig. de largeur.

L'ouvrage dont le *Triomphe de la Mort* forme la première partie, est intitulé : *Œuvre de Jean Holbein, ou Recueil de gravures d'après ses plus beaux ouvrages, accompagnées d'explications historiques et critiques, et de la vie de ce fameux peintre*, par Chrétien de Mechel, à Basle, chez l'auteur, 1780—1792, *4 parties, in-fol.* La première partie renferme le *Triomphe de la Mort*, ou *Danse des Morts* en 12 planches, puis deux tableaux avec les explications, comme nous l'avons exposé ci-dessus. — La seconde partie offre la *Passion*, en 12 planches. — La troisième, les *Costumes suisses* coloriés, en 12 planches. — La quatrième, les *Portraits* des hommes célèbres contemporains d'Holbein, 10 planches, et la *Famille de Thomas Morus*, 2 pièces; l'une à l'aqua-tinta, et l'autre au trait. Cet œuvre vaut à peu près de 50 à 70 fr.

Les Figures de la Mort. *In*-12, *Goth.*

Un exemplaire de cet ouvrage, imprimé sur vélin, se trouvoit dans la bibliothèque de M. Mac Carthy; il a été vendu 66 fr. en 1817. Voyez son catalogue, n. 2842. Le titre de ce volume n'étant pas plus développé, nous ne pouvons décider à quelle Danse il appartient. Il est seulement dit dans le catalogue précité, qu'il y a au-dessous de chaque figure des vers qui ont rapport à chaque sujet. Dans le doute, nous le plaçons parmi les éditions d'Holbein, sauf à le ranger parmi les Macabres, si de nouveaux renseignemens nous prouvoient qu'il appartient à cette classe. Cet exemplaire provenoit de la bibliothèque du duc de la Vallière; il y a été vendu 27 liv. en 1784. Voyez son catalogue, n. 3075.

On connoît plusieurs Danses de Morts publiées en allemand, qui sont des imitations de la Danse d'Holbein. Nous allons citer les principales.

Todtentanz durch alle stendt der menschen, etc., furgebildet mit Figuren. *S. Gallen*, 1581. (*C'est-à-dire* : La Danse des Morts parmi les diverses conditions de l'homme, etc., représentée en fig. *St.-Gall, 1581.*) *In-4.°*

Rudolf Meyers Todten-dantz, erganzet und herausgegeben durch Conrad Meyern, maaler in Zurich, im jahr 1650. (*C'est-à-dire* : La Danse des Morts de Rodolphe Meyer, suppléée et publiée par Conrad Meyer, peintre à Zurich, l'an 1650.) *In-4.°*

Cet ouvrage renferme 61 belles gravures en taille-douce, dont 56 sont numérotées. Au-dessous de chaque estampe, sont gravées quatre lignes en allemand. Cette suite est rare; on l'a imprimée aussi accompagnée de beaucoup de vers allemands. Un exemplaire relié en vélin, a été vendu 27 fr., chez M. Morel de Vindé, en 1823. Nous ajouterons que Rodolphe Meyer, né à Zurich, en 1605, et mort dans la même ville en 1638, a exécuté 26 pièces de cette collection, et que son frère Conrad Meyer, né à Zurich en 1618, et mort en 1689, a exécuté les 35 autres pièces. L'un et l'autre étoient dessinateurs habiles, et graveurs intelligens. Le second étoit aussi un peintre estimé.

Todtentanz, von Salomon von Ruszing, in dreyszig Kupfern. *In Nurnberg*, 1736. (*C'est-à-dire :* La Danse des Morts de Salomon de Ruszing, en 30 planches, *à Nuremberg*, 1736.) *In-8.°*

Ces figures sont accompagnées de leur explication.

Freund Heinz Erscheinungen in Holbeins Manier, von I. R. Schellenberg. *Winterthur*, 1785. (*C'est-à-dire :* L'ami Heinz, représentations à la la manière d'Holbein, par I. R. Schellenberg. *Winterthur*, 1785.) *Gr. in-8.°*

C'est un recueil de 25 gravures en taille-douce. Les figures sont faites dans le goût du temps actuel et admirablement exécutées.

Voilà tout ce que nous avons découvert sur les éditions de la suite de gravures connue sous le nom de Danse des Morts d'Holbein, ainsi que sur les imitations qui en ont été faites.

Passons maintenant à la Danse peinte sur les murs de Bâle, et aux éditions du recueil de dessins gravés qu'en a donné Mérian.

IV.

Notice des Éditions de la Danse des Morts de Bâle dessinée et gravée par Mérian.

Quelle est la première de ces éditions? Est-ce celle de 1621, comme on pourroit le conjecturer d'après Fuessli, ou celle de 1649, comme Mérian sembleroit l'annoncer dans le passage de sa préface que nous avons rapporté ci-devant, p. 10? Pour résoudre cette question, il faut rappeler en peu de mots les faits cités par Mérian lui-même. En résumant sa narration, nous voyons que, vers 1616 (il avoit alors 23 ans), il a copié la Danse des Morts de Bâle; qu'ensuite il l'a gravée en taille-douce, mais que, vers 1618 ou 19, il a cédé ses planches à d'autres personnes; que néanmoins par la suite (vers 1646), il les a rachetées, fait réduire et gravées de nouveau, en la forme, dit-il, dans laquelle on les voit (dans l'édition de 1649, la première qu'il ait donnée lui-même). Or, depuis la vente de ces premières planches, qui doit avoir eu lieu, comme nous l'avons dit, vers 1618 ou 19, car il lui aura bien fallu deux ou trois ans, tant pour copier les sujets de la Danse que pour les graver; depuis cette vente, disons-nous, jusqu'au moment où il a racheté ces planches et les a réduites et gravées de nouveau, ce qui peut avoir eu lieu vers 1646 ou 47, il est certain que les acquéreurs ont dû donner une ou plusieurs éditions du recueil de la Danse des Morts avec ces premières planches; et la date de l'édition de 1621, citée par Fuessli, s'accorde parfaitement avec les conjectures que nous venons d'exposer sur les dates où chaque fait a dû se passer. Il est donc maintenant facile de conclure qu'il y a eu deux sortes d'éditions de la Danse de Bâle gravée par Mérian : l'une avec les premières figures qu'il a vendues, et qui n'ont subsisté que depuis 1620 environ, jusqu'au moment où il les a rachetées; et l'autre avec les figures qu'il a réduites et nouvellement gravées vers 1646 ou 47, et qui subsistent encore. Alors l'édition de 1621, rapportée par Fuessli, sera la première de toutes celles qui auront paru avec les anciennes figures; et celle de 1649, donnée par Mérian lui-même, sera la première de toutes celles que nous connoissons avec les figures renouvelées et réduites. Cette solution de la question nous semble la seule admissible. Nous ajouterons que l'édition de 1621 et les suivantes, qui ont pu être données par les acquéreurs des premières planches, pendant à peu près l'espace de 25 à 28 ans, sont si rares, que nous n'avons pu en découvrir une seule, pas même celle qui est mentionnée par Fuessli. Seroit-ce parce que Mérian, mécontent de ses premières gravures, auroit retiré, le plus qu'il auroit pu, les exemplaires de ces éditions? Ou seroit-ce parce que la supériorité de son second travail auroit fait négliger et supprimer le premier, auquel on n'attachoit plus d'importance? Ou enfin, seroit-ce parce que la médiocrité ou bien la forme des premières gravures (elles étoient d'une dimension plus grande que les secondes) n'ont pas permis d'en multiplier les éditions? C'est ce qu'il est difficile de décider. Quoi qu'il en soit, ne connoissant aucune des éditions antérieures à 1649, nous allons commencer nos notices par celle-ci.

....

Todten-...... wie derselbe in der loeblichen und weit be...... ten Stadt Basel, als in Spiegel menschlicher Beschaffenheit, ganz künstlich gemahlet und zu sehen ist; nach dem Original in kupfer gebracht von Mathæus Merian. *Frankfurt am Mayn*, 1649. (*C'est-à-dire* : La Danse des Morts, telle qu'elle est dépeinte dans la louable et illustre ville de Basle, pour servir d'un miroir de la nature humaine; gravée sur cuivre, d'après l'original, par Matth. Mérian. *Francfort-sur-le-Mein*, 1649.) *In-4.°*

Cette édition, que nous croyons la première, est composée de 44 planches, dont 42 sont accompagnées au-dessus et au-dessous, de vers allemands. Ce sont ces vers, ou plutôt ces rimes, dont parle Mérian dans sa préface (Voy. ci-dessus, p. 9), et qui sans doute accompagnoient les figures peintes sur la muraille. Fabricius, parlant de ces vers dans sa *Biblioth. med. et infim. lat.*, Hamb. 1756, tom. V, p.

5, dit : *Versus autem adscripti germanicè, lucem jam anno 1584 latinis elegis pridem viderunt in Casparis Laudismanni decennalibus humanæ peregrinationis.* C'est une traduction en vers élégiaques, qu'en avoit faite Gasp. Laudismann.

Matthieu Mérian, un des graveurs les plus féconds, né à Bâle, en 1593, est mort à Francfort-sur-le-Mein, en 1652. Il est le père de la célèbre Marie-Sibille Mérian, qui naquit à Francfort en 1647.

Todten-tanz, etc. (la Danse des Morts, etc.) *Wurde*, 1696, *in-4.°*

> Cette édition a le texte allemand, comme la précédente.

La Danse des Morts, telle qu'on la voit dépeinte dans la ville de Basle, gravée sur l'original de la peinture, avec l'explication en vers françois, trad. de l'allemand par P. Vieu. *Berlin, par les soins des héritiers de Matt. Mérian*, 1698, *in-4.°*

> Cette édition n'est pas commune ; cependant elle est moins recherchée que celle de 1744 et les suivantes avec le texte français.

Todten-tanz, etc. (la Danse des Morts, etc.) *Wurde*, 1725, *in-4.°*

> Le texte de cette édition, citée par Fabricius, est en allemand.

La Danse des Morts, comme elle est dépeinte

dans la louable et célèbre ville de Basle, pour servir d'un miroir de la nature humaine, dessinée et gravée sur l'original de feu M. Matthieu Mérian. On y a ajouté une description de la ville de Basle et des vers à chaque figure. *Basle, chez Jean Rodolphe Im-Hoff,* 1744, in-4.° de lix—132 pag.

L'ouvrage est en allemand avec une traduction française. Le frontispice allemand est gravé; il a un large encadrement renfermant diverses allégories de la mort. Ce frontispice est au *recto*, et vis-à-vis est le frontispice français, imprimé. Vient ensuite la préface allemande, qui va jusqu'à la page xxj, et on lit au bas : *Mathæus Merian der aeltere* (Matt. Mérian l'aîné). Les deux descriptions de Bâle en allemand finissent à la page xxxj; elles sont suivies de la préface en français, qui finit à la page xlviij. On trouve à la suite la *Description* (en français) *de la ville de Basle, par Æneas Sylvius* (Piccolomini), *qui fut après pape, sous le nom de* Pie II. Cet écrit a été composé en 1436. Il est accompagné, comme dans l'allemand cité plus haut, d'une nouvelle description de Bâle. Ces deux descriptions en français complètent les pièces préliminaires et finissent à la page lix. La traduction de ces deux descriptions est dans un français plus pitoyable encore que celui de la préface dont nous avons donné un échantillon, pp. 6—11. Après les pièces préliminaires, commencent les 43 gravures dont nous avons donné une notice détaillée, pp. 26—45. Elles occupent dans le volume les pp. 1—85. Le reste de ce volume, jusqu'à la page 132, renferme des pièces allemandes, soit en vers, soit en prose. On n'y trouve en français que quatre cantiques, *essai*, dit

l'auteur, d'une nouvelle traduction de ceux qui se chantent en Allemagne. Ils occupent les pp. 90—94. Nous voyons par l'avis du libraire qui est en tête de cette nouvelle édition, que les planches ont été gravées de nouveau, car il dit : « Le premier coup-d'œil assurera tout le
» monde qu'on a travaillé les figures avec toute
» l'exactitude possible, et qu'on en a souvent corrigé
» le dessin sur l'original. » Le graveur se nommoit Chovin ; son nom se trouve souvent en entier au bas des estampes, comme nous l'avons dit p. 43.

La Danse des Morts, comme elle est dépeinte, etc. *Basle*, 1756, in-4.°

C'est une réimpression simple de l'édition précédente. Le frontispice français, imprimé, porte la date de 1756, et le frontispice allemand, gravé, a conservé celle de 1744. Comme les planches sont de second tirage, les gravures sont un peu pâles. Cependant un exemplaire a été vendu 23 fr., chez M. Lamy, en 1807. Il est vrai que le caractère d'impression et le papier sont plus beaux que ceux de l'édition précédente.

La Danse des Morts, comme elle est dépeinte, etc. *Basle, chez Jean Rodolphe Im-Hoff et fils*, 1789, in-4.° de 190 pages.

Réimpression des deux éditions précédentes. Ce dernier tirage a produit naturellement des épreuves plus foibles que celles de 1756. Le papier est très-blanc et l'impression est plus nette que celle de la première édition ; mais rien n'est changé au texte. Il n'y a que les vignettes en bois, qui sont en tête des préfaces et à la fin de l'ouvrage, qui soient différentes. On a effacé le petit numéro qui se trouve au-dessus de chaque gravure.

Ne connoissant aucune édition postérieure à celle-ci, nous terminons par elle la première partie de notre travail, c'est-à-dire tout ce qui regarde l'origine, l'histoire et les éditions de la Danse des Morts dessinée par Holbein, et de la Danse des Morts de Bâle, gravée par Mérian. Ce n'est qu'en donnant ces divers détails, et en exposant la différence qui existe entre ces deux Danses, qu'il a été possible de faire sentir et de rectifier les erreurs des écrivains et de beaucoup d'autres personnes qui ont attribué à Holbein la Danse des Morts peinte sur les murs de Bâle, et la gravure des petits dessins qui ont été exécutés dans le même genre.

RECHERCHES

SUR LES

DANSES DES MORTS.

―――

DEUXIÈME PARTIE.

DE LA DANSE MACABRE.

I.

Conjectures sur l'origine de la Danse Macabre et sur l'étymologie du mot Macabre.

La Danse Macabre est un ouvrage du même genre que les deux Danses des Morts dont nous avons parlé, mais beaucoup plus ancien. Elle se compose également de figures grotesques, qui représentent la Mort attaquant les différentes conditions de la vie humaine. Si les sujets ne sont ni dessinés, ni gravés avec la délicatesse et l'esprit qu'on remarque dans ceux d'Holbein; si elle n'a pas une origine aussi connue que la Danse qui étoit

DANSE MACABRE.

La mort et la religieuse.   *La mort et la mariée.*

RECHERCHES
SUR LES
DANSES DES MORTS.

DEUXIÈME PARTIE.

DE LA DANSE MACABRE.

I.

Conjectures sur l'origine de la Danse Macabre et sur l'étymologie du mot Macabre.

La Danse Macabre est un ouvrage du même genre que les deux Danses des Morts dont nous avons parlé, mais beaucoup plus ancien. Elle se compose également de figures grotesques, qui représentent la Mort attaquant les différentes conditions de la vie humaine. Si les sujets ne sont ni dessinés, ni gravés avec la délicatesse et l'esprit qu'on remarque dans ceux d'Holbein; si elle n'a pas une origine aussi connue que la Danse qui étoit peinte à Bâle et qui a été dessinée et gravée par Mérian, elle n'en est pas moins très-célèbre sous le rapport chalcographique, ou plutôt xylographique et bibliographique; car elle est bien antérieure aux deux Danses qui font l'objet de la première partie de notre travail; et les premières descriptions qui en ont été publiées sont très-recherchées.

Avant d'en exposer les différentes éditions, essayons de percer l'obscurité qui enveloppe son berceau et même son nom; et si nous ne pouvons y parvenir, rapportons du moins les diverses opinions que l'on a émises à cet égard. Appuyées de quelques faits, ces opinions pourront décider le lecteur à former la sienne sur les conjectures que nous exposerons.

Les figures de la Danse Macabre ont toujours été accompagnées d'un texte ou explication en vers; et selon les diverses éditions, ou plutôt selon les pays où elles ont été publiées, ce texte a été soit en français, soit en allemand, soit en latin, soit en anglais. La plupart des auteurs ont prétendu que le texte original étoit en vers allemands; qu'il a été ensuite traduit en latin, puis en français; et que l'auteur étoit un certain MACABRE, dont le nom s'est identifié avec le titre du livre. Cela peut être; cependant nous nous permettrons de faire à cet égard une observation qui portera sur des faits, et qui devra subsister tant qu'on ne lui opposera pas des faits de la même nature. C'est que la première édition connue de la Danse Macabre des hommes, qui date de 1485, est en français; que la première édition de la Danse Macabre des femmes, qui a paru en 1486, est également en français; et que la première édition de la même Danse en latin, donnée et corrigée par P. Desrey, est de 1490. Il est vrai que le titre de cette édition porte : *Chorea ab eximio Macabro versibus alemanicis edita et à P. Desrey nuper emendata*; mais ce *versibus alemanicis edita*, tout en prouvant qu'il y avoit une édition antérieure en allemand, n'en donne pas la date, et, sur ces simples mots, on ne peut pas décider si le texte allemand a précédé le texte français. Nous convenons que les expressions *ab eximio Macabro versibus alemanicis edita*, donneroient à entendre que l'auteur se nommoit Macabre, qu'il étoit allemand, et que par conséquent le texte original est en allemand. Quelque positive que paroisse encore cette assertion, nous allons tâcher de la combattre et de prouver qu'elle peut être hasardée. D'abord, le mot *edita* veut-il dire composé, ou simplement publié? Autrefois il a eu ces deux acceptions. Et *Macabro* est-il bien là un nom propre? Accompagné de son épithète *eximio*, il en a l'air; mais depuis longtemps, comme nous le dirons plus bas, la Danse Macabre, non pas comme ouvrage littéraire, mais comme Danse peinte sur des murs, étoit connue en

France et dans d'autres pays. Il est possible que celui qui a donné l'édition latine, trompé par quelque traducteur allemand, ait pris le mot Macabre, épithète ou surnom de cette Danse, pour le nom de son auteur. Ce que nous exposerons dans un instant sur l'étymologie de ce mot pourra encore fortifier notre opinion. Au reste, ne paroit-il pas singulier qu'avant 1490, on ne connoisse pas une seule édition, ni en allemand, ni en latin (du moins nous n'en avons point découvert), et qu'il y en ait déjà eu trois ou quatre en français, dont la première connue est de 1485? Tout cela, nous l'avouons, est très-obscur; mais au moins on ne peut pas disconvenir que ce que nous rencontrons dans cette obscurité milite en faveur de notre opinion.

On nous objectera peut-être que la Danse de Bâle exécutée vers 1441, avoit des inscriptions en allemand. Nous répondrons que la Danse Macabre exécutée à Paris, dans le charnier des Innocens, en 1424, avoit des inscriptions en français. Nous le répétons, un voile épais couvre encore toutes ces origines.

Passons à l'étymologie que l'on a cherché à donner du mot Macabre. Ce sera encore, il est vrai, marcher à tâtons dans les ténèbres; mais quelquefois un léger rayon de lumière peut se rencontrer sur la route. Le mot Macabre, selon le savant M. Van-Praet, paroît venir de l'arabe *magbarah*, *magbourah* ou *magabir*, qui tous signifient cimetière. Ainsi, Danse Macabre, mot corrompu de *magbarah*, voudroit dire *Danse du Cimetière*. Cette conjecture pourroit paroître d'autant plus fondée que le mot Danse Macabre étoit très-connu en France avant l'invention de l'imprimerie. Cela nous avoit d'abord fait naître l'idée qu'il pouvoit peut-être nous venir de l'Orient, soit à la suite des croisades, soit par les Maures d'Espagne, comme son étymologie arabe pourroit le faire présumer. Mais un peu de réflexion nous a fait promptement abandonner cette conjecture. La Danse des Morts a pour source un principe moral et religieux, qui tient essentiellement au christianisme, et qui ne seroit nullement dans les principes de l'islamisme. Le musulman envisage la mort d'un tout autre œil que le chrétien. On n'a pas besoin de lui recommander d'y songer : le despotisme, qui est pour lui le droit divin, l'a habitué non-seulement à la contempler sans effroi, mais à la regarder comme un bien, quand elle lui arrive soit par l'ordre du sultan, soit à la guerre, etc. Les musulmans n'ont donc pas besoin d'images sensibles et de peintures pour se familiariser avec l'idée de la mort, et surtout de la mort exerçant son empire sur l'espèce humaine, dans tous les âges et dans toutes les conditions. D'après cela, il est à peu près certain que la Danse

Macabre ne provient pas de l'Orient. Cherchons donc son étymologie ailleurs. Un passage de l'histoire de France (Villaret, tom. XIV, p. 500) sembleroit la tirer de l'anglais. Le fait s'est passé à Paris, en 1424, après la bataille de Verneuil. « On donna en même temps, dit l'auteur, un » spectacle anglais. Le cimetière des Innocens » fut choisi pour le lieu de la scène. Les per- » sonnages des deux sexes, de tout âge et de » toutes conditions, y passèrent en revue et » exécutèrent diverses Danses, ayant la Mort » pour coryphée. Cette triste et dégoûtante » allégorie s'appeloit Danse Macabrée. » L'auteur ajoute en note : « Cette expression MACABRÉE » vraisemblablement vient du composé des mots » anglais *to* MAKE (faire) et *to* BREAKE (rompre, » briser). » Sans adopter entièrement cette étymologie, nous étions assez tenté de croire que l'ouvrage composé de figures, intitulé DANSE MACABRE, pouvoit tirer son origine de cet événement, parce que celle de ce spectacle anglais étoit sans doute antérieure à 1424; mais ayant recouru au *Journal sous le règne de Charles VI et Charles VII* (cité par Villaret en marge de son histoire, et inséré par Labarre dans ses *Mémoires pour servir à l'histoire de France et de Bourgogne*, Paris, 1729, *in-4.°*), nous avons reconnu qu'il n'étoit pas question d'une Danse exécutée par des personnages vivans, comme le dit Villaret, mais

d'une Danse représentée sur le mur du charnier des Innocens(1). En effet, il est dit dans ce dernier ouvrage, page 105 : « *Item*, l'an 1424, fut faite
» la Danse Maratre (pour Macabre) aux Innocens
» et fut commencée enuiron le moys d'aoust et

---

(1) Nous sommes par conséquent bien éloigné de partager l'opinion de M. Dulaure qui, dans son *Histoire physique, civile et Morale de Paris*, de 1821, tom. II, p. 552, présente la Danse Macabre comme un spectacle qui (au XV.ᵉ siècle) fut donné aux Parisiens. Le passage du journal de Charles VI et Charles VII qu'il cite, moins exactement que nous le faisons dans le texte de notre ouvrage, auroit dû lui faire voir qu'il étoit question plutôt d'une peinture que d'un spectacle; car on ne dit pas d'un spectacle : il fut fait et commencé au mois d'août, et fut achevé au carême suivant. M. Dulaure parle ensuite, pp. 553—555, d'un manuscrit qu'il possède, où se trouvent deux pièces, l'une intitulée *La Dance Macabrée*, et l'autre *La Dance des Femmes*, et il est tenté de regarder ces deux ouvrages comme deux pièces de théâtre. Non, ce sont des poésies morales dialoguées entre la Mort et successivement chaque personnage qu'elle atteint. Ce manuscrit a été copié sur une ancienne édition de la Danse Macabre, ornée de figures; car les vers de ce manuscrit sont les mêmes que ceux qui se trouvent dans les anciennes éditions françaises ; et M. Dulaure a raison quand, après avoir dit, p. 555, « il
» est incertain si les personnages de ces tristes scènes
» étoient des êtres vivans ou des êtres en peinture, » il ajoute : « j'opine pour cette dernière opinion. » Mais il est tombé dans une erreur bien grave quand, p. 556, il dit:

« acheuee au karesme suiuant. » Et plus loin, à la page 120, année 1429, il est dit : « Le cordelier
» Richart, prêchant aux Innocens, estoit monté
» sur ung hault eschaffaut qui estoit près de toise
» et demie de hault, le dos tourné vers les charniers
» en contre la charonnerie à l'endroit de la Danse
» Macabre. » Plus de doute que cette Danse n'ait été représentée sur les murs du charnier des Innocens. Mais étoit-elle peinte ou sculptée? Je pencherois pour la peinture, et même je ne ferois pas de doute qu'on y eût ajouté des inscriptions. Voici sur quoi je fonde ma conjecture. M. Dulaure, dans un petit ouvrage intitulé *Description des Curiosités de Paris*, 1791, 2 vol. in-12, t. II, p. 151, dit, en parlant du charnier des Innocens :
« Au-dessus de la voûte construite par N. Flamel,
» du côté de la rue de la Lingerie, étoit une
» peinture qui représentoit un homme *tout noir:*
» le temps l'avoit fait disparoître ; mais en

» Holbein, peintre célèbre, a représenté sur les murs
» du cimetière de St.-Pierre à Bâle, une *Danse des Morts*
» qui fut gravée et publiée à Paris en 1486. » Chaque mot de ce passage est une erreur. Nous avons déjà prouvé qu'Holbein, né en 1498, n'a pu peindre la Danse des Morts de Bâle qui lui est bien antérieure ; ensuite, ce n'est point la sienne qui a été gravée dans les Danses Macabres ordinaires; puis celle de Bâle a été dessinée et gravée tout au plus en 1616 ou 1617 par Mérian, et publiée au plutôt en 1621.

« 1786 (1), avant qu'on eût ôté les pierres des
« charniers, qui contenoient des inscriptions,

---

(1) Depuis plus de deux siècles, on réclamoit la suppression du cimetière des Innocens; enfin elle fut prononcée par un arrêt du conseil d'état du 9 nov. 1785. M. l'archevêque de Paris, après les informations convenables, donna le 16 novembre 1786, un décret conforme à l'arrêt du conseil, et on disposa tout pour le transport des corps et ossemens de ce cimetière dans les anciennes carrières situées sous la plaine de Mont-Souris, dont on fit un cimetière souterrain. On estime à plus d'un million deux cent mille, le nombre des corps inhumés au cimetière des Innocens, pendant l'espace de six siècles (de 1180 à 1785). Cette estimation nous paroît trop foible, puisque la population presqu'entière de Paris alimentoit ce cimetière. Quel immense foyer de putridité au milieu de la capitale! Le transport des cadavres eut lieu à trois reprises différentes: 1.° du mois de décembre 1785 au mois de mai 1786; 2.° du mois de décembre 1786 au mois de février 1787, et 3.° du mois d'août 1787 au mois de janvier 1788. C'est à cette mesure de salubrité, dont on ne trouve aucun exemple dans l'histoire, qu'est dû l'établissement des catacombes de Paris, dont M. Héricart de Thury nous a donné une curieuse *description, précédée d'un précis historique sur les catacombes de tous les peuples de l'ancien et du nouveau continent.* Paris, 1815, in-8.°, fig. L'auteur dit, pp. 172—175, que l'on a recueilli avec soin tous les monumens attenans au cimetière, qui, par leur antiquité ou leurs formes, ont paru mériter d'être conservés. De ce nombre étoit la Statue de la Mort, que l'on a longtemps attribuée à Germain Pilon, mais que l'on regarde au-

« on voyoit encore celle-ci, ou plutôt les débris
« de celle-ci :

> « Hélas! mourir convient
> « Sans remède homme et femme
> « . . . . nous en souvienent
> « Hélas! mourir convient
> « Le corps. . . . .
> « Demain peut-être damnés
> « A faute. . . . .
> « Hélas! mourir convient
> « Sans remède homme et femme. »

jourd'hui comme sortie du ciseau de François Gentyl, natif de Troyes, qui vivoit en 1540. Sur le bouclier de cette statue est gravé ce quatrain :

> Il n'est vivant, tant soit plein d'art,
> Ni de force pour résistance,
> Que je ne frappe de mon dart
> Pour bailler aux vers leur pitance.

Cette statue, au moment de la suppression du cimetière, a d'abord été déposée dans l'église de Notre-Dame de Paris; ensuite elle a été transportée au Muséum des monumens français. M. Alexandre Lenoir en a donné la description et la gravure dans son *Musée des Monumens français*, etc., Paris, 1801, 6 vol. in-8.°, t. II, p. 126. Cette statue, monument gothique, étoit en albâtre. Lorsqu'on la transporta à Notre-Dame, on la fit bronzer et restaurer par M. Deseine, sculpteur distingué. Le squelette est debout, tenant de la main droite une lance, avec la pointe de laquelle il semble montrer le quatrain écrit sur le bouclier qui est à côté de lui, et sur lequel porte sa main gauche. Depuis quelques années, le Muséum ayant été supprimé, nous ignorons ce que cette statue est devenue. Nous regrettons que l'étendue de cette note ne nous permette pas d'y insérer la

Rappelons-nous que le cimetière des Innocens fut clos et muré par ordre de Philippe-Auguste en 1180; que le charnier, ou galerie voûtée, qui l'entouroit, fut construit à différentes époques postérieures; que la partie de ce charnier faite par Nic. Flamel et Nic. Boulard, date de 1389 et 1397; enfin, que la Danse Macabre fut représentée en 1424 (du mois d'août au carême suivant, toujours dans la même année, parce qu'alors l'année commençoit à Pâques). Or, l'homme *tout noir* se trouvoit peint sur la voûte construite en 1389 et 1397; le temps l'avoit fait disparoître. Nous en concluons qu'il est présumable que les personnages de la Danse des Morts figuroient avec cet homme *noir* et qu'ils auront disparu, ainsi que lui, par l'effet du temps et de l'humidité qui auront successivement enlevé la couleur. Nous tirons notre conclusion de ce que dans les différentes éditions de la Danse Macabre, surtout dans les dernières (nous en possédons une), on retrouve le même homme TOUT NOIR; et de plus,

---

belle description que M. Héricart de Thury donne de l'exhumation et du transport des corps et ossemens dans le cimetière souterrain de Mont-Rouge (V. pp. 170—172—186), et plusieurs passages intéressans, entre autres un extrait du *Journal de Paris* du 18 nov. 1812 (V. pp. 335—343), qui contraste par sa gaîté, avec le sujet lugubre traité dans l'ouvrage. Ce morceau très-piquant nous paroît sortir de la plume de M. C....t.

il est accompagné de vers qui, s'ils ne sont pas les mêmes que ceux d'une ancienne inscription rapportés ci-dessus, s'en rapprochent beaucoup; et la différence provient peut-être de ce que les dernières éditions de cette Danse ont été *renouvellées de vieux gaulois en langage le plus poli de notre temps*, comme porte le frontispice de mon exemplaire. Quoi qu'il en soit, voici les vers qui sont sous l'*homme noir* dans cet exemplaire; on peut les comparer avec les précédens :

« Tous et toutes mourir convient.
« Foibles et forts on le peut lire,
« David l'a dit dessus sa lyre,
« Et l'heure sans y penser vient :
« Tous et toutes mourir convient
« La juste raison nous l'inspire.
« C'est de Dieu le jour de son ire,
« De la Mort le dernier empire,
« Le jour pour tout le monde vient,
« Tous et toutes mourir convient :
« Personne ne s'en peut dédire,
« Les uns y trouvent à redire,
« L'autre sur ses gardes se tient ;
« Car il sait cet antique dire :
« Tous et toutes mourir convient. »

Ce rapprochement de l'homme *noir* peint sur le charnier des Innocens, et de l'inscription qui l'accompagne, avec l'homme *noir* qui se trouve sur la Danse Macabre, également accompagné de vers à peu près identiques, sembleroit annoncer que cette Danse est d'origine parisienne, et que les vers français qui se lisent au bas des figures dans les éditions françaises, ont été par la suite traduits ou imités en allemand, en latin et en anglais. Nous serions d'autant plus porté à le croire, que les premières explications en rimes françaises semblent avoir paru avant les textes allemands, latins et anglais, puisque la première édition connue date de 1485. Voilà tout ce que nous avons pu découvrir sur l'origine de la Danse Macabre. Si cela ne lève pas entièrement le voile qui nous cache cette origine, du moins nos conjectures pourront donner lieu à d'autres recherches, qui sans doute satisferont davantage la curiosité des amateurs.

Pour ne rien omettre de ce qui regarde l'histoire de cette Danse, et pour faire voir combien elle a été peu approfondie, même par les hommes les plus érudits, nous allons rapporter la note de La Monnoye ajoutée à l'annonce de l'édition de *la grand' Danse Macabré*, etc., de 1729, *in-fol.*, dans la bibliothèque de Duverdier, édition *in-4.°* de 1773, tom. I, p. 470. « Naudé, p. 224 de son
» *Mascurat*, parlant des écrits de basse latinité
» (dit La Monnoye), met de ce nombre le livre
» intitulé *Chorea ab eximio Macabro edita*. La
» première édition corrigée par P. Desrey de
» Troyes, est de 1490 (nous en parlerons plus
» bas). Le dessin de cette Danse étant, comme
» il paroît, de l'invention du nommé *Macaber*,
» en français *Macabre*, on a dit par cette raison

» la Danse Macabrée, pour dire la Danse des
» Morts. On voit des représentations de personnes
» de toute qualité dans ce livre, avec la figure
» de la Mort à côté de chacune d'elles. Au bas
» originairement, par rapport au pays de l'in-
» venteur de la Danse, étoient des vers allemands.
» On y en a depuis substitué de latins et de
» françois, qu'on a toujours affecté de finir par
» quelques traits sentencieux, comme Erasme
» l'a remarqué, liv. III, *de Ratione Concion.*, p.
» 1007 du tom. V de la dernière édition de ses
» œuvres, en ces termes : *Quin et vulgares rhe-*
» *toristæ censerunt hoc decus, qui interdùm versibus*
» *certo numero comprehensis pro clausulâ accinunt*
» *brevem et argutam sententiam, velut in rhythmis*
» *quos Gallus quispiam addidit in choream Mortis.*
» Toutes les éditions que j'ai vues du livre spé-
» cifié par Erasme, sont gothiques; la dernière
» est *in-8.°, Paris,* 1535, *chez Denys Janot.* »
On voit par cette note que La Monnoye, malgré sa
profonde érudition, étoit dans une parfaite ignorance de ce qui regarde l'origine de la Danse
Macabre. Il en est de même du savant Fabricius,
qui, dans sa *Biblioth. med. et inf. latinit.*, parlant
de MACABER, qu'il fait auteur de cette Danse,
s'exprime ainsi : « MACABER *auctor speculi morticini,*
» *sive speculi choreæ mortuorum, non tamen latinè*
» *ab eo compositi, sed rhythmis germanicis, quos*
» *latinis circa ann.* 1460 (n'est-ce pas plutôt

» 1490?) *reddidit Petrus Desrey Trecacius orator.*
» *Latinos vulgavit Goldastus ad calcem speculi*
» *omnium statuum totius orbis terrarum auctore*
» *Roderico Zamorensi,* Hanov. 1613, *in-*4.°. *An-*
» *tiquior hæc est chorea mortuorum similibus*
» *plerisque ejusdem argumenti poetarum ac pictorum*
» *lusibus quos* B. *Paulus Christianus Hilscherus,*
» *noster cùm viveret amicus, descripsit in peculiari*
» *libro, jucundo luctu atque erudito, edito Dresdæ,*
» *anno* 1705, *in-*8.° (1). » Ce morceau prouve
que Fabricius n'étoit pas plus instruit de l'origine
de la Danse Macabre que La Monnoye.

Avant d'aborder la notice des éditions de cette
Danse, nous relèverons encore une erreur relative
à l'auteur, ou, si l'on veut, au traducteur de cet
ouvrage en vers français. On a prétendu que les
premières explications composées en rimes fran-

---

(1) Cet ouvrage, en allemand, est intitulé : *Description
de la Danse des Morts, comme on la voit dans différens endroits,
et principalement au château de Dresde,* par P. C. *Hilscher.*
Dresde, 1705, *in-*8.°

Il paroît que cet auteur aimoit à traiter les sujets
singuliers, car on lui doit encore : *Schediasma de Bibliotheca Adami protoplastæ.* Dresdæ, 1703, *in-*4.° — *Epis-
tola de reliquiis Adami,* Dresdæ, 1711, *in-*4.°, que Fabricius
a insérée dans son *Cod. Pseudepigraph. vet. test.,* pars I,
pp. 65—94. — *Dissertatio de erroribus pictorum circa Nativi-
tatem Christi.* Hab., 1689; Dresdæ, 1705, *in-*8.°; vel
Lipsiæ, 1705, *in-*4.° — Etc. etc.

çaises, sont de Michel Marot (V. la Bibliographie de Debure, n. 3109); cette assertion est absurde. Michel Marot est le fils de Clément Marot qui est né à Cahors en 1495. Comment seroit-il possible que ce fils Michel eût publié ces explications en 1485, tandis que son père est né en 1495? C'est à peu près l'histoire d'Holbein, qui, né en 1498, a, selon certaines personnes, peint la Danse des Morts exécutée à Bâle vers 1441. Les gens les plus instruits sont quelquefois sujets à des distractions bien étranges.

Telles sont les observations préliminaires que nous avions à faire sur l'histoire de la Danse Macabre, dont les premières éditions sont très-recherchées par les curieux. Le sujet moral, la bizarrerie des figures, l'état de la gravure dans ces temps reculés, sont sans doute cause du goût que les amateurs ont conservé pour cet ouvrage. On en a singulièrement multiplié les éditions : nous allons présenter toutes celles qui sont parvenues à notre connoissance, et nous les accompagnerons de notes bibliographiques.

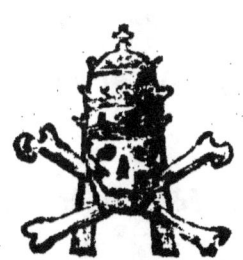

II.

Notice des Éditions de la Danse Macabre.

La Danse Macabre par personnages. Mss. *in-4.°*

Ce manuscrit sur papier, du XV.° siècle, composé de 12 feuillets, existoit dans le cabinet de M. le duc de la Vallière. Il paroît que c'étoit peu de chose, car il n'a été vendu, en 1784, que 2 liv. 17 s. Il est présumable que ce n'étoit qu'un recueil des inscriptions en vers que l'on trouve ordinairement au bas ou à côté des figures de cette Danse. Les figures ne sont point dans ce manuscrit. Nous ne le mentionnons que parce que nous le croyons antérieur aux premières éditions imprimées, ou au moins du même temps.

La Danse Macabre. *A la fin du volume, on lit au recto du dernier feuillet :* Cy finit la Danse Macabre imprimee par ung nomme Guy Marchant demorant au grant hostel du college de Nauarre en champ Gaillart a Paris le vint huitiesme jour de septembre mil quatre cent quatre vingz et cinq. *Un vol. pet. in-fol. gothique, composé de deux cahiers de dix feuillets et 20 pag., sans chiffres, signatures, ni réclames.*

Cette précieuse édition de 1485, que l'on peut regarder comme la première, tant qu'on n'en découvrira pas une plus ancienne, est connue par la bonne description qu'en a donnée M. Champollion-Figeac dans le *Magasin Encyclopédique*, décemb. 1811, pp. 555—569, et qui nous servira de guide. Il en a découvert un exemplaire dans la bibliothèque de Grenoble, qui paroît être le seul connu. Malheureusement le frontispice, ou premier feuillet, manque. Nous l'avons remplacé par le titre général Danse Macabre; mais on est bien dédommagé par la souscription qui heureusement a été conservée.

Les gravures en bois sont au nombre de 17 dans l'ouvrage. Chacune, excepté la première, représente la Mort sous la forme d'un squelette animé, qui surprend des personnages choisis dans les divers états de la société. Chaque tableau est composé de deux personnages; l'un d'eux appartient ordinairement au clergé, et l'autre est un laïque. Ils ont chacun la Mort près d'eux, qui, dans une attitude différente et assez comique, les entraîne. Chacun de ces divers sujets est accompagné de deux strophes composées en vers français rimés. La première est le discours de la Mort à celui qu'elle appelle, et la seconde est la réponse. Ainsi chaque gravure contenant deux sujets, a quatre strophes de huit vers chacune. Voici l'ordre des 17 gravures de cette première édition connue:

1.° Lacteur (l'auteur); il est figuré sur le *recto* du second feuillet, assis devant un pupitre chargé de livres et de rouleaux manuscrits. Devant lui un ange déploie cette sentence (nous conserverons toujours l'orthographe latine et française dans nos citations):

> Hec pictura decus : pompam luxumque relegat :
> Inque choris nostris ducere festa monet.

Au-dessous de la figure, les vers suivans servent de préface :

O créature roysonnable
Qui desires vie eternelle,
Tu as cy doctrine notable :
Pour bien finer vie mortelle.
La dance macabre sappelle :
Que chascun à danser apprant,
A lhomme et femme est naturelle.
Mort nespargne petit ne grant.
En ce miroir chascun peut lire
Qui le conuient ainsi danser.
Saige est celuy qui bien si mire.
Le mort le vif fait auancer.
Tu vois les plus grans commencer.
Car il nest nul que mort ne fiere :
Cest piteuse chose y panser.
Tout est forgie dune matiere.

2.° Le Pape — Lempereur.
3.° Le Cardinal — le Roy.
4.° Le Patriarche — le Connestable.
5.° Larcheuesque — le Chevalier.
6.° Leuesque — Lescuyer.
7.° Labbe — le Bailly.
8.° Le Maistre — le Bourgois.
9.° Le Chanoine — le Marchant.
10.° Le Chartreux — le Sergent.
11.° Le Moine — Lusurier (1).
12.° Le Medecin — Lamoureux.
13.° Laduocat — le Menestrel.
14.° Le Cure — le Laboureur.
15.° Le Cordelier — Lenfant.
16.° Le Clerc — le Hermite.
17.° Ung Roy mort — Lacteur.

---

(1) L'usurier est accompagné d'un *poure* homme à genoux, qui reçoit de l'argent. On le retrouve dans toutes les éditions subséquentes, même dans les livres d'Heures, où les sujets sont réduits à une très-petite dimension. C'est le seul où il y ait deux personnages avec la Mort.

L'ouvrage est terminé par une moralité écrite dans un rouleau que montre un ange et qui indique avec le doigt l'auteur assis devant une armoire pleine de livres. Cette moralité est en latin et retracée en neuf lignes et demie, qui remplissent la partie du rouleau dépliée. Elle se compose de 14 vers qui doivent être lus ainsi :

> Mortales Dominus cunctos in luce creavit,
>   Ut cupiant meritis gaudia summa poli.
> Felix ille quidem qui mentem jugiter illuc
>   Dirigit, atque vigil noxia quæque cavet.
> Nec tamen infelix sceleris quem pœnitet acti,
>   Quique suum facinus plangere sæpe solet.
> Sed vivunt homines tanquam mors nulla sequatur,
>   Et velut infernus fabula vana foret ;
> Cum doceat sensus viventes morte resolvi,
>   Atque erebi pœnas pagina sacra probet ;
> Quas qui non metuit infelix prorsus et amens
>   Vivit, et extinctus sentiet ille rogum.
> Sic igitur cuncti sapientes vivere certent
>   Ut nihil inferni sit metuenda palus.

Telle est la description succincte que nous avons tirée de la notice de M. Champollion-Figeac, qui est entré dans beaucoup de détails, non-seulement sur la comparaison de cette édition de 1485 avec celle de 1486, mais sur beaucoup d'autres particularités qui tiennent à la Danse Macabre. Ce qui nous a prouvé combien cette matière est obscure et difficile à traiter, c'est qu'il est échappé quelques erreurs à M. Champollion-Figeac, dont l'érudition est si étendue. Par exemple, il dit que l'on connoît sous la désignation de Danse des Morts, un recueil de tableaux que Jean Holbein peignit à fresque à Bâle, vers la fin du XV.ᵉ siècle. Nous avons suffisamment prouvé qu'Holbein, né en 1498, n'a pu peindre la Danse de Bâle, exécutée vers 1441. M. Champollion détermine l'ordre chronologique des éditions de la Danse Macabre, et il n'en compte que sept de 1495 à 1589. Nous en rapportons un plus grand nombre, et combien en existe-t-il d'autres qui ne sont point parvenues à notre connoissance! Malgré cela, la notice de M. Champollion-Figeac est très-curieuse, et surtout précieuse par la découverte d'une édition qui, si elle n'est pas la première, est du moins antérieure à toutes celles que l'on connoît. C'est une bonne fortune en bibliographie.

Passons à l'édition que nous devons maintenant regarder comme la seconde. Elle a pour titre :

Ce present liure est appelle Miroer salutaire pour toutes gens : Et de tous estatz. et est de grant utilite : et recreation. pour pleuseurs ensengnemens tant en latin comme en francoys lesquels il contient. ainsi compose pour ceulx qui desirent acquerir leur salut : et qui le voudront auoir. La danse macabre nouuelle. *A la fin du volume, on lit cette souscription :* Cy finit la danse macabre hystoriee augmentee de pleuseurs nouueaux personnages (*six*) et beaux dis. et les trois mors et trois vifs ensembles. Nouuellement ainsi composee et imprimee par Guyot Marchant demorant à Paris ou grant hostel du college de Nauarrre en champ Gaillart. lan de grace mil quatre cent quatre vingz et six le septieme iour de iuing. *Un volume petit in-fol. gothique, composé de 15 feuillets ou 30 pages, dont 24 pour la Danse Macabre, et six pour les trois Morts et les trois Vifs.*

7

Dans cette édition, les planches et les caractères sont les mêmes que dans la précédente, à part l'addition des six nouvelles gravures. Ces six nouveaux sujets, intercalés parmi les dix-sept premiers, sont :

1.° Quatre squelettes formant un orchestre. Le premier tient une musette; le second, une espèce de petit orgue portatif; le troisième, une harpe; et le quatrième joue du galoubet et bat le tambour. (Cette planche est après le n. 1 de l'édition précédente, et forme le n. 2 de celle-ci.)

2.° Le Légat — le Duc (après le n.° 3 de la première suite, et forme le 5.° de la présente).

Nota. Au lieu du n. 8, dans la suite précédente, intitulé : le Maistre — le Bourgois, on trouve dans celle-ci, Lastrologien — le Bourgois; mais c'est la même planche.

3.° Le Maistre descole — Lhomme darmes (après le n. 9 de la première suite, et forme le n. 12 de la présente édition).

4.° Le Promoteur — le Geolier (après le n. 14 dans la précédente suite, et forme le 18.° de celle-ci).

5.° Le Pelerin — le Bergier (forme le n. 19 de la seconde suite).

6.° Lhallebardie — le Sot (après le n. 16 de la première suite, et forme le 22.° de la seconde).

Nota. Le dernier sujet dans la première suite, n. 17, est intitulé : Ung roi mort — Lacteur. Dans la seconde, n. 23 et dernier, il y a simplement l'Acteur (et le Roi mort).

Dans la présente édition de 1486, l'arrangement des vers latins qui sont à la fin, et que nous avons rapportés en parlant de celle de 1485, est le même, ainsi que la première planche où se trouvent l'auteur, l'ange, le distique latin et l'espèce de préface rimée transcrite ci-dessus. Mais dans les strophes françaises, il y a quelques différences d'orthographe, et quelques changemens de mots. Elle se distingue aussi de l'édition de 1485 par des sentences latines en vers ou en prose, placées au-dessus des gravures. Elles sont ordinairement prises dans les livres saints. Ces sentences ne sont point dans la précédente édition. Tout cela prouve que celle de 1486, qui nous occupe, est une réimpression, revue, corrigée et augmentée, ainsi qu'il est dit dans la souscription. Mais cela ne prouve pas qu'il n'ait pu y en avoir une édition intermédiaire entre les deux. Cependant, comme on n'en connoît pas, on est autorisé, jusqu'à nouvelle découverte, à considérer celle de 1485 comme première édition, et celle de 1489 comme seconde. Quoique G. Marchant dise formellement dans la souscription de l'édition de 1486, *nouvellement composée et imprimée par G. Marchant*, il seroit absurde de le regarder comme auteur de cette production, qui lui est certainement bien antérieure. D'ailleurs, pourquoi ne se seroit-il pas servi du mot *composée* dans la souscription de l'édition de 1485? Nous pensons que les mots *nouvellement composée* signifient simplement *revue, corrigée et augmentée*.

On nous permettra ici une petite digression sur la pièce de vers intitulée *les trois Morts et les trois Vifs*, mentionnée dans la souscription de l'édition de 1486, et qui se retrouve dans beaucoup d'éditions de la Danse Macabre, dans les livres de prières du temps, et qui même a été imprimée séparément.

Cette pièce doit être très-ancienne. Nous présumons qu'elle remonte au XIII.ᵉ siècle, et nous fondons notre opinion sur un passage du catalogue de M. de la Vallière, de 1783, t. II, pp. 255—256.

Le savant rédacteur y rapporte les titres de trois pièces de poésie manuscrites du XIII.ᵉ siècle, ayant pour objet *les trois Morts et les trois Vifs*. Les auteurs de deux de ces pièces sont nommés ; la troisième est anonyme. Reste à savoir quelle est celle qui fait partie de l'édition de la Danse Macabre, ou si on n'y en a pas inséré une de nouvelle rédaction. N'ayant sous les yeux ni cette édition (de 1486), ni les trois pièces en question, nous ne pouvons porter de décision à cet égard. Ce qu'il y a de certain, c'est que le sujet a été adopté par les éditeurs de la Danse Macabre ; et nous ne nous écartons point de notre objet en parlant des trois pièces mentionnées dans le catalogue de M. de la Vallière. Voici comment elles y sont annoncées. La première est intitulée :

« Ce sont li iii mors et li iii vis que Baudoins
» de Condé fist.

» Cette pièce est en 162 vers, dont les deux
» premiers sont :

» Ensi con li matere conte
» Il furent si com duc et conte

» et les deux derniers :

» Tout iij de boin cuer et de fin
» Que Diex vous prenge à boine fin. »

Cette pièce, qui fait partie d'un *Recueil de poésies et de prose du XIII.ᵉ siècle*, in-fol., annoncé sous le n. 2736 du catalogue, est suivie de l'explication suivante :

« Trois jeunes seigneurs riches et puissans re-
» çoivent de trois corps morts rongés de vers dont ils
» font rencontre, des leçons terribles sur la vanité

» des grandeurs humaines. Ce dit étoit fort en vogue
» dans les XIII.e, XIV.e et XV.e siècles. Notre Ms.,
» ajoute le rédacteur, en contient trois versions dif-
» férentes ; chacune y est accompagnée d'une mi-
» niature dans laquelle se voient, d'un côté les trois
» seigneurs, dont le premier porte sur le poing un
» faucon, marque de sa puissance, et de l'autre côté
» les trois morts debout. On retrouve ce sujet
» représenté dans des monumens anciens, ainsi que
» dans quelques heures Mss. du XV.e siècle ; mais
» avec une différence : c'est que dans celles-ci, les
» trois seigneurs, au lieu d'être à pied, le faucon sur
» le poing, y sont représentés à cheval, sans cet
» oiseau. » On ne trouve pas seulement ces figures
en miniature dans des Heures manuscrites ; elles ont
été aussi gravées pour des Heures imprimées, comme
nous le verrons par la suite.

La seconde pièce est intitulée :

» CHI COMMENCHE LI III MORS ET LI III VIS KE MAIS-
» TRES RICHOLES DE MARGINAL FIST.

» Elle a 216 vers, dont les deux premiers sont :

» Trois damoisel furent iadis
» Mais qui partout queroit ia dis

» et les deux derniers :

» Si ken se glore pure et fine
» Soions ki en nul tans ne fine. »

La troisième pièce, qui est anonyme, est ainsi annoncée :

» CHEST DES III MORS ET DES III VIS.
» Elle a 193 vers et commence ainsi :

« Diex pour trois peceours retraire
« Monstra vn signe dont retraire
« Vous voel................

» Elle finit par ces deux vers :

« Kanemis ne nous tourne enuers
« Kant sera no caroigne en uers. »

Ce sont ces sortes de poésies que les anciens appeloient un *Dit*. Ils entendoient par ce mot, une pièce qui renferme un enseignement, une instruction, ou le récit d'une belle ou d'une mauvaise action. Le *Recueil de poésies*, etc., *in-fol.*, où étoient les trois pièces ci-dessus, avec 41 autres du même genre, a été vendu, chez M. de la Vallière, 300 liv., en 1784.

Il a été dit ci-dessus qu'on retrouve le morceau des *trois Morts* et des *trois Vifs* dans différens livres de prières; c'est ce que prouve encore le catalogue de M. de la Vallière. On y voit, sous le n. 294, des *Preces piæ, cum calendario*, in-8.° de 148 feuillets, enrichi de 12 belles miniatures. « Celle qui est en tête de
» l'office des morts, dit le rédacteur, représente un
» sujet qu'on voit rarement dans les livres d'Heures,
» c'est celui du Dit des trois morts qui apparoissent
» à trois vifs. » Ce manuscrit (1) a été vendu 36 liv. en 1784. Sous le n. 322 (aux additions, page 17), se trouve un *Officium B. Virginis*, etc., in-8.° de 184 feuillets, qui a également l'histoire des trois Morts et

---

(1) On voyoit plusieurs armoiries sur les feuillets de ce manuscrit, entre autres celles de la *Pucelle d'Orléans*, qui sont d'azur à une épée d'argent, la garde et la poignée d'or, surmontée d'une couronne, et accostée de deux fleurs de lis de même. Charles VIII avoit donné, en 1439, ces armes, avec le surnom de *du Lis*, aux frères de *Jeanne d'Arc*,

des trois Vifs, représentée en miniature, en tête de l'Office des morts. Vendu 19 liv. 19 s. en 1784. Nous citerons encore le n. 284, sous lequel est annoncé le superbe Ms. intitulé *Heures de Louis II, duc d'Anjou, roi de Jérusalem et de Sicile*, in-4.° de 290 feuillets, orné de 113 miniatures d'une beauté parfaite. Parmi les pièces que ce volume renferme, on en trouve une intitulée : *Cy après commence une moult merveilleuse et horrible histoire que l'en dit des iij Mors et des iij Vis*. Ce volume a été vendu 450 liv. en 1784. Nous les trouverons également dans deux livres de prières, imprimés l'un en 1524 et l'autre en 1531, in-8.°, que nous avons sous les yeux, et dont nous aurons occasion de parler dans la suite.

Mais on ne s'est pas contenté de dessiner et de peindre l'histoire des trois Morts et des trois Vifs, pour en orner des livres : on l'a aussi sculptée. On remarque dans les annotations sur l'histoire de Charles VI par Denis Godefroi, *Paris*, 1653, in-fol., p. 674, que Jean duc de Berry, oncle de Charles VI, fit représenter sur la grande porte méridionale de l'église des SS. Innocens, à Paris, l'histoire des trois morts qui apparurent à trois vifs, chassant dans une forêt. On lisoit au-dessous les vers suivans :

---

en récompense des secours qu'il avoit reçus de cette héroïne, qu'on lui reprochera toujours de n'avoir pas sauvée ou tenté de sauver de l'horrible supplice que les Anglais et quelques indignes Français lui ont fait subir à Rouen. Elle a péri dans les flammes, le 30 mai 1431. Rapprochement de dates : le chantre licencieux de la *Pucelle* est mort aussi le 30 mai 1778. Autre rapprochement : Charles VIII a donné en 1459, la noblesse aux frères de Jeanne d'Arc ; et Charles X, en 1825, a fait une pension à la veuve du dernier rejeton de cette famille, mort à Abbeville en 1814, et a accordé une bourse au jeune du Lys, le moins âgé de ses fils.

> En l'an mil quatre cents huit
> Jean duc de Berry tres puissant
> En toutes vertus bien instruit,
> Et prince en France florissant,
> Par humain cours lors cognoissant
> Qu'il convient toute creature,
> Ainsi que nature consent,
> Mourir et tendre a pourriture
> Fist tailler icy la sculpture
> Des trois vifs, aussi des trois morts
> Et de ses deniers la facture
> En paya par justes accords :
> Pour monstrer que tout humain corps
> Tant ait biens ou grande cité,
> Ne peut cuiter les discords
> De la mortelle aduersité,
> Ayons de la mort souuenir
> Afin qu'apres perplexité
> Puissions aux saincts cieux parvenir.

Nous ne nous étendrons pas davantage sur le Dit des trois Morts et des trois Vifs; nous ajouterons seulement que Guyot Marchant et autres éditeurs de la Danse Macabre, en y réunissant cette pièce, ainsi que d'autres du même genre, ont voulu rendre cette Danse de plus en plus intéressante aux yeux des lecteurs pieux; et il est présumable que, parmi les inscriptions en vers qui se trouvent au bas des gravures de la Danse Macabre, et parmi les pièces morales analogues au sujet, que l'on y a ajoutées, le morceau des trois Morts et des trois Vifs doit être un des plus anciens, puisqu'il remonte au XIII.ᵉ siècle. Reprenons la série des éditions de la Danse en question.

La Danse macabre des femmes, et le debat du corps et de l'ame. *A la fin de l'ouvrage on lit :* Ce petit liure contient trois choses : c'est assauoir la danse macabre des femmes. le debat du corps et de lame et la complainte de l'ame dampnee lequel a este imprim *(sic)* a Paris par Guyot Marchant demorant ou grant hostel de champs Gailliart derrenier le college de Nauarre lan de grace mil quatre cent quatre vingz et six le septiesme iour de iuillet. *Un vol. petit in-fol., composé de 15 feuillets ou 30 pages, dont* 14 *pour la Danse Macabre des Femmes,* 13 *pour le Débat de l'ame et du corps, et* 2 *pour la Complainte de l'ame damnée.*

Cette édition paroît être la première de la Danse Macabre des Femmes. On n'y voit que trois gravures, savoir :

1.° L'acteur,
2.° Les quatre morts formant orchestre,
3.° La royne et la duchesse.

Viennent ensuite les strophes rimées (sans planches), relatives à 32 femmes de diverses conditions. Les gravures se trouveront dans la seconde édition de 1491, dont nous parlerons plus bas. Un exemplaire, ou, pour mieux dire, un volume où se trouvoient réunies la Danse des Hommes de 1486, et la Danse des Femmes de la même année, dont nous parlons ici, n'a été vendu, relié en maroquin rouge, que 24 liv., chez M. Gaignat, en 1769. Le même exemplaire a été porté à 45 liv. chez M. de la Vallière.

Nous observerons que le *Débat du corps et de l'ame*, doit être bien antérieur à cette édition. Il se trouve dans un ancien recueil imprimé séparément et ayant pour titre : *Le Miroir de l'ame ; le Débat du corps et de l'ame ; la Science de bien vivre et de bien mourir* (sans date, mais du XVe siècle). *Un vol. in-4.º goth.*, composé de 27 feuillets, sans chiffres, réclames, ni signatures. L'ouvrage est imprimé à longues lignes au nombre de 27 par pages, lorsque celles-ci sont entières. Un exemplaire a été vendu 11 liv. 19 s., chez M. de la Vallière, en 1784. Pour donner une idée de la manière dont cette pièce du *Débat*, etc., est écrite, il suffira d'en citer le début. Elle a pour titre :

S'ensuit le Débat du corps et de l'ame, très utile et profitable à un chacun.

> Une grande vision en brief écrite,
> Jadis fut revelée à Philebert l'hermite,
> Homme de sainte vie et de grande mérite,
> Qui oncques par lui ne fut parole dite :
> Il étoit grand au siècle et de grande extraction ;
> Mais pour fuir le monde et sa déception,
> A lui fut revelée la dite vision ;
> Tantôt devint hermite en grande dévotion,
> Par nuit quand le corps dort et l'ame souvent veille,
> Avint à ce prud'homme une grande merveille ;
> Car il vit un corps mort parlant à son oreille,
> Et l'ame d'autre part du corps s'émerveille ;
> L'ame se plaint du corps et de ses grands outrages,
> Le corps répond à l'ame, tu as fait les dommages ;
> Or alleguerent raison, et puis après usage :
> Tout ce retint l'hermite, comme prud'homme sage.
> ....

Ensuite commence le dialogue entre l'ame et le corps, qui s'accusent réciproquement. L'auteur intervient, mais comme simple narrateur et moraliste; les démons disent aussi leur mot dans cette pièce édifiante, mais d'un style pitoyable, qui a à peu près 500 vers. M. Franç. de Neufchâteau a publié en 1824 un discours en vers, intitulé *le Corps et l'Ame*, où l'on voit la querelle se renouveler entre ces deux objets. La différence est que l'ancien *Débat* est tout religieux, et que le nouveau est philosophique, mais d'une bonne philosophie. L'auteur moderne passe en revue les différens systèmes sur ce vaste sujet, et finit par ces deux vers :

Tout ce que nous voyons est une énigme obscure,
Et Dieu seul peut la dénouer.

La *Complainte de l'ame dampnée*, au moins aussi ancienne que le *Débat*, est encore plus mal écrite. On en peut juger par le passage suivant, qui est peut-être le moins mauvais de toute la pièce.

....
Avec faux Diables qui endurent
En enfer est mon logis.
Las ! le monde m'avoit promis
Que je vivrois longuement,
Mais voyez, je suis ici mis
A jamais sans définement,
Et combien que j'eusse souvent
Eu volonté de m'amander,
Par la mort qui m'a pris courant,
Je n'ai pu y remedier :
Dont braire me faut et crier
Pour le grief mal et tourment
Qu'il me convient cy endurer
A jamais perdurablement.
....

Chorea ab eximio Macabro versibus alemanicis edita, et à Petro Desrey emendata. *Parisiis, per magistrum Guidonem Mercatorem pro Godeffrido de Marnef, 1490, in-fol., goth.*

C'est de cette édition que parle M. Van-Praet dans son beau *Catalogue des livres imprimés sur vélin de la bibliothèque du Roi*, tom. IV, p. 172, lorsqu'il dit :
« La traduction qui a été faite en latin d'après l'al-
« lemand, fut corrigée par P. Desrey, et imprimée

» à Paris en 1490, par Guy Marchant, pour Geoffroy
» de Marnef, avec les mêmes figures de l'édition
» françoise de 1485. »

Un exemplaire de cette même édition que La Monnoye appelle la première corrigée par Desrey, et qui l'est en effet, existoit jadis à la bibliothèque Mazarine, où Papillon dit l'avoir vu. J'ignore s'il y est encore, mais voici ce qu'en dit Papillon, dans son *Traité de la Gravure*, tom. I, p. 152 : « Les estampes
» en bois du livre communément appelé DANSE MA-
» CABRE, chez Godefroy de Marnef, à Paris, en 1490,
» sont gravées au trait dans le goût d'Iollat et passa-
» blement dessinées. C'est une Danse de morts et de
» personnes de toutes sortes d'états et conditions,
» avec des airs de tête comiques et des attitudes
» particulières. Ces estampes sont au nombre de 24;
» elles ont 6 pouces de long sur 4 de haut, excepté
» la première qui a environ 6 pouces en carré; elle
» représente un docteur assis, etc. » Nous n'aurions pas cité Papillon, reconnu si inexact dans tout ce qui ne tient pas aux préceptes de son art, si ses observations sur cette édition n'étoient pas d'accord avec celles d'autres personnes qui en ont parlé, et qui sont plus dignes de foi. Nous répéterons ici ce que nous avons dit ailleurs, que le titre de cette édition latine sembleroit annoncer que la Danse Macabre a d'abord été composée en allemand, et que son auteur se nommoit MACABRE; mais cela n'est pas plus suffisant pour le prouver, que les mots *nouvellement composée par G. Marchant*, qui se trouvent dans la souscription de l'édition française de 1486, ne prouvent que c'est Marchant qui en est l'auteur. Tous les érudits sont assez d'avis que le mot MACABRE peut aussi bien passer

pour un épithète que pour un nom propre, et que l'auteur des explications en rimes françaises n'est point connu et ne le sera probablement jamais. Il en est et en sera peut-être de même, de l'auteur allemand.

Quant à Pierre Desrey (Desray ou Desrez), il étoit d'une ancienne famille de Troyes et vivoit sous les règnes de Charles VIII et de Louis XII. Il paroît que c'étoit un écrivain laborieux. On lui doit, outre son travail sur la Danse des Morts, une édition et continuation du *Parement et Triumphe des Dames d'Honneur*, par Olivier de la Marche, Paris, Jeh. Petit, 1510, in-4.° goth.; les *Chroniques* de Monstrelet, 1484—1496 : il y prend le titre de *simple orateur de Troyes en Champagne*; les *Chroniques* de Gaguin. jusqu'en 1514; une traduction française des *Gestes de Godefroi de Bouillon en Jérusalem*, Paris, Jeh. Petit, vers 1500; et des *Postilles* ou expositions sur les épitres et évangiles.

Nous ne parlerons ici que de son édition du *Parement et Triumphe des Dames*. Il dit dans le prologue de ce livre, qu'il l'a revu, corrigé et augmenté de divers passages latins, mis en marge et tirés de l'Ecriture sainte et de quelques auteurs profanes. Si on l'en croit, il avoit reçu ce livre d'une dame qui l'exhorta à le publier, et il obéit avec d'autant plus de plaisir qu'il se rend à lui-même ce témoignage qu'il est *cestuy la qui pour l'honneur et grace des dames vouldroit par loyal service travailler et employer du tout son sçavoir*. Cet ouvrage d'Olivier de la Marche (1) est très-moral. Il y

---

(1) Olivier de la Marche, né en 1422, fut mis de bonne heure à la cour des ducs de Bourgogne. Ses *Mémoires*, plusieurs fois imprimés, renferment ce qui s'est passé de plus important à la cour de Philippe-le-Bon, de Charles-le-Téméraire, etc., depuis 1435 jusqu'en 1492. Il

a un passage assez curieux sous le rapport des mœurs et usages du temps; c'est un détail de tout ce qui composoit alors l'habillement des dames. L'auteur désire faire à sa maîtresse un présent qui soit digne des vertus dont elle brille, et il dit :

> Peintre ne suys pour sa beaulté pourtraire :
> Mais je conclus un habit lui parfaire
> Tout vertueulx, affin que j'en responde
> Pour la parer deuant Dieu et le monde.

---

fut maître d'hôtel de Charles et capitaine de ses gardes. Un jour Louis XI fit demander qu'on lui livrât Olivier de la Marche, dont il prétendoit avoir à se plaindre. Le duc Philippe s'y opposa, et bien en prit au pauvre Olivier, qui eût passé un mauvais quart d'heure entre les mains de Louis XI. En 1477, il fut fait prisonnier à la bataille de Nancy, où Charles, son maître, perdit la vie. Depuis, il s'attacha à Maximilien d'Autriche qui avoit épousé Marie, héritière de Bourgogne. Philippe, fils de Maximilien, l'envoya en ambassade à la cour de France, pour complimenter Charles VIII, après la mort de Louis XI. Il mourut à Bruxelles, le 1.er février 1501. Voici l'épitaphe qui étoit sur son tombeau :

> Cy gît Olivier, de la Marche seigneur,
> Et grand maistre d'hostel rempli de tout honneur;
> Qui fut sage et secret, léal et magnifique,
> Et qui fit maints beaux dits en belle rhétorique.
> L'an quinze cens et un le premier février,
> Mourut plein de vertus. Veuillez pour lui prier.
> Dame Isabeau Machefoin mourut neuf ans après,
> Sa compagne et épouse, et gît icy auprès.
> Priez que paradis à elle soit ouvert,
> Et au bon chevalier, lequel a tant souffert.

Les ouvrages d'Olivier de la Marche sont : ses *Mémoires* (de 1435 à 1492), Gand, 1567, in-4.°, Bruxelles, 1616, in-4.°, et Louvain, 1645, in-4.°; — son *Chevalier délibéré*, composé en 1483, plusieurs fois imprimé in-fol. et in-4.°, et trad. en espagnol : l'édition de cette traduction, en vers, 1553, in-4.° de 146 pages, est ornée de 20 estampes gravées par Ant. Sylvius ou Silvius; — son *Miroir de la Mort*, in-fol., gothique; — son *Triumphe des Dames*, ci-dessus mentionné; — son *Traité sur les duels et gages de batailles*, in-8.°; etc., etc. V. la *Bibliothèque de Bourgogne*, par l'abbé Papillon, tom. II, pp. 19-21.

L'habillement complet dont il veut la gratifier consiste dans les objets suivans : les PANTOUFLES *d'humilité*; — les SOULIERS *de soing et bonne diligence*; — les CHAUSSES *de persévérance*; — les JARRETIERES *de ferme propos*; — la CHEMISE *d'honnesteté*; — le CORSET ou la COTTE *de chasteté*; — la PIECE *de bonne pensée*; — le CORDON ou LACET *de loyaulté*; — le DEMI-CEINCT *de magnanimité*; — l'EPINGLIER (ou la PELOTTE) *de patience*; — la BOURSE *de liberalité*; — le COUTEAU *de justice*; — la GORGERETTE *de sobriété*; — la BAGUE *de foy*; — la ROBBE *de beau maintien*; — la CEINTURE *de dévote mémoire*; — les GANTS *de charité*; — le PIGNE (Peigne) *de remors de conscience*; — le RUBAN *de crainte de Dieu*; — les PATENOSTRES *de dévocion*; — la COIFFE *de honte de meffaire*; — les TEMPLETTES *de prudence*; — le CHAPERON *de bonne espérance*; — les PAILLETTES *de richesse de cœur*; — le SIGNET et les ANNEAULX *de noblesse*; — enfin, le MIROER *d'entendement par la mort*. Il paroît que dans ce temps-là le masque, les boucles d'oreilles, le fard, etc., n'étoient pas encore connus. Ce dénombrement, tout à fait digne de la simplicité de nos pères, nous apprend en quoi consistoit alors tout ce qui servoit à l'ajustement des femmes de condition, qui vouloient allier la modestie avec la bienséance de leur état; car, comme le dit Olivier de la Marche,

> C'est ung habit à toutes bien à point
> Pour triumpher et estre bien en point.

Il se nomme à la fin de l'ouvrage et désigne le titre qu'il faut donner à son livre, dans les trois vers suivans :

> Et je *La Marche* men de très bon vouloir
> Querant vertuz et reboutant les blasmes
> Lay baptisé le *Parement des Dames*.

Cy est la nouvelle danse macabre des hommes, dicte miroer salutaire de toutes gens et de touts états, etc. *Paris, Guyot Marchant,* 1490, *in-fol. goth. fig.*

Nous pensons que l'on peut considérer cette édition comme la troisième de la Danse des Hommes. Un exemplaire relié en maroquin rouge, a été vendu 46 liv., chez M. le duc de la Vallière, en 1784.

Cy est la danse macabre des femmes, toute hystoriée et augmentée de nouveaulx personnaiges, etc. *Paris, Guyot Marchant, le 2 mai* 1491. — Sensuiuent les trois mors et les trois vifz, auec le debat du corps et de l'ame. *Paris, Guyot Marchant,* 1491, *in-fol., fig.*

Cette édition doit être la seconde de la Danse des Femmes, imprimée séparément. Nous avons vu plus haut que la première (du 7 juillet 1486) n'avoit que trois gravures et 32 strophes relatives aux femmes de diverses conditions. Dans cette édition-ci, toutes les gravures se trouvent, et le nombre des personnages est augmenté de *la Bigote et la Sote* (qui ne se trouvent pas dans d'autres éditions), ainsi que de quatre sujets isolés, le tout accompagné de sentences latines. Comme nous avons donné la liste des personnages des Danses précédentes, nous allons donner celle de ceux qui doivent se trouver dans l'édition qui nous occupe, pour rendre, autant qu'il sera possible, notre travail complet et uniforme. Nous disons *doivent se trouver,* car nous avouerons que, n'ayant pas cette édition sous les yeux, nous nous servons d'une postérieure, que nous possédons, pour désigner les personnages en question.

1.° L'Auteur.
2.° L'Orchestre des quatre morts.
3.° La Reine — la Duchesse.
4.° Trois Morts et un Hermite.
5.° Deux Personnages dont un fou.
6.° La Bergère — l'Impotente.
7.° La Bourgeoise — la Femme veuve.
8.° La Mort à cheval, emportant un cercueil et repoussant avec une flèche le diable qui la poursuit.
9.° La Régente — la Femme du Chevalier.
10.° L'Abbesse — la Femme de l'Ecuyer.
11.° La Marchande — la Baillie.
12.° La Jeune Epousée — la Mignone.
13.° La Pucelle — la Théologienne.
14.° La nouvelle Mariée — la Femme grosse.
15.° La vieille Demoiselle — la Cordelière ou Dévote.
16.° La Chambrière — la Recommandresse.
17.° La Femme d'accueil — la Nourrice.
18.° La Prieure — la Demoiselle.
19.° La Femme de village — la vieille Chambrière.
20.° La Revenderesse — la Femme amoureuse.
21.° La Garde-accouchée — la jeune Fillette.
22.° La Religieuse — la Sorcière.
23.° La Bigote — la Sote (folle).
24.° La Reine morte.

Voilà les seules gravures de la Danse des Femmes que nous ayons vues et dont nous puissions donner la liste, sans la garantir complète, pour l'édition qui nous occupe, puisque nous ne l'avons pas sous les yeux. Si nous avons fait erreur, nous prions le lecteur de nous excuser. Nous éprouvons un regret très-vif toutes les fois que, pour ne point laisser de lacunes dans notre travail, nous sommes obligé de parler de quelques ouvrages sur la foi d'autrui et sans les avoir vus. Un exemplaire de cette seconde édition de la Danse des Femmes, avec les figures enluminées, a été vendu, rel. en mar. bleu, 60 liv., chez M. de la Vallière, en 1784.

La grant Danse Macabre des Hommes et des Femmes hystoriee et augmentee de beaulx dicts en latin avec le debat du corps et de l'ame, la complainte de l'ame dampnee, une exhortation pour bien vivre et bien mourir, la vie du mauvais antechrist, les quinze signes et le jugement dernier. Le tout composé en ryme françoise et accompagné de figures. *Imprimé à Lyon le xviij jour de ferrier, l'an mil CCCCXCIX* (1499), *in-fol. goth.*

Cette édition est, sinon la première, du moins l'une des premières où se trouvent réunies la Danse des Hommes et celle des Femmes. Elle n'est guère plus commune que les précédentes. Elle a en tout 42 feuillets signaturés A—Giij. Un exemplaire en maroquin bleu a été vendu 20 liv. 1 s., chez M. Gaignat, en 1769; 200 fr., chez M. Mac Carthy, en 1817 (les trois derniers feuillets étoient tachés; la date porte *mil ccccxcx*; je pense qu'il faut lire *mil ccccxcix*. V. son catalogue, n. 2841); et 219 fr., chez M. Leduc, en 1819.

Dans les *Bibliothèques françaises* de Lacroix du Maine et Duverdier, Paris, 1772—1773, 6 vol. in-4.°, on trouve, tome III (I.er de Duverdier), p. 470, *la grant Danse macabré des hommes et des femmes, historiée avec de beaux dits en latin et huitains en françois : plus le début du corps et de l'ame : la complainte de l'ame damnée : exhortation de bien vivre et de bien mourir : la vie du mauvais antechrist : les quinze signes : le jugement*, imprimés à Lyon, 1499, *in-fol.* Nous présumons que cette édition est la même que celle dont nous avons donné le titre plus haut, et qui fait l'objet de cet article.

Chorea ab eximio Macabro versibus alemanicis edita, et à Petro Desrey Trecacio quodam oratore nuper emendata. *Parisiis, per magistrum Guidonem Mercatorem pro Godeffrido de Marnef anno D. quadringentesimo nonagesimo supra millesimum, idibus octobris* (15 oct. 1499). *In-fol. goth.*

Cette édition, qui passe pour rare, consiste en 16 feuillets ; 15 pages sont imprimées à deux colonnes, en caractères gothiques, avec de belles gravures en bois, qui sans doute sont les mêmes que celles de l'édition latine de 1490, donnée par le même libraire, et mentionnée ci-dessus, p. 107.

La Danse Macabre avec les trois Vifs et les trois Mors. *Paris (Ant. Verard, vers 1500), pet. in-fol.*

Un exemplaire sur vélin est à la bibliothèque du Roi. Il provient du cabinet de M. Mac Carthy ; il a été acquis en 1817 pour la somme de 455 fr. V. son catalogue, n. 2840. Il avoit été acheté chez M. de la

Vallière, en 1784, pour 222 liv. V. son catalogue, n. 2803. Le savant M. Van-Praet donne ainsi la description de ce volume, dans son précieux *Catalogue des livres imprimés sur vélin de la bibliothèque du Roi*, tom. IV, p. 170.

« Edition en ancienne bâtarde, sans chiffres, ni
» réclames, avec signatures et 20 fig. en bois, sur
» deux colonnes, contenant 12 feuillets. Le premier
» commence par ce vers, qui est au bas de la pre-
» mière figure :

Créature raisonnable.

» On lit au recto, 2.ᵉ colonne, du dernier feuillet,
» la souscription suivante, en 8 lignes, dont partie
» de l'antépénultième et les deux dernières sont
» effacées :

Cy finist la Dance Macabre historiee et augmentee de plusieurs nouueaux personnages et beaux dits et les trois Mors et trois Vifs ensemble nouuellement ainsi composee et imprimee a Paris..............................
..
..

» Le nom de Verard (1) se trouvoit sans doute, ainsi

---

(1) Antoine Verard a été reçu libraire et imprimeur à Paris en 1480, et il exerçoit encore en 1519. C'est (dit Lacaille, *Histoire de l'Imprimerie et de la Librairie*, p. 63) l'un des plus considérables imprimeurs et libraires de son temps. Lacaille donne une nomenclature des principaux ouvrages sortis des presses de Verard, mais il ne cite point la Danse Macabre. On connoît plus de cent volumes de romans imprimés sur vélin et ornés de belles miniatures, que Verard a publiés, outre une grande quantité d'autres ouvrages.

» que la date, dans les lignes effacées ; les figures sont
» enluminées. Le volume en VÉLIN DE VEAU (1) a 12

---

(1) M. Van-Praet, dans la préface de son magnifique catalogue qui nous fournit cette notice, a donné des détails précieux sur les différentes espèces de VÉLIN employées à l'impression des livres. Comme cette partie est peu familière à la plupart des bibliophiles, nous prions M. Van-Praet de nous permettre de consigner dans cette note, ces détails aussi curieux qu'instructifs.

« Comme il existe, dit le savant auteur, plusieurs sortes de VÉLIN, provenant de différentes espèces d'animaux, et plus ou moins bien préparées, on a jugé utile, pour donner une idée juste de celui qui a été employé aux livres imprimés sur cette matière, de les annoncer sous les qualités suivantes :

» 1.° VÉLIN DE VEAU. Ce vélin est le plus épais et s'apprête le mieux ; il est d'une blancheur parfaitement égale des deux côtés. Il n'a été employé et ne s'emploie encore qu'aux volumes de grand format.

» 2.° VÉLIN D'AGNEAU MORT-NÉ. Il joint à une ténuité extrême, une blancheur éclatante, et il est propre aux plus petits formats.

» 3.° VÉLIN D'AGNEAU QUI A VÉCU. Il a l'inconvénient d'offrir d'un côté une page très-blanche et d'une beauté admirable, et de l'autre côté une page parsemée de taches bleuâtres et quelquefois noirâtres.

» 4.° VÉLIN DE MOUTON. Il se reconnoît par le côté du poil de l'animal, côté qui est ordinairement d'un jaune désagréable à la vue.

« Telles sont les diverses qualités de VÉLIN qu'on remarque dans les livres qui sont à la bibliothèque du Roi. Ils nous font connoître qu'au XV.ᵉ et au XVI.ᵉ siècle, les imprimeurs d'Allemagne, de France et des Pays-Bas ont toujours fait usage de vélin provenant de veau ; qu'en Italie, ils se servoient communément de deux espèces de vélin, d'agneau mort-né et d'agneau qui a vécu. Pour les livres de format in-12, les Alde, les Junte et l'imprimeur (Fr. de Alopa) de Florence qui a imprimé l'*Homère* de 1488, et les auteurs grecs en lettres capitales, employèrent le premier (d'agneau mort-né) ; et pour leurs in-fol., Sweynheym et Pannartz, Philippe de Ligamine, à Rome ; Jean Vindelin de Spire, Nicolas Jenson, Christophe Valdarfer, Jean de Cologne et les Alde, à Venise ; Philippe de Lavagnia et Ant. Zarot, à Milan, faisoient le plus souvent usage du second (d'agneau qui a vécu). Les livres sur vélin d'aujourd'hui se distinguent par une égalité parfaite de blancheur et une meilleure préparation, au moyen de laquelle on est parvenu en Allemagne et en Italie à rendre cette substance très-mince. »

Si nous osons parler de nous après avoir cité M. Van-Praet, nous dirons que nous avons publié en 1812 un *Essai sur l'Histoire du Parchemin et du Vélin*, grand in-8.°, fruit de longues et pénibles recherches, quoique le volume n'ait que 110 pages. Cet essai est divisé

» pouces 2 lignes de haut. Un semblable exemplaire
» existe dans la bibliothèque d'Auxerre, et un troi-
» sième, avec les figures également peintes et avec
» les mêmes lignes effacées, dans Lambeth-Palace,
» près Londres. » (V. *Bibliotheca topographica britan-
nica*, London, 1780—90, 10 vol. in-4.°, n. 27, n. 64;
Lambeth-Palace illustrated, London, 1806, in-4.°, p.
51 ; et *Repertorium bibliograph., or some account of the
most celebrated british libraries*. London, Will. Clarke,
in-8.°, p. 101.)

Le reste de la notice de M. Van-Praet sur cet exemplaire, est rempli d'excellentes observations sur l'histoire et le contenu de la Danse Macabre. Nous en avons profité, quoique notre manuscrit fût à peu près terminé quand elles sont parvenues à notre connoissance. Elles nous ont procuré la satisfaction de voir la plupart de nos recherches confirmées par celles de ce savant, et nous ont mis sur la voie pour les perfectionner et les étendre encore davantage.

---

en sept chapitres, précédés d'un discours préliminaire sur toutes les matières subjectives de l'écriture, depuis les temps les plus reculés jusqu'à nos jours. Les sept chapitres traitent : 1.° de l'étymologie des mots *pergamena* et *velin*, pp. 25—27; 2.° de la matière et de la texture du parchemin et du vélin, pp. 27—33; 3.° de l'origine du parchemin, pp. 33—44; 4.° de l'usage du parchemin chez les anciens et dans le moyen âge, pp. 45—64; 5.° du parchemin pourpre et des caractères d'or et d'argent employés dans les Mss. sur parchemin de couleur, pp. 64—83 ; 6.° du parchemin raclé pour substituer une nouvelle écriture à l'ancienne...; de la dimension du parchemin dans les actes des différens siècles, pp. 83—99; 7.° de l'usage du parchemin chez les modernes, pp. 100—110. On peut, par cet énoncé, juger de la nature des renseignemens que renferme ce volume, dont on a tiré deux exemplaires sur vélin, *petit in 4.°*, dont l'un, relié en maroquin bleu avec étui, est dans le riche cabinet de M. Renouard ; et l'autre, relié en maroquin rouge, doublé de tabis vert, est dans ma bibliothèque. On a aussi tiré quatre exempl. en gr. pap. vélin, *in-8.°*

La Danse Macabre, et les trois Mors et les trois Vifs (*Paris, pour Antoine Verard, vers 1500*), gr. in-fol.

Un exemplaire sur vélin, de cette édition, existe encore dans la bibliothèque du Roi, à Paris. Voici la note qu'en donne M. Van-Praet : « C'est une autre
» édition exécutée avec les mêmes caractères et les
» mêmes figures (que la précédente); mais le volume
» ne contient que 5 feuillets imprimés d'un seul côté,
» et collés sur trois cartons. Les figures, au nombre
» de 19, la plupart représentant deux sujets, sont
» parfaitement enluminées. L'exemplaire sur vélin,
» que possède la bibliothèque du Roi, vient de celle
» de Blois, dont l'inventaire, dressé en 1544, le
» désigne en ces termes : *Ung autre grand livre en*
» *parchemin imprimé intitulé la danse macabrée couvert*
» *de trippe de velours.* A la tête du volume, qui a 20
» pouces 18 lignes de haut, sur 18 pouces de large,
» on trouve un feuillet sur lequel sont peintes en
» grand les armes de France, soutenues par deux
» anges, et au bas desquelles on voit les deux coqs
» qui accompagnent ordinairement le monogramme
» de Verard. Le premier feuillet commence ainsi :

» L'Acteur.
» O créature raisonnable
» Qui desires vie eternelle.

» La Danse est terminée par ces deux vers :

» Malgré moy me laisse happer
» Ennuisment qui apprit ne la.

» La pièce des trois Morts qui suit, finit de cette
» manière :

» .... pos auoir.
» Bien faire doit on sauoir.
» Qui mal fait et ne se repent,
» Il aura peine et tament.
» Deo gratias. »

Ces derniers vers, ou plutôt ces dernières rimes, sont, dans le catalogue (comme dans l'imprimé sans doute), sur une seule ligne, comme de la prose; nous avons cru pouvoir les rétablir dans leur ordre naturel, comme l'auteur, dans le principe, a dû les placer.

La grant Danse Macabre des Hommes et des Femmes, hystoriee, etc. *A la fin du volume, on lit la souscription suivante :* Cy finist la Danse Macabre des Hommes et des Femmes hystoriee et aulmentee de personnages et beaulx ditz en latin. Imprimee a Troyes par Nicolas Le Rouge demourant en la grant rue a l'enseigne de Venize auprés la belle croix *(sans date)*. *Petit in-fol. goth.*

Cette édition, qui est certainement du XV.ᵉ siècle, peut prendre rang parmi les premières où les deux Danses ont été réunies. Un exemplaire, rel. en veau, avec figures enluminées, a été vendu 18 liv., chez M. Barré, en 1744, et 19 liv. 1 s., chez M. Gaignat, en 1769.

La grant Danse Macabre des Hommes et des Femmes, avec le Débat du corps et de l'ame, la Complainte de l'ame damnée, la vie du mauvais antechrist, les quinze signes, etc. *Rouen, Guillaume de la Mare (sans date), in-4.º, fig.*

Cette édition, en lettres rondes, paroît être du commencement du XVI.ᵉ siècle. Un exemplaire, en maroquin bleu, a été vendu 12 fr., chez M. Gaignat, en 1769.

La grande Danse Macabre des Hommes et des Femmes, où est démonstré tous humains de tous estats estre du bransle de la Mort. *Lyon, Olivier Arnoulet (sans date), in-4.°*

Cette édition est annoncée dans le tome V des *Bibliothèques françaises* de Lacroix du Maine et Duverdier (tome III de Duverdier), p. 87.

La grant Danse Macabre des Hommes et des Femmes, hystoriee et augmentee de beaulx dis en latin; le Debat du corps et de l'ame; la Complainte de l'ame dampnee; Exhortation de bien vivre et de bien mourir; la Vie du maulvais antecrist; les XV Signes; le Jugement, en vers. *Lyon, Nourry, 1501, in-4.° goth., fig. en bois.*

Un exemplaire, mar. r., d. s. t., existoit dans la bibliothèque de M. de la Vallière, et doit être maintenant dans la bibliothèque royale de l'Arsenal, à Paris. V. le catalogue de M. de la Vallière, en 6 vol. in-8.°, n. 14,110.

La grand Danse Macabre des Hommes et des Femmes, avec les dits des trois Mors et des trois Vifs, etc. *Imprimé à Genesve l'an mil ccccciij (sans nom d'imprimeur), in-4.°, fig.*

Cette édition, composée de 24 feuillets, est mentionnée dans la Bibliographie de Debure, n. 3111.

La grant Danse Macabre des Hommes et des Femmes, en vers, hystoriee et augmentee de beaulx ditz en latin. *Troyes, Le Rouge,* 1531, *in-fol. goth., fig.*

Un exemplaire en veau marbré, existoit dans la bibliothèque de M. de la Vallière. Il doit être maintenant à l'Arsenal. V. le catalogue en 6 *vol.,* n. 14,111.

La grand Danse Macabre des Hommes et des Femmes hystoriee, avec de beaulx ditz en latin, et huitains en françois, etc. *Paris, chez Denys Janot,* 1533, *in-8.°, fig.*

M. de la Monnoye dit que toutes les éditions qu'il a vues sont gothiques, et que la dernière est celle de 1533, *in-8.°*, que nous citons ici.

La grand'Danse Macabre des Hommes et des Femmes, nouuellement reuuë et augmentee d'histoires et beaulx ditz, tant en latin qu'en francoys, et autres œuvres dont le contenu est en la page suivante. *Paris, par Estienne Groulleau, libraire iuré demourant en la rue Neuue Nostre Dame à l'enseigne S. Jean Baptiste (sans date),* *in-16, fig.*

C'est la première édition que nous ayons vue en aussi petit format; elle est curieuse. L'exemplaire que nous citons existe dans le riche cabinet de M. Durand de Lançon, où nous l'avons vu. Cette édition diffère en quelque chose des précédentes.

Etienne Groulleau a été reçu libraire et imprimeur, à Paris, en 1547; il exerçoit encore en 1556.

La grand'Danse Macabre des Hommes et des Femmes, etc. *Paris, Estienne Groulleau*, 1550, *in-16, fig.*

Un exemplaire, rel. en mar. r., n'a été porté, chez M. de la Vallière, en 1784, qu'à la modique somme de 4 liv. 1 s.

La grande Danse des Morts, etc. *Rouen, Morron (sans date), in-8.°, fig.*

Un exemplaire, rel. en veau, a été vendu 3 liv. 10 s., chez M. Barré, en 1744.

Les LXVIII huictains cidevant appellés la Danse machabrey, par lesquels les chrestiens de tous estats sont stimulés et invités de penser à la mort. *Paris, Jacques Varangue*, 1589, *in-8.°*

L'édition est sans figures et en lettres rondes. Un exemplaire, rel. en mar. bleu, a été vendu 3 fr., chez M. Gaignat, en 1769; et un autre en mar. violet, 7 fr., chez M. Méon, en 1803. Il en existe un exemplaire dans la bibliothèque royale de l'Arsenal.

La grande Danse Macabre des Hommes et des Femmes, etc. *Troyes, Oudot*, 1641, *in-4.°, fig. en bois.*

Cette édition fait partie de ce qu'on appelle la Bibliothèque bleue. Il en existe un exempl. rel. en v. m., à la bibliothèque royale de l'Arsenal.

La grande Danse Macabre des Hommes et des Femmes ; historiée et renouvellée de vieux gaulois, en langage le plus poli de notre temps. Le Débat du corps et de l'ame. La Complainte de l'ame damnée. Avec l'Exhortation de bien vivre et de bien mourir. La Vie du mauvais antechrist. Les quinze Signes du Jugement. *A Troyes, chez Pierre Garnier, rue du Temple (sans date, mais le privilège porte* 1728*). In-4.º, (fig.) de* 38 *feuillets.*

Edition en papier gris, figures, et faisant également partie de la Bibliothèque bleue. Au bas du titre de l'ouvrage, est l'orchestre des quatre morts. Il y a des planches au recto et au verso de chacun des feuillets relatifs à la Danse. Chaque gravure renferme deux personnages et deux squelettes. Au bas de chaque estampe se trouve, sur deux colonnes, le dialogue en vers, entre la Mort et les deux personnages figurant dans la gravure. Les hommes, au nombre de 40, occupent 20 planches, et les femmes, au nombre de 38, en occupent 19. Il y a en outre beaucoup d'autres gravures, mais très-grossières, ainsi que celles dont nous venons de parler. Celles des trois Morts et des trois Vifs s'y trouvent, mais elles sont mal disposées.

Le frontispice porte que cette Danse est renouvelée du vieux gaulois en langage le plus poli du temps. Pour que l'on puisse comparer ces deux langages, nous allons rapporter le prologue de cette édition de 1728 ou 29, comme nous avons rapporté celui de 1485, à la page 95. On verra si le nouvel éditeur possédoit le langage le plus poli de son temps.

>O créature raisonnable
>Qui desire le firmament,
>Voici ton portrait véritable,
>Afin de mourir saintement :
>C'est la danse des Machabées,
>Où chacun à danser apprend ;
>Car la parque, cette obstinée,
>N'épargne ni petit ni grand :
>Dans ce miroir chacun peut lire,
>Qu'il lui convient ici danser ;
>Sage est celui qui s'y mire,
>Quand la Mort le viendra presser :
>Le plus grand s'en va commencer ;
>Car il n'est nul que la Mort fière,
>Ne porte dans le cimetière :
>O qu'il est fâcheux d'y penser !

Nous ne parlons pas des pièces qui sont à la suite de la Danse des Morts; elles sont très-édifiantes quant au fond; mais le style, quoiqu'annoncé comme le plus poli du temps, est vraiment pitoyable.

La grande Danse Macabée des Hommes et des Femmes, historiée (sic) et renouvellée, etc. *A Troyes, chez la veuve de Jac. Oudot, et Jean Oudot fils, rue du Temple,* 1729, in-4.° (fig.) de 38 feuillets.

Cette édition est dans le même genre que la précédente, à part quelques légères différences dans la disposition des gravures; mais elle est encore plus mal imprimée.

Nous ne croyons pas devoir citer un plus grand nombre de ces dernières éditions, qui n'ont d'autre mérite que celui d'amuser le bas peuple. Il en est de même des images sur le même sujet, qui ont été dominotées par un nommé Le Blond, à Orléans, dans le siècle dernier, et qui n'ont jamais été destinées qu'à couvrir la nudité des murs dans quelques chaumières enfumées.

RECHERCHES
SUR LES
DANSES DES MORTS.

TROISIÈME PARTIE.

DE LA DANSE AUX AVEUGLES ET DES ÉDITIONS QUI EN ONT ÉTÉ PUBLIÉES.

I.

De la Danse aux Aveugles par Pierre Michault dit Taillevent.

Comme la DANSE AUX AVEUGLES a quelques rapports avec la Danse Macabre, puisque la Mort y fait aussi danser les humains, il nous a paru indispensable d'en parler dans un ouvrage consacré à toutes les espèces de Danses des Morts.

La Danse aux Aveugles est un poëme très-moral, composé dans le XV.ᵉ siècle par un nommé Pierre Michaut ou Michault, dit Taillevent, que l'on assure avoir été sujet de Philippe-le-Bon, duc de Bourgogne, et secrétaire de son fils, le comte de Charollois (depuis, Charles-le-Téméraire). On est fondé à placer la naissance de ce P. Michault, vers les commencemens du XV.ᵉ siècle. Il étoit contemporain du poëte Regnier, bailli d'Auxerre, attaché comme lui aux ducs de Bourgogne; il vivoit encore en 1466, puisque, cette même année, il a dédié à Philippe-le-Bon, un autre poëme de sa composition, intitulé *le Doctrinal de Court* ou *Doctrinal du Temps* (1), divisé en douze livres. On croit qu'il est mort vers la fin de 1466, ou au commencement de 1467, année de la mort de Philippe-le-Bon; car son nom ne se trouve point

---

(1) La date de la composition de cet ouvrage est marquée énigmatiquement à la fin, par ces quatre vers :

> Ung treppier et quatre croyssans
> Par six croix auec six nains faire
> Vous ferons estre congnoissans
> Sans faillir de mon milliaire.

Le trépied est M; les quatre croissans sont CCCC; les six croix, XXXXXX, et les six nains, IIIIII, ce qui donne bien M.CCCC.XXXXXXVI, ou 1466. Un exemplaire de l'édition du *Doctrinal du temps qui les nouveaulx escoliers endoctrine* (sans date et sans nom d'imprimeur), *in-fol. goth., fig. en bois, rel. en m. r.*, a été vendu 33 liv., chez M. de la Vallière, en 1784, et 91 fr., chez M. Mac Carthy, en 1817. V. la description de cette édition dans Debure, *Bibl. Inst.*, n. 3067.

dans l'*état des officiers et domestiques des ducs de Bourgogne*, inséré à la suite des *Mémoires pour servir à l'Histoire de France et de Bourgogne*, par Dom Guill. Aubrée, bénédictin, *Paris*, 1729, in-4.° Au reste, l'histoire de ce poëte et de ses ouvrages est assez obscure, comme on peut le voir en consultant les *Bibliothèques françaises* de Lacroix du Maine et Duverdier, tome III, pp. 469—70 ; la *Bibliothèque française* de l'abbé Goujet, tome IX, pp. 345—366 ; la *Bibliothèque de Bourgogne*, par Papillon, tome II, pp. 47—48, etc. etc. Nous ne nous occuperons ici que de sa Danse des Aveugles, dont nous allons d'abord exposer le sujet ; nous donnerons ensuite la liste de toutes les éditions qui sont parvenues à notre connoissance.

Ce poëme, partie en prose, partie en vers, est en forme de dialogue entre *l'Entendement* (personnifié) et l'auteur. Son but est de montrer que tout est assujéti dans ce monde à trois guides aveugles, l'*Amour*, la *Fortune* et la *Mort* ; qu'il y en a peu qui se soustraient à l'empire des deux premiers, et que le troisième est inévitable. Voici un argument (du poëme) qui n'est pas de l'auteur, car il a paru 80 ans après la composition de l'ouvrage ; mais il convient mieux que celui qu'avoit fait Michault, et que nous ne rapporterons point par cette raison.

> Amour, Fortune et Mort, aveugles et bandez,
> Font dancer les humains chascun par accordance :
> Car aussitost qu'Amour a ses traictz desbandez,
> L'homme veut commencer à dancer basse dance,
> Puis Fortune, qui sçait le tour de discordance,
> Pour un simple d'amour faict un double bransler,
> Plus inconstant beaucoup que feuille d'arbre en l'air :
> Du dernier tourdion la Mort nous importune ;
> Et si n'y a vivant qu'on ne voye esbranler
> A la dance de Mort, d'Amour et de Fortune.

Le dialogue se passe en songe. L'auteur est conduit par l'*Entendement* dans un lieu très-spacieux, divisé en trois parcs. Dans le premier, on voit un trône élevé et très-orné, sur lequel est assis un jeune prince nu, ayant les yeux bandés, et un arc tendu à la main. L'auteur demande à *Entendement* qui est ce prince, pourquoi il est nu, et ce qu'il porte. *Entendement* répond à ses questions, et veut qu'il écoute les leçons du jeune prince nommé *Cupido* ou *l'Amour*, qui est accompagné de *Vénus*, sa mère, de *Fol-Appétit* et d'*Oiseuse*. L'Amour prend ainsi la parole :

> Cupido suis par mon tout seul povoir,
> Dieu des amans, prince de hault vouloir,
> Seigneur des cuers qui desirent franchise,
> Qui de présent à chascun fais sçavoir,
> Qu'il n'est vivant qui sans moy puist valoir :
> Car valeur est a mes destrois submise :
> Dame Nature en ces fais m'auctorise.

Il prouve cette dernière proposition en entrant dans le détail de ses conquêtes, d'où il résulte qu'il n'y a ni état, ni sexe, ni âge même, qui ne soit plus ou moins dominé par lui. Il expose (en

20 strophes de dix vers) toutes les ruses dont il se sert pour surprendre ceux qui veulent le fuir et toutes les violences dont il use à l'égard de ceux qui lui résistent, et il montre qu'il est presque toujours victorieux et rarement défait. L'auteur ne se fâche point d'entendre dire à *Cupido* qu'il fait des unions légitimes et convenables ; mais il supporte avec peine tout ce qu'il raconte de ses autres faits, et il en témoigne son chagrin à *Entendement*, qui approuve sa douleur et gémit avec lui de la honteuse servitude où jette l'amour déréglé. *Entendement* le conduit ensuite dans le second parc, où un autre aveugle fait danser une multitude aussi nombreuse que celle qui suivoit *Cupido*. Ce second aveugle, c'est la *Fortune*. Celle-ci vante, comme Cupidon, ses victoires, ses tours d'adresse, mais sans dissimuler ses caprices, son inconstance et l'étrange aveuglement des hommes à son égard. Elle dit, entre autres, sur ce dernier article :

> Et se Nature a formé et tissu
> Ung corps humain let et deffiguré,
> Qui soit boiteux, contrefais et bossu,
> Très mal parlant, de basse main yssu,
> Digne d'estre de tous adventuré ;
> S'il est par moi de mes biens pointuré,
> Et par mon vueil mis en bonne grace,
> Il n'est si grand qui ne luy fasse place.
>
> Au semblable prennez un chevalier
> D'estat royal, ou de grand baronnie ;
> Qui peut estre n'a maille ne denier,
> Renenues, ne blé en son grenier ;
> Et si convient que tost il se marie,

> Ung bon marchant ne lui baillera mie
> Sa fille ou niepce, ains lui contredira,
> Et esconduit le noble s'en ira.
>
> Mais s'ung vilain a des biens de Fortune,
> Et est pourveu de reuenue ou rente,
> Tantost courra une fame commune
> Qu'il est amé de chascun, de chascune,
> Et que digne est d'auoir femme tres gente ;
> Par ce moyen un chascun luy presente
> Sa fille a femme, et volontiers lui donne,
> Sans auiser se sa naissance est bonne.

L'auteur, après avoir exposé ses réflexions sur ce qu'il vient d'entendre, et avoir fait plusieurs demandes à *Entendement,* est conduit par celui-ci dans le troisième parc, où réside la *Mort,* qui, à l'imitation des deux autres, exalte son pouvoir, d'autant plus grand que personne en effet ne peut s'y soustraire. C'est ce qu'elle fait beaucoup valoir. Voici comment débute *Madame Atropos,* ainsi que l'auteur la nomme :

> Je suis la Mort de Nature ennemye,
> Qui tous viuans finablement consomme,
> Annichilant en tous humains la vie ;
> Reduis en terre et en cendre tout homme.
> Je suis la Mort qui dure me surnomme,
> Pour ce qu'il faut que maine tout a fin ;
> Je n'ay amy, parent, frère ou affin
> Que ne fasse tost rediger en pouldre ;
> Et suys de Dieu a ce commise, afin
> Que l'on me doubte autant que tonnant fouldre.

La dame *Atropos* détaille ses exploits en vingt-six strophes de dix vers, comme celle que nous venons de rapporter. Nous en citerons encore deux, prises au hasard, puis la morale.

La Justice, qui souvent m'anticipe,
Pluseurs larrons fait a ses gibets pendre,
Et les départ l'ung de l'aultre et dissipe,
Pour les faire venir en mes mains rendre.
Et se je vueil lors mon pouvoir estendre,
L'ung est noyé, l'aultre est décapité ;
L'aultre en espoir pour un temps reputé,
Par don de prince ou par aultre auenture ;
Mais tost après sans mercy ne pité,
Je les tresbuche en terre et pourriture.

Et mes exploits ne restrains ou modere
Pour vaillance, noblesse ne haulteur ;
J'estains a cop, sans ce que riens differe,
Beauté, sauoir, force, sens et hault eur ;
Prenant autant le roy ou l'empereur
Que le plus serf, point n'y fais difference ;
Car je ne crains honneur, preeminence,
Lignage, sens, richesse ou hardeesse :
Ains faiz souffrir à tous la penitence
Du poignant dart que pour tuer je dresse.

La vingt-sixième strophe renferme la morale et termine ainsi le discours de la Mort :

Dancez doncques viuans a l'instrument,
Et auisez comme vous le ferez,
Apres dancier venrez au jugement,
Ouquel estroit examinez serez :
Et la tout prest le juge trouuerez
Qui de vos faiz vous rendra le salaire,
Qui bien aura dancié pour lui complaire,
Aura ung pris riche et inestimable ;
Le mal dançant aura pour satisfaire
Feu eternel, puant, abominable.

Mais il est inutile d'entrer dans plus de détails sur ce que dit la Mort. La nécessité de mourir et l'incertitude du temps, du lieu et de la manière de sortir de ce monde, sont des vérités que personne ne peut ignorer.

Le poëte fort touché, à ce qu'il paroît, des différens spectacles qui se sont présentés à ses yeux, déplore la triste condition des hommes, qui les soumet à des aveugles dont ils sont le jouet ordinaire, et à la Mort qu'ils ne peuvent éviter ; et il demande à *Entendement* s'il n'y a aucun moyen de se garantir de leur tyrannie. *Entendement* lui donne sur cela des avis fort sensés, en lui faisant voir qu'on peut se soustraire au pouvoir de l'*Amour* par la fuite, la retraite et une vie sérieusement occupée, et à celui de la *Fortune* par la modération dans ses désirs et le mépris des grandeurs et des richesses. Quant à la *Mort*, il est vrai que personne ne peut s'exempter d'y être soumis : c'est un arrêt sans appel, prononcé contre tous les hommes. Il faut donc mourir ; mais cette nécessité ne devient un mal que pour ceux qui ne s'occupent pas, pendant la vie, de la pensée de la mort, qui oublient que tout passe avec le temps, et qui ne mettent point leur application à vivre de manière qu'ils puissent jouir du bonheur éternel qui leur est promis après cette vie. Il y a beaucoup de piété dans ce dernier dialogue de l'*Entendement* et de l'auteur, et les réflexions de l'*Entendement* sont fort justes. La versification du poëte est assez bonne pour le temps où il travailloit.

II.

Notice des Editions de la Danse aux Aveugles.

Passons aux éditions de la Danse des Aveugles. Elle existoit jadis en manuscrit dans le cabinet de M. Foucault, conseiller d'Etat et intendant de Caen ; nous ignorons ce que ce manuscrit est devenu. Il est difficile d'assigner un rang aux éditions de cette Danse, parce que celles qui paroissent les plus anciennes sont pour la plupart dépourvues de date, et quelquefois de nom d'imprimeur.

....

La Danse des Aveugles (p' r P. Michault Taillevent). *Paris (sans date), par le Petit Laurens, in-4.° goth.*

> Un exemplaire, rel. m. bl., existoit dans la bibliothèque de M. de la Vallière ; il a été vendu 9 liv., en 1784. Ce libraire, le Petit Laurens, n'est point mentionné dans le *Catalog. chronologique des Libraires de Paris*, par Lottin.

La Danse des Aveugles, avec le Débat du religieux et de l'homme mondain, en rime francoise. *Paris, le Petit Laurens, 1491, in-4.° goth.*

> Cette édition est annoncée ainsi dans la *Bibliographie* de Debure, n. 3078.

La Danse des Aveugles (par P. Michault, etc.).

Lyon (sans date et sans nom d'imprimeur), in-4.° goth., fig. en bois.

La Monnoye prétend qu'il n'a pas trouvé dans cette édition l'argument en vers alexandrins qui a été rapporté ci-dessus. Cela est très-sûr, puisqu'il n'a paru que dans l'édition de *Lyon*, 1543, dont nous parlerons plus bas, qui est postérieure à l'édition qui nous occupe en ce moment, et dont un exemplaire en veau a été vendu 6 liv. 2 s., chez M. Méon, en 1803.

La Danse des Aveugles, etc. *Paris, veuve Lenoir (sans date), in-4.° goth.*

Cette veuve Lenoir n'est point portée dans le *Catalogue* de Lottin.

La Danse des Aveugles, etc. *Genesve (sans date et sans nom d'imprimeur), pet. in-4.°, fig.*

Selon M. Delandine, dans le *Catalogue de la bibliothèque de Lyon*, BELLES-LETTRES, n. 2603, cette édition a la figure de l'aveugle et les trois autres gravures en bois. Elle est sans chiffres, ni signatures, et les caractères, dit M. Delandine, sont semblables à ceux de Loys Cruse, qui publia en 1479 le *Bréviaire* de Genève. Si cela est, cette édition doit être l'une des premières de cette Danse.

La Danse des Aveugles, c'est-à-dire des humains dansans en ce monde sous la conduite de l'Amour, de la Fortune et de la Mort, etc. *Imprimé à Lyon, par Olivier Arnoullet, 1543, in-8.°*

Cette édition est ainsi annoncée dans les *Biblioth. françaises* de Lacroix du Maine et Duverdier, t. III, page 469. Cette annonce est suivie d'une note de La Monnoye, qui ne paroît pas très au fait des ouvrages de P. Michault. Duverdier, et Galland (qui a parlé de la Danse des Aveugles dans le tome II des *Mémoires de l'Académie des Inscriptions*, in-4.°, p. 742), ont été relevés par l'abbé Goujet, dans sa *Bibliothèque française*, tom. IX, p. 360, relativement à une erreur sur les vers qui forment la conclusion du poëme.

La Dance aux Aveugles (par Michault de Taillevent), et autres poésies du XV.° siècle, extraites de la bibliothèque des ducs de Bourgogne (et publiées par Lambert Doux fils). *Se vend à Lille, chez André Joseph Panckoucke,* 1748, *pet. in-8.°* de 367 pages.

Les pièces qui suivent le poëme, dans cette édition, sont :

1.° Deux *Complaintes* (sur la mort) *de très haulte et vertueuse dame madame Ysabel de Bourbon comtesse de Charrolois*, par P. Michault, en 1465. On peut juger de la douleur du poëte par son début :

> Mauldicte Mort mordant le genre humain,
> Patron d'orreur, miroir d'exploit vilain,
> Ennemie des œuvres de Nature,
> Comme egaré de mal angoisseux plain,
> Fondant en plours de ta rigueur me plain,
> Prest de morir en grant mesaventure ;
> Puisque ton dart a mis en porriture
> Pour nous mener de fertille pasture
> Au parc de deuil où rien ne croist de bon
> L'excellent corps d'Ysabel de Bourbon.
> ....

2.° Le *Testament de Pierre de Nesson*. Il n'existe peut-être point de pièce de poésie du XV.° siècle, qui soit plus singulière et d'une simplicité plus naïve que celle-ci. C'est un hommage *à la Sainte Vierge*, qui souvent pourroit scandaliser, si l'on ne se reportoit à la simplicité et à l'ignorance du temps où cette pièce a été faite. Nous en citerons le commencement, où l'on ne remarquera que l'originalité du style :

> Ma doulce norice pucelle,
> Qui de vostre tendre mamelle
> Vos doulx créateur alaictastes,
> Et qui vostre pere enfantastes ;
> Ma dame, ma leale amye,
> Combien que je ne soye mye
> Digne d'estre en vostre service,
> Je vous supplie sans office
> S'aulcun m'enquiert a qui je sui,
> Je puisse dire que j'ensui
> La court de la royne des cieulx
> En esperance d'avoir mieulx,
> Et d'estre de vostre famille,
> Ma doulce de Dieu mere et fille ;
> ....

3.° Le *Miroir des Dames*, par ... Bouton.

4.° Le *Petit Traittiet du malheur de France*. Sur le feuillet qui précédoit ce traité, étoient écrites des rimes en très petit caractère, dont voici le premier distique :

> Vive Bourgogne et Charollois,
> Et bran de chien pour les François.

Cela n'est pas galant. Les autres distiques sont des proverbes ; il suffit d'en citer un :

> Qui asne cache et femme maine
> Point ne gagne sa vie sans peine.

5.° La *Confession de la belle fille*.

6.° *Des Ballades.*

7.° *Une drôle Oraison à Nostre Dame pour garder l'honneur des dames.*

8.° *Le Débat de l'homme mondain et du religieux.* Un glossaire pour les mots hors d'usage, termine le volume. Un exemplaire de cette édition assez curieuse, relié en mar. r., a été vendu 10 liv. 4 s., chez M. de la Vallière, en 1784, et 14 liv. 10 s., en mar. vert, chez M. Méon, en 1803. Il y a des exemplaires portant au frontispice : *Amsterdam*, 1749; l'un d'eux, v. m., a été vendu 5 fr. 95 c., chez M. Caillard, en 1810.

RECHERCHES
SUR LES
DANSES DES MORTS.

QUATRIÈME PARTIE.

DES ANCIENS LIVRES D'HEURES SUR LES MARGES DESQUELS ON A GRAVÉ LA DANSE DES MORTS.

Notice descriptive et Extraits de plusieurs anciens livres d'Heures où se trouvent la Danse des Morts et d'autres pièces analogues.

L'IDÉE de la Danse des Morts, peinte en grand ou sculptée sur les monumens publics dans beaucoup de villes d'Allemagne, de Suisse, de France, etc., fut si généralement goûtée, qu'aussitôt après la découverte de la gravure en bois, on s'empressa de réduire en petit ces grandes figures; et après l'invention de l'imprimerie, on multiplia ces dessins soit sur le papier, soit sur le vélin; on les accompagna d'explications en vers, et on en forma des recueils qui, dès le XV.ᵉ siècle, parurent sous le titre de Danse Macabre, comme nous l'avons vu précédemment. Ces ouvrages spéciaux ne suffirent pas encore pour satisfaire la curiosité empressée du public, qui se plaisoit à alimenter ses sentimens pieux par l'image de la Mort. Alors les libraires-imprimeurs, tels que les Ant. Verard, les Sim. Vostre, les Thielm. Kerver, les Jehan Petit, les Hardouin, les Pigouchet, imaginèrent de reproduire cette Danse sur les marges des livres de prières qu'ils imprimoient à grand nombre et dont ils multiplioient les éditions (1). C'est de

---

(1) De même que les premiers livres imprimés furent une imitation parfaite des plus beaux manuscrits qui existoient au commencement du XV.ᵉ siècle (voyez les Psautiers de 1457 et 1459); de même, les premiers livres de prières imprimés furent, par les bordures gravées dont on orna leurs marges, une imitation de ces superbes Heures manuscrites qui, dans les XIV.ᵉ et XV.ᵉ siècles, étoient enrichies de magnifiques lettres *tourneures*, de fleurs, d'arabesques et de petits sujets en miniature, parfaitement peints; et comme des miniatures d'une plus grande dimension, et quelquefois à pleine page, étoient disséminées dans l'ouvrage pour marquer la division des prières et des offices, on fit aussi de grandes gravures, qui remplirent le même objet dans les livres d'Heures imprimés. Parmi les riches cabinets d'amateurs, qui contenoient un certain nombre de ces sortes de manuscrits, si précieux par les peintures et par la beauté de l'écriture, on distinguera toujours celui de M. le duc de la Vallière,

la description de quelques-uns de ces livres d'Heures que nous allons nous occuper. La Danse

que l'on peut considérer comme le point de réunion où venoit se rendre tout ce qui précédemment existoit de beau dans ce genre, et d'où ensuite est parti (à sa vente) tout ce qui a orné nos belles bibliothèques modernes. Le catalogue des livres rares de M. de la Vallière est d'autant plus précieux, sous ce rapport comme sous beaucoup d'autres, que son savant rédacteur (M. Van-Praet) a toujours donné une description très-détaillée des plus beaux manuscrits dans ce genre, y spécifiant le nombre des miniatures et des peintures dont ils sont ornés et les accompagnant d'explications.

L'abbé Rive a publié, ou plutôt annoncé, un *Essai sur l'art de vérifier l'âge des miniatures dans les manuscrits depuis le XIV.ᵉ siècle jusqu'au XVII.ᵉ*, gr. in-fol. Nous disons *annoncé*, car cet essai (dont il n'y a point de texte) ne consiste qu'en 26 tableaux, gravés au simple trait, imprimés au bistre, et peints en or et en argent. Les explications promises par l'abbé Rive, n'ont point eu lieu; cependant il avoit 40 souscripteurs, dont 37 lui ont payé d'avance chacun 600 liv., prix de souscription pour exemplaires sur papier, et trois 1600 liv. pour exemplaires sur vélin. L'ouvrage n'a jamais été terminé; il n'en existe que ce que nous venons de rapporter, et le prospectus publié sous ce titre : *Prospectus d'un ouvrage proposé par souscription, par l'abbé Rive* (Paris, Didot l'aîné), 1782, in-12 de 70 pages, pap. fin. Un exemplaire des 26 tableaux a été vendu 360 fr., chez M. Trudaine, en 1801; 112 fr., chez M. David, en 1803; et 110 fr., chez M. Lamy, en 1808. Le *Prospectus*, pet. vol. in-12, est allé à 8 fr. 95 c., chez M. Mac Carthy, en 1817.

des Morts figuroit très-souvent au milieu des dessins bizarres des traits d'histoire, et des arabesques qui surchargeoient les marges de ces sortes de livres, et on avoit soin de la placer sur les marges extérieures de la partie du volume consacrée à l'office des morts. Dans la hauteur de chaque page, à la marge, sont ordinairement placés verticalement trois petits cartouches renfermant chacun un squelette et un personnage. Le nom du personnage est écrit en gothique, sous le cartouche, où il se trouve avec son triste acolyte l'invitant à danser. Ces petites figures, gravées sur bois ou sur étain, sont fort bien dessinées et assez expressives. On y remarque les costumes du temps. Il seroit difficile de mentionner toutes les éditions de ces sortes d'ouvrages où se trouve la Danse Macabre; elles doivent être très-nombreuses. Nous parlerons seulement de celles dont nous avons des exemplaires sous les yeux, ou sur lesqelles il nous est parvenu des renseignemens certains; mais avant d'aborder les ouvrages imprimés, nous citerons un manuscrit de la bibliothèque de M. le duc de la Vallière, porté dans son catalogue sous le n. 295; il est intitulé :

Preces piæ, cum calendario. *In-8.°*

Ce manuscrit sur vélin, du XV.° siècle, contenant 149 feuillets, est écrit en *lettres de forme*, à longues lignes, et enrichi de bordures peintes en arabesques très-variés, et d'une grande quantité de belles miniatures de 6 pouces de hauteur sur 4 pouces de largeur. La Danse des Morts est figurée dans le corps du manuscrit en plusieurs miniatures. On n'en dit pas le nombre. Ce volume a été vendu, en 1784, 119 liv. 10 s. Voilà le seul manuscrit que nous connoissions, où la Danse Macabre ait été figurée.

Passons aux livres d'Heures imprimés.

La première édition que nous devons citer, est l'une des deux sur lesquelles M. G. M. Raymond a donné une excellente notice dans le *Magasin Encyclopédique*, 1814, tom. V, pp. 5—18. Pour suivre l'ordre chronologique que nous nous sommes prescrit, nous commencerons par la plus ancienne, celle qui est sans date. M. Raymond ne rapporte ni le titre de ces Heures, ni le lieu d'impression, ni le nom du libraire; sans doute que cela manque dans son exemplaire. Nous nous contenterons donc de l'indiquer sous le titre de

Livre de Prières *(imprimé avant 1500)*, *in-8.°*, *caract. goth.*

M. Raymond établit plusieurs conjectures sur la date présumée de ce volume, d'après le nombre, la disposition et les sujets des figures de la Danse qu'il renferme. Comme la Danse des hommes et des femmes s'y trouve, il ne peut guère reporter la date avant 1491, époque de la première édition connue de la Danse des femmes; mais comme les figures des hommes sont parfaitement conformes, pour le nombre et pour le dessin, à celles qui se trouvent dans l'édition de 1485 (V. ci-dessus p. 95), et que par conséquent il y en a moins que dans l'édition de

1486 (V. p. 98), et suivantes, il pense que l'on aura copié textuellement l'édition de 1485, et qu'alors son édition pourroit se rapprocher de cette date. Quant à la Danse des femmes, le nombre des figures y étant également moindre que dans l'édition de 1491, l'auteur pencheroit à croire qu'il y a eu des éditions de cette Danse antérieures à 1491. Cependant il n'ose rien décider; il dit seulement qu'on pourroit croire, avec quelqu'apparence de raison, que les planches de son édition ont été dessinées d'après l'une des premières éditions de la Danse Macabre, antérieures du moins à 1491. La parfaite conformité des figures de son édition avec celles de l'édition de 1485 pour les hommes, nous rangeroit à son avis, si nous ne savions qu'une pareille conformité se trouve dans plusieurs éditions postérieures à 1500.

M. Raymond présente ainsi la description de la partie de son volume qui nous occupe : « La Danse
» des hommes, dit-il, commence avec l'office des
» morts : il y a trois tableaux sur la marge de chaque
» page; chaque tableau contient la Mort personnifiée
» et le personnage qu'elle vient frapper. » Voici l'ordre de ces tableaux (avec l'orthographe des noms inscrits en gothique sous chaque sujet) :

Le Pape.	Lempereur.	Le Cardinal.
Le Roy.	Le Patriarche.	Le Connestable.
Larcheuesque.	Le Cheualier.	Leuesque.
Lescuyer.	Labbe.	Le Preuost.
Lastrologien.	Le Bourgoys.	Le Chanoine.
Le Marchant.	Le Chartreux.	Le Sergent.
Le Moyne.	Lusurier.	Le Medesin.
Lamoureux.	Laduocat.	Le Menestrier.

Le Curé.	Le Laboureur.	Le Cordelier.
Lenfant.	Le Clerc.	Lermite.

« On voit qu'il manque l'Acteur, le Bailly et le Maistre;
» quant au Roy mort, il est dans une des marges in-
» férieures et sans inscription. La Danse des femmes
» est ainsi disposée :

La Royne.	La Duchesse.	La Regente.
La Chevalliere.	Labbesse.	La Femme descuie.
Lespousee.	La Mignote.	La Fille pucelle.
La Prieure.	La Damoiselle.	La Bourgoise.
La Chambriere.	La Recommanderesse.	La vielle Damoisel.
La Theologienne.	La nouvelle Mariee.	La Femme grosse.
La Garde daccuchee.	La Jeune Fille.	La Religieuse.
La Cordeliere.	La Femme daceul.	La Nourice.
La Bergere.	La Femme aux potences.	La Femme de village.
La Ueufue.	La Marchande.	La Balliue.

» Comme ces tableaux n'ont pas suffi pour tout
» l'office des morts, on a répété d'abord quelques-
» unes des femmes, et après celles-ci la Danse des
» hommes recommence dans le même ordre. »

Le second ouvrage de ce genre, dont M. Raymond donne la description, étant de 1512, nous croyons, pour suivre l'ordre chronologique, devoir parler auparavant d'autres éditions antérieures à cette date. Papillon en mentionne une de 1502, intitulée :

Ces présentes Heures à l'usage de Rheims, nouuellement imprimées avec belles histoires. A Paris, pour Simon Vostre, 1502, in-8.°

N'ayant pas ce livre sous les yeux, nous rapporterons textuellement ce qu'en dit Papillon; il nous paroît assez exact, puisqu'il y parle des mêmes objets qui se rencontrent dans les livres d'Heures du même Simon Vostre, dont nous parlerons plus bas. « L'Histoire du patriarche Joseph, dit Papillon, la Passion de Notre-Seigneur, la Vie de la Vierge, etc., sont représentées dans plusieurs cadres; mais ce qui est le plus remarquable, c'est une Danse grotesque de Morts de toutes sortes d'états et conditions, avec les noms de chacun d'eux gravés dans la même planche... De plus, il y a dans ces Heures 21 grandes estampes très délicatement gravées. L'impression de ce livre est très noire et très brillante. On n'emploie plus de si belle encre à présent. » C'est de ce même ouvrage qu'a voulu parler M. l'abbé Baverel, dans ses *Notices sur les Gravures*, Besançon, 1807, 2 vol. in-8.°, lorsqu'il dit, tome I, p. 336, à l'article IOLAT : « En 1502, Iolat grava les planches d'un livre de prières que Simon Vostre fit imprimer à l'usage de Rheims. L'Histoire du patriarche Joseph, la Passion de N.-S., la Vie de la Vierge, etc., sont représentées en plusieurs cadres; c'est dans ce livre qu'on voit une Danse de Morts et 21 estampes délicatement gravées. » On voit que l'abbé Baverel a emprunté ces détails de Papillon.

Nous présumons que les planches de ces Heures ont servi pour les éditions suivantes de Simon Vostre. Les deux premières qui vont nous occuper sont l'une et l'autre de 1508. C'est sur l'une des deux que nous a consulté notre confrère M. Guillaume, de Besançon; et comme elle a été l'occasion de notre travail, nous entrerons dans quelques détails sur ce qu'elle contient. Ces deux éditions de la même année 1508, ont très-peu de différence entre elles. Nous possédons un exemplaire sur papier, de la première, dont nous allons parler. Elle a pour frontispice gravé, un grand cartouche encadré d'arabesques, à fond noir pointillé de blanc, au milieu duquel est un écusson accroché à un arbre à fruits, soutenu cependant par deux léopards, et chargé des lettres S et V entrelacées. Au-dessous est ainsi gravé, en très-gros caractères, le nom du libraire SIMON : VOSTRE; puis, un peu plus bas, se trouve le titre suivant :

Hore christifere virginis marie secundum vsum Romanum ad longum absq; aliquo recursu cum illius miraculis et figuris apocalipsis et biblianis vnà cum triumphis cesaris. (*Parisiis, Simon Vostre, 1508, gr. in-8.°, fig.*)

Ce volume, dans lequel l'almanach, ou table du temps, est pour 21 ans (de 1508 à 1528), contient 101 feuillets, c'est-à-dire, 202 pages, dont 177 sont entourées à la marge extérieure de dessins variés à l'infini et très-délicatement gravés. Ils ont 18 lignes de largeur, sur 7 pouces 9 lignes de hauteur : c'est celle de la page. La marge inférieure a des dessins de 2 pouces de hauteur, sur toute la largeur de la page, qui est de 4 pouces 11 lignes; et les marges intérieure et supérieure ont des arabesques de 4 lignes seulement de largeur, de sorte que chacune des 177 pages est entièrement encadrée. Les 25 autres sont occupées en plein par de grandes gravures très-belles, ayant 7 pouces 4 lignes de hauteur, sur 4 pouces 9 lignes de largeur. Ces gravures, presque toujours deux à deux, vis-à-vis l'une de l'autre au verso et au recto, sont destinées à marquer les principales divisions de l'ouvrage. Nous avons dit que les dessins étoient très-variés. Ceux qui sont au bas de chaque mois dans le calendrier, représentent, pour la plupart, des jeux qui étoient en usage dans ce temps-là et que les enfans ont encore conservés : en janvier, c'est le jeu de la Crosse; en juillet, des enfans s'amusent au jeu appelé vulgairement la Queue au Loup; en août, c'est le Colin-Maillard; en septembre, on joue au Cheval-Fondu et à la Main-Chaude : dans ce dernier jeu, celui qui a les yeux bandés est assis et tend horisontalement la main; en novembre, le jeu de Paume, etc. etc. Après le calendrier, viennent, dans les marges des différens offices, de petits dessins représentant des traits de la Bible et autres, tels que l'Histoire de Joseph reconnu par ses frères (en 27 dessins), avec des explications en vers français; les douze Sibylles, *idem* (12 dessins); les Vertus théologales (4 dessins); l'Histoire de Marie et de Jésus-Christ, en vers par quatrains (18 dessins); les Figures de l'Apocalypse, avec explication en latin (48 dessins); l'Histoire de Suzanne (12 dessins), en vers français; la Parabole de l'Enfant prodigue, *idem* (4 dessins); les Signes de la fin du monde (11 dessins); la Danse des Morts (66 dessins); les Vertus terrassant les Vices (8 dessins); les Triomphes de César, avec explications en prose française (24 dessins); les Miracles de Marie (15 dessins), etc. Revenons sur la Danse Macabre, comme étant le principal objet de nos recherches. Elle commence avec l'office des morts (*vigiliæ mortuorum*) à la page 64 verso. Les deux grandes figures qui la précèdent, représentent au verso la résurrection du Lazarre, et au recto, un pauvre vieillard assis à terre, que consolent trois personnages debout. Seroit-ce Job visité par ses amis? Voici l'ordre dans lequel sont placés les différens sujets de la Danse Macabre. Il y a trois personnages par page, et au bas de chaque page se trouvent huit vers français, qui ont rapport au premier personnage de la page. Pour donner une idée de cette poésie, nous citerons seulement le premier huitain, dont les 4 premiers vers sont généraux, et les 4 derniers se rapportent au pape, qui commence ainsi la marche :

| Le Pape. | Lemporeur. | Le Cardinal. |

Vous qui vivez certainement
Quoyquil tarde ainsi danseres
Mais quand ; Dieu le scet seulement
Aussi comme vous feres.
Dam Pape vous commenceres
Comme le plus digne seigneur
En ce point honouré seres
Au grand maistre est deu lhonneur.

Le Roy.	Le Patriarche.	Le Connestable.
Larcheuesque.	Le Cheualier.	Leuesque.
Lescuyer.	Labe.	Le Preuost.
Lastrologien.	Le Bourgoys.	Le Chanoine.
Le Marchant.	Le Chartreux.	Le Sergent.
Le Moyne.	Lusurier.	Le Medesin.
Lamoureux.	Laduocat.	Le Menestrier.
Le Cure.	Le Laboureur.	Le Cordelier.
Lenfant.	Le Clerc.	Lermite.
La Royne.	La Duchesse.	La Regente.
La Chevaliere.	Labbesse.	La Femme descuie.
La Prieure.	La Damoiselle.	La Bourgoyse.
La Cordelliere.	La Femme daceul.	La Nourice.
La Chanberiere.	La Reomandresse.	La uielle Damoise.

La Veufue.	La Marchande.	La Balliue.
La Theologienne.	Nouuelle Mariee.	La Femme grosse.
Lespousee.	La Mignote.	La Fille pucelle.
Garde daccouchee.	La Ieune Fille.	La Religieuse.
La Bergere.	Femme aux potences.	La Femme de villaje.
La Vielle.	La Reuenderesse.	Lamoureuse.
La Sorciere.	La Bigote.	La Sote.

Ici finit la Danse Macabre, composée de 30 personnages pour les hommes et de 36 pour les femmes, en tout 66. Comme l'office des morts n'est pas terminé, on a continué à orner les pages de figures sur des sujets chrétiens et moraux; par exemple, voici les trois Vertus théologales et la Justice qui occupent les *fol.* 75 et 76 :

La Foi est représentée foulant aux pieds *Machomet*; on lit le quatrain suivant au bas de la page :

>Le temps les gens sont difficiles
>Poures humains sont en souffrance
>Guerres debats noises castilles
>Discords voyons regner en France.

L'Espérance, écrasant *Judas*, est accompagnée de ces vers :

>Lennemy par oultrecuidance
>En secret nous liure lassault
>Mais ayons en Dieu esperance
>Car il congnoit ce quil nous fault.

La Charité écrase *Hérésie*, et l'auteur s'exprime ainsi à ce sujet :

>Les poures mondains miserables
>Nous voyons en perplecité
>Endurant maulx innumerables
>Sans plaisir ne felicité.

La Justice écrase *Néron*, et voici son quatrain :

> Gens mis en auctorité
> Obstinés en leur avarice
> Tout par faulte de charité
> Ou charité est au nul vice.

Aux deux pages suivantes, on voit la Prudence écrasant *Sardanapale*, la Tempérance écrasant *Tarquin*, la Force écrasant *Holopherne*, et l'Espoir priant Dieu, avec des quatrains analogues, qui sont dans le même genre que les précédens. Les trois dernières pages de l'office des morts sont ornées de simples arabesques.

C'est dans la partie qui suit l'office des morts et qui a pour titre *Suffragia plurimorum sanctorum et sanctarum*, que se trouvent représentés sur les marges les triomphes de J. César, annoncés dans le titre de l'ouvrage. C'est bien le cas de dire :

> On ne s'attendoit guère
> A voir César en cette affaire.

Les gravures sont accompagnées d'un texte français qui contraste singulièrement avec les prières latines qui commencent ainsi : *De Sanctissimâ Trinitate. Sancta Trinitas, unus Deus, miserere nobis*, etc. Tout à côté de ce texte pieux, on lit, dans la marge : « Ainsi que dit Suetonius, Julius Cesar, apres les
» batailles fuies, V fois triumpha, quatre fois en
» ung mesmes moys, non pas suyvemment, mais
» aucuns jours interposés, apres quil eut surmonté
» Scipion, et la V apres eut subiugué les enfans de
» Pompee : le premier tres excellent des Gaules subiugués ; le second d'Alexandrie du roy Tholomee
» vaincu, luy estant encore enfant ; le tiers de Pharnace roy de Pompe ; le quart de Affrique de

« roy de Mauritanie; et le V de Spaigne, chacun de
« diuers appareil et instrumens, tous triumphans.
« Le triumphe se faisoit en telle manière, etc. etc. »

Cette relation, qui occupe les marges de douze pages (1), est beaucoup trop longue pour être rapportée en entier. C'est une traduction assez fidèle de Suétone; mais elle devient caricature par le style et par le travestissement burlesque de la pompe des cinq triomphes de J. César.

Parmi les traits de la Bible dont les dessins ornent notre exemplaire, nous choisirons quelques fragmens d'une histoire tirée de l'ancien Testament, et d'une autre tirée du nouveau. On verra par ces rimes naïves et singulières quel étoit l'état de la poésie sacrée chez nos bons aïeux, au XV.ᵉ siècle. Voici le début de l'histoire du patriarche Joseph :

> Les frères de Joseph conceurent
> Hayne sur luy comme enuieux
> En ung puis geter le voulurent
> Et luy firent du pis quils purent
> Car son pere laimoit le mieux.

---

(1) Nous remarquerons que dans les gravures qui sont au bas des six premières pages de cette relation, il n'est pas question de César; ce sont les Vertus qui combattent les Vices. Chaque Vertu est représentée par une femme montée sur un beau coursier, et qui, d'un coup de lance, renverse un Vice monté sur un animal allégorique. Ainsi, la première Vertu est l'Humilité; son nom est écrit au-dessus de sa tête; elle renverse l'Orgueil monté sur un lion, et au-dessus est écrit : trebuchus Orgueil. Dans la seconde gravure est inscrite la Charité, et à côté, trebuchus Envie; ce Vice terrassé est monté sur un chien. Dans la troisième, Pacience; à côté, trebuchus Yre (colère), montée sur un ours muselé. Dans la quatrième, Diligence; à côté, trebuchus Paresse, qui est montée sur un âne. Dans la cinquième, Largesse; à côté, trebuchus Avarice, montée sur un singe. Enfin dans la sixième, Sobriété; à côté, trebuchus Gloutonie, qui est montée sur un porc. Les gravures des six autres pages renferment des arabesques, des chasses et des scènes champêtres.

Trente deniers il fut vendu
Aux gens Ismaelitieus
Entre leurs mains baillé rendu
Ce fut a eux mal entendu
Dieu seuffre tout par bons moyens.

La robe Joseph dessirerent
Un cheureul ont occis de fait
Du sang la robe ensanglanterent
Ceste traison machinerent
Pour cuider couurir leur mefait.

Jacob qui son filz tant ayma
Fut aduerti de ce meschief
Quand le cas on luy remma
Se seria sera pessima
A deuoré mon filz Joseph.

La femme Putifar (sic) requist
Joseph damour desordonnee
Lequel sagement lescondist
Ainsi quil fuyoit elle prist
Son mantel comme forcenee.

Le mantel monstre a son seigneur
Comme pleine de desraison
Disant Joseph est efforceur
Et ma requis de deshonneur
Lors fut enuoié en prison......

Cette histoire étant fort longue, nous ne croyons pas devoir la rapporter en entier; nous donnerons seulement les deux dernières strophes, qui en présentent le dénouement et l'application :

A Jacob dirent le mistere
Et que Joseph encor viuoit,
Le deuot ancien vieil pere
Plouroit de joye en son repere
De la grant joye qu'il auoit.

Joseph tres humblement laua
Les piez a ses freres germains
Jesus ceste histoyre approuua
Pour luy, se pena et greua
Pour racheter tous les humains.

Passons au nouveau Testament. Nous rapporterons seulement les quatre premières strophes de la parabole de l'Enfant prodigue ; elles feront encore mieux voir que les précédentes, la naïveté du langage du temps. Nous laisserons en blanc une expression fort innocente alors, puisqu'elle se trouvoit dans un livre de prières, mais que la délicatesse actuelle de notre langage et de nos mœurs ne permet plus de prononcer, et encore moins de tracer sur le papier.

> Ung homme deux enfans avoit
> Auquel le jeune demanda
> Le bien qui luy appartenoit
> Regir a part soi se vouloit
> Et le pere luy accorda.
>
> Quant il eut a son manyement
> Or et argent a toutes mains
> Il vesquit prodigalement
> Le sien despendit (*dépensa*) follement
> Avec ribaudes et p......
>
> Folles femmes le despouillerent
> Quant il eut despendu le sien
> Tout desconforté le laisserent
> Puis le gaberent et moquerent
> De p...... onc ne vient bien.
>
> Ainsi en region loingtaine
> Apres plaisirs eut de grans maulx
> Et fut contraint de prendre peine
> Loué fut, c'est chose certaine,
> Pour aller garder les pourceaux......

Voilà tout ce qui existe de cette parabole dans notre exemplaire, mais elle est en entier dans l'autre édition de la même année 1508 que nous citerons plus bas. La seule différence, c'est que le texte est en latin ; la totalité des dessins est de huit, tandis que nous n'en avons ici que quatre.

SUR LES DANSES DES MORTS. 157

Les douze Sibylles sont encore un des ornemens ordinaires des livres de prières. Voici les attributs et les vers qui appartiennent à chacune d'elles dans notre exemplaire (1) :

La première tient un flambeau allumé. On lit ces quatre vers au bas de son portrait en pied, qui est, ainsi que pour les suivantes, sur un fond sablé noir, parsemé d'étoiles blanches :

    Sibile libica en laage
    De xxiiii ans a predit
    Que iesus pour humain lignaige
    Viendroit remply du sainct esperit.

La seconde tient une rose :

    Sibile eriche annunca
    En laage de xv ans comment
    Lange gabriel prononca
    De la vierge lenfantement.

---

(1) Nous ne prétendons point discuter ici ce qu'il peut y avoir de vrai, de faux ou d'exagéré dans ce qu'on va lire sur les Sibylles, soit relativement à leur nombre, soit relativement à leurs prédictions sur Jésus-Christ ; mais, pour donner une idée plus juste de ces femmes, que l'on a dites inspirées, nous allons rapporter l'article abrégé que nous leur consacrons dans un ouvrage encore manuscrit, que nous nous proposons de publier sous le titre de MYSTOSSILON FRANÇAIS, ou *Recueil de Recherches littéraires et de Renseignemens précis*, qui renvoient avec exactitude aux meilleures sources, sur toutes sortes de sujets d'érudition ; ouvrage qui nous paroît devoir être utile à tous ceux qui s'occupent de littérature, en ce qu'il leur épargnera beaucoup de recherches pénibles. Voici l'article SIBYLLES : « On entend par ce mot des femmes qui prédisoient l'avenir ; il tire son étymologie de deux mots grecs, *Sios* pour *Theos*, Dieu, et *Boulé*, conseil ; c'est-à-dire, conseil divin. Une infinité d'auteurs ont parlé des Sibylles. Parmi les anciens, on trouve Platon, Varron, Cicéron, Diodore de Sicile, Strabon, Elien, Tacite, Suétone, Tite-Live, Florus, Valère-Maxime, Denis d'Halicarnasse, Pausanias, Apollodore, Plutarque, Lucien, Pline, Solin, Homère, Virgile, Ovide et Juvénal. Parmi les SS. Pères, on cite S. Clément, pape, S. Justin le martyr, Athénagore, Théophile d'Antioche, Eusèbe, Lactance,

La troisième tient une espèce de coquillage :

> Sibile cumana navoit
> Que xviii ans daage parfaicte
> La nativité predisoit
> de iesus souverain prophete.

La quatrième tient un berceau :

> Sibile sanne proferoit
> En laage de xxiiii ans
> Que la vierge christ poseroit
> En la creche aux beufs et gerroit
> Sans apeter lieux triumphans.

La cinquième tient une corne :

> Sibile cyemeria
> Aagee de xviii ans a dit
> Que la vierge alectera
> Son enfant sans nul contredit.

S. Clément d'Alexandrie, S. Ambroise, S. Jérôme, S. Augustin, Isidore de Séville, le vénérable Bede, etc. etc. Et enfin, parmi les savans modernes, on compte Onuphre, Sixte de Sienne, Vivez, Salmeron, Possevin, Golius, Castalion, Munster, Capella, Peucer, La Popelinière, Blondel, son antagoniste le jésuite Crasset, Vossius, Gallée, Fabricius, Fréret, etc. etc.

» On a toujours varié sur le nombre des Sibylles. Diodore de Sicile n'en reconnoît qu'une, nommée par lui *Daphné*, et par d'autres *Manto*. Martian Capella en compte deux : *Hérophile*, appelée encore Phrygienne et Cumane ou de Cumes, et *Symmachie d'Erythrée*. Solin en admet trois : la *Delphique*, l'*Eriphile d'Erythrée*, et celle de *Cumes*. Pline n'en veut également que trois ; mais Varron en distingue dix, savoir : la *Persique*, la *Lybique*, la *Delphique*, l'*Italique* ou Cumane, dont parlent Nævius et Pison ; la fameuse *Erythrée*, qu'on confond avec la Persique ; la *Samienne*, nommée *Bytho* ; l'illustre *Cumane*, différente de la précédente (les uns l'appellent *Amalthée*, d'autres *Hérophile*, et d'autres *Démophile* ; c'est elle qui se présenta à Tarquin le vieux avec les livres sibyllins : on connoit assez cette histoire) ; l'*Hellespontine*, la *Phrygienne*, et enfin la *Tiburtine*, nommée *Albunia*. (On connoît une estampe d'Antoine de Trente, qui est très-recherchée des amateurs, et qui représente la sibylle Tiburtine montrant à l'empereur

La sixième est armée d'une épée :

> Sibile europa la tres belle
> Aagee de xv ans nous recite
> Comme lhumble vierge pucelle
> Et son fils fuiront en egypte.

La septième tient une lanterne et écrase un serpent :

> Sibile persica racompte
> En son trentiesme an que le diable
> Seroit surmonté mis a honte
> Par ung prophete veritable.

La huitième tient un fouet :

> Sibile agripa en laage
> De xxx ans nous a reuelé
> Que iesus seroit par oultraige
> A ung atache flagellé.

Auguste, la Vierge avec l'enfant Jésus dans les nues. C'est une pièce de 12 pouces 8 lignes en hauteur, sur 9 pouces 6 lignes en largeur, gravée en camaïeu vert, à 2 pl., d'après le Parmesan.) »

Il existe trois opinions sur l'authenticité des livres sibyllins, qui nous restent en grec et en latin au nombre de huit, et qui, pour la plupart, traitent de la venue du Messie d'une manière très-claire. Les uns les regardent comme véritablement dictés par les Sibylles avant l'ère chrétienne. Les autres, et surtout Blondel, veulent qu'ils soient supposés et qu'ils aient été fabriqués par quelques chrétiens infidèles sous l'empire d'Antonin ou au commencement du règne de Marc-Aurèle. Enfin la troisième opinion est que ces livres ont été corrompus, dans les premiers siècles de l'ère vulgaire, soit par la mauvaise foi, soit par l'ignorance. Cette dernière opinion a le plus de partisans.

Fabricius a amplement parlé des Sibylles et de leurs livres dans sa *Bibliothèque Grecque*, édition de 1705, tom. I, pp. 167—231.

Les traités particuliers sur les Sibylles sont ceux de Castalion, gr. lat., *Basileæ*, 1555, in-4.°; — de Gallée, gr. lat., *Amst.*, 1688, in-4.°, *fig.* (ces deux ouvrages renferment le texte des huit livres sibyllins) ; — d'Erasme Schmid, *Wittemb.*, 1618, in-8.°; — de S. Markius, *Francker*, 1682, in-8.°; — de Jean Crasset, *Paris*, 1678, in-12, et 1684, augmenté d'une réponse à Markius, in-12; — de P. Petit, *Lipsiæ*, 1689, in-8.°; — d'Isaac Vossius, *Oxon.*, 1680, in-8.° — de David Blondel,

La neuvième tient un gant :

>La sibile tiburtina
>Aagee de xx ans a dicté
>Que iesus le sauueur sera
>De plusieurs buffes buffeté.

La dixième tient une couronne d'épines :

>Sibile delphica en laage
>De xx ans a determiné
>Que crist par gens remplis de rage
>Sera despines couronné.

La onzième tenant une croix :

>Sibile elepontia
>Aagee de L ans racompte
>De Iesus et prophetisa
>Que en la croix seroit mis a honte.

La douzième tient une croix ornée d'un étendard :

>Frigea Sibile ancienne
>Predit la resurrection
>De iesus. A tous vous souvienne
>De la premeditation.

1649, in-4.°; — de Panvinius, dans les *Miscellanea italica erudita Gaudentii Roberti*, *Parme*, 1690—92, 4 vol. in-4.°, tome I; — de Reinesius, *Ienæ*, 1683, in-4.°, etc. etc.

Nous indiquerons encore les *Miscellanea hafnensia theologici ac philologici argumenti, à D.re Frid. Münster edita*. Hafniæ, 1816 et 1818, 3 volume in-8.° On trouve dans le premier volume une dissertation de M. Biger Thorlacius; il y traite de la doctrine chrétienne, telle qu'elle est indiquée dans les *livres sibyllins*. L'auteur croit reconnoître dans ces livres, les dogmes du christianisme dans toute leur simplicité et leur ingénuité; ce qui explique pourquoi les Pères apostoliques et ceux de l'Eglise professèrent pour ces livres une si grande vénération. Cependant M. B. Thorlacius y remarque des interpolations, et il s'applique à les distinguer de ce qui est selon lui véritablement authentique dans les textes de ces livres. Il y a beaucoup d'érudition dans son ouvrage.

Nous ajouterons au sujet de ces vers sur les Sibylles, qu'il en existe de pareils, mais plus détaillés, dans une ancienne pièce de poésie gothique, composée par un nommé Bouton, et intitulée :

> Ce liure est le mirouer des Dames
> Faict pour leurz vertuz remirer
> Celles qui si vouldront mirer
> En vauldront mieulx de corps et d'ames.

Cette pièce est composée de 54 strophes, de sept vers chacune, parmi lesquelles on en trouve douze consacrées aux douze Sibylles.

Voici l'ordre dans lequel elles sont rangées : la Sibylle de Perse; la Libiche; l'Erithrée; la Cumea; celle de Sabbas; la Cymerie; l'Europe; l'Emperis Tiburtine; l'Agripe; l'Erophile; l'Hellespontine, et celle de Phryge. Nous avons conservé l'orthographe des noms. Les prophéties de ces Sibylles, quoique regardant toutes Jésus-Christ, ne s'accordent point, pour les détails, avec celles de nos Heures, rapportées ci-dessus. Nous citerons la strophe de la Sibylle Tiburtine, tant pour faire voir que sa prédiction diffère de celle qui se trouve dans le quatrain du livre d'Heures, que parce qu'elle paroît avoir donné l'idée d'une gravure d'Antoine de Trente, dont nous parlons dans notre note sur les Sibylles *(p. 158, au bas)*. Voici la strophe de Bouton, qui n'est nullement conforme à l'histoire d'Auguste :

> La bonne Emperis Tiburtine
> Femme d'Auguste l'empereur,
> Luy remonstra qu'il n'estoit digne
> Qu'on l'adorast comme Seigneur,
> En luy monstrant le créateur
> Es cieulx et la Vierge pucelle
> Vingt ans auant qu'il nasquit d'elle.

Toutes les autres strophes sont dans le même genre. Mais il est temps de revenir aux autres pièces que renferme notre livre de prières.

Nous aurions désiré rapporter encore la Vie de Jésus-Christ ; mais, outre que ce qui se trouve dans notre exemplaire sur cet objet, est assez étendu, cette Vie n'est point terminée ; elle finit à la trahison de Judas. Cependant, pour donner une idée de la manière dont cette histoire de Jésus-Christ est écrite, nous en citerons les derniers vers qui sont dans notre exemplaire, et qui ont rapport au perfide apôtre :

> Judas faisoit ses diligences
> Comme soi monstrant p'us habile
> Et sauoit par ses congnoissances
> Toujours nouuelles de la ville.
>
> Si luy demandoit bien souuent
> La Vierge Marie des nouuelles,
> Car il en savoit bien auant
> Et Dieu scet si en bailloit de belles.
>
> La doulce Vierge glorieuse
> Luy demandoit s'il scauoit rien
> De son fils par plainte piteuse
> Mais faignoit que tout alloit bien.
>
> O quel faux traistre deloyal
> Quel pecheur de propre malice
> Quel seruiteur franc et loyal
> De faire si orrible vice.........

Nous ignorons pourquoi le libraire-imprimeur, en s'arrêtant là, a laissé la Vie de Jésus-Christ incomplète, car il restoit encore plusieurs pages du même office, et il en a rempli les marges par des arabesques.

Nous terminons ici la description de ce livre de

prières. Notre intention, en présentant plusieurs extraits des pièces qui se trouvent dans les marges, a été, comme nous l'avons déjà dit, de mettre le lecteur en état de juger de la naïveté du style dans les XV.ᵉ et XVI.ᵉ siècles, et ensuite de faire un peu diversion à l'aridité de nos recherches et de nos discussions sur les Danses des Morts. Nous passerons plus rapidement sur les éditions des livres de prières dont nous avons encore à parler.

Hore beate marie virginis secundum usum romanum cum illius miraculis unâ cum figuris apocalipsis post biblie figuris insertis. *(Parisiis, Simon Vostre, 1508)*, gr. in-8.º de 104 feuillets.

Ces Heures ont, comme les précédentes, un almanach ou table du temps pour 21 ans (de 1508 à 1528); les grandes et les petites planches sont les mêmes; la Danse Macabre y est également à l'*office des morts*: ce sont les mêmes figures, le même burin, et elles sont en même nombre (66) que dans le volume précédent; la seule différence, c'est qu'ici elles ne sont point accompagnées de vers. Quant aux diverses histoires tirées de l'Écriture sainte qui remplissent les bordures, la plupart sont en latin au lieu d'être en français, et l'ordre n'est pas le même que dans la précédente édition. On y voit Joseph vendu par ses frères, 27 petits dessins, texte latin; — dix Sybilles, texte latin; — l'Apocalypse, 44 dessins, texte latin; — la Vie de Jésus-Christ, 57 dessins, texte latin; l'Enfant prodigue, 8 dessins, texte latin; — l'Histoire de Suzanne, 12 dessins, texte latin; — les Signes de la fin du monde, 12 dessins, texte latin; — la Danse des Morts,

66 dessins, sans texte; — les Vertus cardinales et théologales, 8 dessins, sans texte; — les Triomphes de César, 24 dessins, texte latin; — enfin les Miracles de Marie, 18 dessins, texte français. Les bordures des marges intermédiaires qui séparent ces différens objets sont remplies par des arabesques. Les oraisons qui terminent le volume diffèrent de celles de l'édition précédente.

Ces presentes Heures a lusage dAngers au long sans rien requerir avec les miracles Nostre Dame et les figures de lapocalipse et des triumphes de cesar. (*Paris, Simon Vostre,* 1510), gr. in-8.° *de* 100 *feuillets.*

Ces Heures, dont la table du temps est pour 21 ans (de 1510 à 1530), sont, quant aux planches et sujets historiques, pareilles aux éditions précédentes, publiées par le même libraire. S'il s'y trouve quelques légères différences, c'est dans l'ordre de quelques-unes des histoires, et dans le texte qui accompagne les dessins; tantôt il est en français et tantôt en latin. Le volume est terminé par des prières à la Sainte-Vierge et à Dieu le père, qui suivent la table des matières. Voici le titre et le début de l'une des prières à la Vierge :

« Orayson tres deuote plaisante et bien composee. En lhonneur de la royne de paradis. Contenent xvi coplets et a chascun coplet xii lignes.

» O Royne qui fustes mise.
» Et assise.
» Lassus au trosne diuin.
» Deuant vous en ceste esglise

» Sans sainctise
» Suis venu a ce matin,
» Comme vostre pelerin
» Chief enclin.
» Humblement je vous presente,
» Mon corps et mon ame : affin
» Que a ma fin,
» Vous vueillez estre presente.
» Etc. etc. etc. »

La dernière prière à Dieu est ainsi conçue :
« Aultre orayson en françoys a Dieu le pere. Sire
» Dieu eternel tout puissant tout voyant toutes choses
» congnoissant sapience infinie : ie poure pecheur
» fais au iourdhuy en despit de lennemy denfer pro-
» testacion que se dauenture par aulcune tentacion,
» illusion, deception ou variacion, venant par douleur
» de maladie : ou par aulcune foiblesse de corps ou
» par quelque autre occasion que ce soit ie cheoye
» ou declinoye en peril de mon ame et preiudice de
» mon salut ou en erreur de la saincte foy catholicque
» en la quelle je fus regenere sur les saincts fons de
» baptesme. Sire Dieu au bon sens auquel me tenez
» maintenant par vostre grace dont de tout mon
» cueur vous remercye. A celle erreur a mon pouoir
» ie resiste et y renonce et dicelle men confesse en
» protestant que ie vueil viure et mourir en la foy
» de saincte eglise nostre mere et vostre espouse. Et
» en temoing de ceste confession et protestacion et
» en despit de lennemy denfer ie vous offre le credo
» auquel toute verité se contient et vous recommande
» mon ame, ma foy, ma vie et ma mort. Amen. »

Les mots de cette prière, *si je cheoye ou declinoye....
en erreur de la saincte foy catholicque*, pourroient bien
avoir trait à la réforme dont Luther jetoit alors les

germes en Allemagne, et qui commençoit à être
connue en France. Martin Luther, né à Islebe, le 10
novembre 1483, prit l'habit religieux à Erford, chez
les Augustins, en 1505. Fait prêtre en 1507, il étoit
parfaitement dans son état quand la lecture des livres
de J. Hus lui fit changer de doctrine, comme il le dit
lui-même. Bientôt il fomenta le schisme le plus terrible qui ait affligé l'Eglise romaine. Ne respectant plus
rien, il en attaqua les pratiques avec fureur; en
1524 il quitta l'habit religieux; il se maria le 11 juin
avec une religieuse nommée de Bora, et en eut trois
fils. Sa conduite, ses principes et ses écrits virulens
attirèrent sur lui les foudres de l'Eglise. Il fut condamné par deux bulles du pape Léon X, des 15 juin
1520 et 3 janvier 1521; par la Faculté de théologie
de Paris le 15 avril 1521; par les conciles de Meaux
de 1524, de Lyon de 1527, de Paris de 1528, de
Bourges de 1528, de Trente de 1545, etc. etc. Luther
est mort à Islebe, le 18 février 1546.

Les presentes Heures à lusage de Langres toutes
au long sans requerir : avec les figures et signes
de lapocalipse, les miracles de Nostre Dame, les
accidens de lhomme : et plusieurs aultres histoires de nouueau adjoutées ont esté faictes *a
Paris par Simon Vostre libraire demeurant a la Rue
Neuue : pres la grant eglise*, 1512. gr. in-8.°

Nous ne connoissons cette édition que par la notice qu'en a donnée M. Raymond, dans le *Magasin
Encyclopédique*, précédemment cité, lorsque nous
avons parlé de l'édition antérieure à 1500 (V. p. 145);
nous allons extraire de cette notice, ce qui regarde

particulièrement la Danse Macabre qui s'y trouve. Le reste ayant rapport aux dessins bizarres de ce volume, étrangers à notre sujet, nous n'avons plus besoin d'en parler, puisque nous en venons de mentionner de pareils, d'après des exemplaires que nous avons sous les yeux. Voici la description de M. de Raymond :

« Dans les Heures de 1512, la Danse des hommes
» est la même (que dans l'édition antérieure à 1500,
» V. ci-dessus pp. 145-147), et les tableaux disposés
» de la même manière. La Danse des femmes ne
» contient pas la *Bergère*, la *Femme aux potences* et la
» *Femme de village*. Quant aux autres, la disposition
» trois par trois, est la même, par la raison que trois
» tableaux composent une planche ; mais il y a
» quelques transpositions dans les planches. S'il y a
» moins de personnages dans ces Heures que dans
» les précédentes, puisqu'il n'y a aucune répétition,
» c'est qu'en premier lieu, le format du livre, qui
» est le grand *in-8.°*, contient plus de texte en moins
» de pages, que le format de l'autre, petit *in-8.°*, et
» approchant d'ailleurs plus du carré ; et en second
» lieu, la Danse des Morts ne commence pas avec
» l'office des défunts, mais elle est précédée d'une
» suite de 26 tableaux allégoriques ou philosophiques
» relatifs au même sujet. Dans le premier de ces
» tableaux, la Mort, assise sur un cercueil, auprès
» d'une croix de cimetière et au bord d'une fosse
» ouverte, se définit ainsi elle-même :

» Par mon nom suis appellee Mort.
» Ennemye des humains.
» Le riche le povre foible ou fort
» Occis quant mes sur luy les mains.

» On voit ensuite Adam sur qui la Mort vient établir
» ses droits, et le meurtre d'Abel. Les autres tableaux
» représentent diverses catastrophes relatives aux
» différentes situations des hommes : la Mort est
» partout au nombre des personnages, où elle vient
» impitoyablement marquer ses victimes. Chacun
» de ces tableaux est accompagné d'une inscription
» rimée. L'un d'eux fait voir une femme aux prises
» avec la Mort ; et celle-ci s'exprime ainsi :

» Regardes plaisans faces joyeuses
» Des creatures feminines :
» Fais devenir laides hideuses
» Quant leur baille mes disciplines. »

Ces 26 derniers tableaux allégoriques dont parle M. Raymond, ne se trouvent dans aucun des exemplaires d'Heures que j'ai sous les yeux.

Heures de Nostre Dame a lusage de Troyes. *Paris, Th. Englard, pour G. Godard, vers 1520, in-8.°*

Cette édition est mentionnée dans le beau *Catalogue de livres imprimés sur* VÉLIN, *qui se trouvent dans les bibliothèques tant publiques que particulières.* Paris, Debure frères, 1824, 3 vol. in-8.°, tom. I, p. 129, n. 569. Le savant rédacteur, M. Van-Praet, après avoir donné la description du volume, dit que l'exemplaire en question (imprimé sur VÉLIN) est à la bibliothèque de l'Institut, et qu'il a appartenu à celle de la ville ; puis il ajoute : « A la fin (du volume), se trouvent 12
» feuillets qui ne paroissent point être du livre, quoi-
» qu'ils soient de même format et imprimés avec les
» mêmes caractères. Ils commencent par la signa-
» ture V. I., et contiennent des dizains sur la Mort.
» Chaque dizain est précédé d'une figure qui la re-
» présente. Le premier commence ainsi :

» Je suis la Mort de natu
» re ennemye. Qui tous vi-
» uans finablement consom
» me.................... »

C'est ainsi que finit la notice de ces *Heures* dans le catalogue en question ; il n'y a rien de plus sur ces dizains. Nous ajouterons qu'ils sont tirés de la Danse aux Aveugles dont nous avons parlé précédemment; voyez p. 147. Il doit y avoir 26 dizains. Les douze feuillets qui les renferment et qui paroissent avoir été mis à la suite de ces *Heures*, ne seroient-ils pas détachés de quelque édition de la Danse aux Aveugles, imprimée avec les mêmes caractères que ceux employés pour ces *Heures* ? C'est ce que nous ignorons.

Ces presentes Heures a lusage de Paris toutes au long sans rien requerir : nouuellement imprimees au dict lieu auec plusieurs belles histoires. *Et à la fin :* Ces presentes Heures sont imprimees a Paris par la veufve de Thielman Keruer, demourante a la grant rue Sainct Jacques a lenseigne de la Licorne, et furent acheuees le 19.ᵉ jour de juing lan 1525, *gr. in-8.°* *A la suite de ces Heures sont huit feuillets renfermant* les Recommendances des trépassés, *nouuellement imprimees par la dicte veufue T. Keruer*, 1525, *gr. in-8.°*

Ce volume est orné de beaucoup de gravures en bois, les unes à pleines pages, et les autres de petite dimension pour les bordures; mais elles nous ont paru inférieures à celles de Simon Vostre. Il y en a douze grandes pour le calendrier; les mois de février, mars et avril manquent dans l'exemplaire que j'ai sous les yeux; il m'a été communiqué, avec beaucoup d'obligeance, par M. Baudot, mon confrère à l'académie de Dijon, qui possède beaucoup de livres de ce genre dans son riche cabinet. On voit dans la bordure de l'almanach pour 14 ans (de 1525 à 1538), la Fortune, debout sur un globe que la Mort soutient de sa main droite; un cadran est au-dessus de la tête de la Fortune, et des larmes sont disséminées sur le fond du tableau.

Dans la partie de ces Heures qui renferme l'*office des morts*, on trouve d'abord deux gravures à pleine page, placées en face l'une de l'autre; celle à gauche représente les trois morts, et celle à droite les trois vifs, c'est-à-dire, les trois gentilshommes à cheval, dans une forêt (V. ci-dessus p. 100); au bas de la première gravure, on lit ces quatre vers (ce sont les trois morts qui parlent):

>Nous avons bien este en chance
>Autrefoys comme estes a present
>Mais vous viendrez a nostre dance
>Comme nous sommes maintenant.

Les trois vifs répondent par ces quatre vers, inscrits au bas de la gravure qui les représente :

>Nous sommes en gloire et honneur
>Remplis de tous biens et cheuance
>Au monde mettant notre cueur
>En y prenant nostre plaisance.

Vient ensuite la Danse Macabre, gravée sur les marges de l'office des morts. Les personnages y sont dans la même attitude que ceux des Heures de Simon Vostre; mais le burin est différent. L'inscription de chaque sujet consiste dans un vers latin. Les noms des personnages sont également en latin et rangés dans l'ordre suivant, mais seulement deux par page :

AU FOL. VERSO.	AU FOL. RECTO.
Papa. Imperator.	Cardinalis. Rex.
Patriarcha. Conestabilis.	Archiepiscopus. Eques auratus.
Episcopus. Scutarius.	Abbas. Prepositus.
Astrologus. Civis.	Canonicus. Mercator.
Cartusiensis. Satelles.	Une grande estampe.
Monachus. Usurarius.	Idem.
Aduocatus. Mimus.	Idem.
Curatus. Agricola.	Clericus. Heremita.
Regina. Ducissa.	Rectrix. Amator.
Medicus. Equitis uxor.	Une grande estampe.
Abbatissa. Scutarii uxor.	Idem.
Priorissa. Domina.	Idem.
Urbana. Infans.	Religiosa. Vidua.
Cordiger. Cordigera.	Mercatrix. Prefecti uxor.
Theologa. Nova nupta.	Une grande estampe.
Ant. domina. Servatrix ovium.	Idem.
Amatrix. Sponsa.	Idem.
Formosa. Virgo.	Lasciva. Nutrix.
Vetula. Venditrix.	Baculo inixa. Rustica.
Ministra. Commendataria.	Ministra puerperarum. Puella.
Grauida. Sortilega.	Biguta. Fatua.

On voit que cette Danse est composée de 66 personnages, dont 29 appartiennent aux hommes et 37 aux femmes. L'ordre n'est pas le même que dans les Danses précédentes. On trouve encore dans ce volume, une histoire de David et Bethsabée en 6 grandes planches, avec quatre vers au bas de chacune. Nous nous contenterons de citer le premier quatrain :

    Comment Dauid fut adulteyre
    Ung iour vit Bersabee au bain
    Qui manda querir pour luy complaire
    Et en feis son plaisir mondain.

Dans cette première gravure, Bethsabée est à une fenêtre d'un second étage. Ce qui ne l'empêche pas de prendre son bain. Le palais du roi est vis-à-vis cette maison; et David, sur sa galerie, regarde Bethsabée. Un envoyé de la cour va frapper à la porte de celle-ci, et lui porte une lettre du roi, etc. Les cinq autres estampes ont rapport à la mort d'Urie, à la pénitence de David, et à l'élévation de Salomon. Presque toutes les bordures de ce volume, à part la Danse Macabre, ne présentent que des arabesques. On y voit cependant quelquefois figurer la Mort; et quelques dessins des marges inférieures sont consacrés à une espèce de sépulchre ou caveau, dans lequel on aperçoit un mort étendu à terre, et plusieurs têtes de morts dans la partie supérieure. Des prières à la Sainte-Vierge, les mêmes que celles dont nous avons cité un fragment ci-dessus, p. 164, sont vers la fin de ce volume; il y a aussi des prières à Dieu. Les Recommandances des trépassés (*commendationes defunctorum*) qui sont ajoutées à ces Heures, sont en latin et n'offrent rien de particulier.

Hore deipare virginis marie secundum usum romanum, plerisque biblie figuris atque chorea lethi circunsepte, nouisque effigiebus adornate, ut in septem psalmis penitentialibus, in vigiliis defunctorum, et in horis sancte crucis, in horis quoque sancti spiritus videre licebit. 1531. A LA FIN : *Exarate quidem Parisiis, opera et impensis Yolande Bonhomme vidue spectabilis viri Thielmanni Keruer, in vico sancti Jacobi, ad signum Vnicornis, et ibidem venales habentur. Anno Dni. 1531, x januarii,* pet. in-8.°

Ces Heures sont ornées d'un grand nombre de figures à pleine page, mais le burin est moins délicat que dans les Heures précédentes, imprimées chez le même T. Kerver. L'office des morts y est également précédé de deux grandes planches représentant les trois morts et les trois vifs. La Danse Macabre a aussi 66 personnages, mais il y a quelques changemens dans la disposition des figures. Les noms des personnages sont en latin, avec l'inscription latine, comme dans les Heures précédentes.

Cet exemplaire, qui appartient aussi à M. Baudot, est précieux par cinq pages manuscrites qui sont à la tête du volume et qui présentent la généalogie de la famille Bouhier, si connue en Bourgogne. Cette généalogie commence ainsi : « *Messire Guillaume Bouhier, vint d'Arras et s'establit à Dijon en l'an 1418, suivant la fortune du duc Jean son maistre. Il mourust en 1422, laissant Jacques son fils agé seulement de 7 ans,* etc. etc. Celui qui a écrit cette généalogie est Jean Bouhier, descendant de cette famille, conseiller au parlement de Bourgogne, né à Dijon en 1605, mort en décembre 1671. Il est le grand-père de l'illustre président Bouhier, membre de l'académie française, dont le nom n'est pas moins célèbre dans les lettres qu'au barreau. Celui-ci, né le 17 mars 1673, est mort le 17 mars 1746, ne laissant que deux filles.

Disons un mot, en passant, sur ces livres d'Heures chargés de notes de famille. Nous en avons vu beaucoup, en tête ou à la fin desquels les propriétaires avoient mis la date de la naissance, du mariage et de la mort de leurs père, mère, frères, enfans, parens, etc. Quand ces notes, écrites dans un temps reculé, regardent des familles d'un grand nom, elles deviennent d'autant plus précieuses qu'elles peuvent servir à corriger des erreurs de dates qui, par fois, ont échappé aux historiens. C'est ce que nous voyons dans plusieurs livres de prières qui faisoient partie de la riche bibliothèque de M. le duc de la Vallière. Nous citerons d'abord les superbes *Heures latines* de Réné d'Anjou, Roi de Jérusalem et de Sicile, Ms. du XV.ᵉ siècle, *in-fol.*, inscrit au catalogue de cette bibliothèque, sous le n. 285. L'exact et savant rédacteur de ce catalogue a consigné dans la note qui suit le titre de ce manuscrit, vingt-quatre dates historiques touchant la deuxième branche d'Anjou, qui sont écrites sur les marges. Elles sont de la plus grande importance, puisqu'elles rectifient beaucoup d'erreurs commises par les historiens, lesquelles erreurs sont signalées dans le catalogue en question. La septième date, quoique non relative à une erreur, peut intéresser les Dijonnais, puisqu'elle parle du séjour (forcé) que le bon Roi Réné a fait dans la tour de Bar, que l'on voit encore au palais des états de Dijon. La note manuscrite porte : « *Le premier jour de may mil ccccxxxij, eust son premier respit René duc de Bar roy de Sicile dessus dit au lieu de Dijon. Et le dit jour iiiiᵉ xxxe rentra le dit sieur en prison au dit lieu de Dijon en Bourgogne.* » Ces Heures du roi Réné ont été vendues 1200 livres, chez M. de la Vallière, en 1784. On trouvera encore, dans le même catalogue, n. 298, des *Preces piæ* du XV.ᵉ siècle, *in-*8.ᵒ, où sont des notes du même genre, sur la famille des de Chatillon : vendu 425 liv.; et sous le n. 300, d'autres *Preces piæ* du XV.ᵉ siècle, *in-*16, qui, ayant appartenu à Anne de Lorraine et à Diane de Dammartin, sa belle-fille, renferment nombre de vers, de devises et de signatures de leurs parens les plus proches (au nombre de 51), etc.; vendu 200 liv. Nous citerons enfin, sous le n. 273 du même catalogue, le magnifique *Breviarium secundum usum Sarum* (à l'usage de l'église de Salisbury, c'est-à-dire, d'Angleterre), in-4.° de 713 *feuillets*, que l'on croit exécuté dans le XV.° siècle (de 1424 à 1434 à peu près), par ordre du fameux duc de Bedfort, qui eut une influence si funeste sur les événemens d'Angleterre et de France, à la fin du règne de notre malheureux Charles VI, et après la mort de ce prince. Ce manuscrit est orné de plus de 4500 petites miniatures et de 45 grandes (il n'est cependant pas terminé quant à la peinture; il y faudroit encore plus de 2000 petites miniatures). On y trouve des notes chronologiques intéressantes sur les naissances et les morts des parens du duc de Bedfort (1), que ce prince a fait écrire sur les marges du calendrier. Ce manuscrit a

---

(1) Ces notes sont en forme d'éphémérides, placées à chaque jour du mois qui fournit un événement; les plus importantes sont : 1.° la date de la mort de Henri IV, roi d'Angleterre, au 30 mars 1413;

2.° Celle de la mort de Marie de Bohun, comtesse de Derby, femme de Henri IV, mère du duc de Bedfort, au 1.er juillet 1393;

3.° Celle de la mort de Henri V, roi d'Angleterre, frère aîné du duc de Bedfort, au 30 août 1422, vers deux heures du matin (tous les historiens le disent mort au 31 août);

4.° Celle de la naissance de Thomas, duc de Clarence, second frère du duc de Bedfort, au 29 septembre 1387;

5.° Celle de la naissance de Humphrey, duc de Glocester, troisième frère du duc de Bedfort, au trois octobre 1390 (il est mort en 1446); c'est lui qui a fondé la fameuse bibliothèque d'Oxford.

6.° Celle de la mort de Charles VI, roi de France, au 21 octobre 1422 (presque tous les historiens le disent mort le 22 octobre; son épitaphe porte le 21);

7.° Celle de la naissance de Henri VI, roi d'Angleterre, au 6 décembre 1421, à quatre heures après midi. C'est lui qu'on eut l'infamie de proclamer roi de France à St.-Denis, le 9 novembre 1422, et de couronner également roi de France, à Paris, le 17 décembre 1431;

été vendu 5000 liv., chez M. le duc de la Vallière, en 1784.

Une pièce extrêmement curieuse, qui tient encore à l'objet que nous traitons, est un *Codicille* de Christophe Colomb, qui avoit fait son testament ; lequel *Codicille* est écrit de sa propre main, sur une page blanche de ses *Heures de la Vierge*, qui furent données au pape Alexandre VI (1).

N'ayant plus rien à ajouter à la description des Heures de 1531, dont nous avons rapporté le titre

---

mais il n'y resta pas longtemps. En 1435, le duc de Bourgogne abandonna les intérêts de Henri VI, pour embrasser ceux de Charles VII. Paris fut pris le 27 février 1436, par le connétable Artus de Bretagne, et le 8 novembre 1437, Charles VII y fit son entrée solennelle. Il avoit quitté cette capitale depuis le 30 mai 1418.

8.° Celle de la naissance de JEAN DUC DE BEDFORT, au 20 juin 1389. Il étoit le troisième fils de Henri IV, et de Marie de Bohun. C'est lui qui, en 1429, fit passer en Angleterre la belle bibliothèque que Charles V avoit formée au Louvre. C'est encore lui qui poursuivit avec acharnement l'horrible procès de Jeanne d'Arc, en 1431. Il est mort à Rouen, le 13 septembre 1435. On lui doit le *Breviarium* cité plus haut et qui est l'occasion de cette note.

(1) Voyez à ce sujet un ouvrage italien très-curieux, intitulé : *Codice diplomatico Colombo-Americano*, (Manuscrit diplomatique, Colombo-Américain, ou Recueil des documens originaux et inédits relatifs à Christophe Colomb, à la découverte et au gouvernement de l'Amérique, publié par M. Spotorno). Gênes, 1823, in-4.°, avec le portrait de Ch. Colomb, et un *fac-simile* de son écriture. On voit par les documens originaux (de la main de Colomb) qui ont fourni les matériaux de ce volume, qu'il n'y a plus de doutes sur sa patrie. Il est né à Gênes même, en 1446 ou 47, d'un pauvre cardeur de laine, dont le prénom étoit *Dominico*, et de *Suzanna dal cazonni detta di fontana rossa*. Christophe exerça quelque temps la profession de son père, jusqu'à ce que le hasard ou le besoin le força à chercher fortune ailleurs. Il courut les mers du levant, alla à la côte de Guinée, et entreprit enfin ses grandes incursions dans l'Océan. Le reste de son histoire est très-connu ; on sait comment, après avoir été repoussé par les cours d'Angleterre, de France, de Portugal, et par sa patrie, il entra au service de l'Espagne. Il est mort à Valladolid, le 20 mai 1506.

ci-dessus, et ces Heures étant les dernières de celles que nous avons sous les yeux, nous finirons ici ce que nous avions à dire sur ces sortes de livres. Il nous reste encore à présenter quelques détails sur d'autres objets qui tiennent essentiellement à notre sujet.

RECHERCHES
sur les
DANSES DES MORTS.

CINQUIÈME PARTIE.

NOTICE DE QUELQUES OUVRAGES, TABLEAUX ET GRAVURES, ISOLÉS, QUI ONT RAPPORT SOIT A LA DANSE DES MORTS, SOIT A LA MORT PERSONNIFIÉE.

Pour compléter, autant qu'il est possible, notre travail, nous allons encore offrir au lecteur des détails sur quelques ouvrages, tableaux et gravures, qui ont un rapport plus ou moins direct aux Danses des Morts.

Commençons par une traduction anglaise très-ancienne de cette Danse. Elle a été faite par le moine Jean de Lygdate, qui florissoit au commencement du XV.ᵉ siècle, et se trouve dans le troisième tome du célèbre et rare *Monasticon anglicanum* de Guill. Dugdale et Rog. Dodsworth. *Londini*, 1655, 61 et 73, 3 vol. in-fol., fig. Cette traduction commence à la page 368 du tome III. Une planche, gravée en taille-douce par Wenc. Hollar, et faisant corps avec l'impression, représente la procession de la Mort et se trouve à la tête de la Danse Macabre (1). Il faut dire que cette figure manque quelquefois; et il y a des exemplaires dans lesquels elle n'a point été imprimée.

---

(1) M. Champollion-Figeac dit, dans sa description de l'exemplaire de la Danse de 1485, que les premiers personnages de cette planche (anglaise) sont une copie des gravures de Guyot (Marchant), et que les strophes sont une traduction exacte des rimes françaises, d'où l'on peut conclure que l'une des deux Danses Macabres a été faite sur l'autre. D'après ce que nous avons exposé précédemment, nous ne doutons point que celle d'Angleterre ne soit une simple traduction. Son auteur Jean Porey aura pu y ajouter quelques strophes relatives à des personnages étrangers à la Danse Macabre française; mais s'il étoit véritablement l'auteur de cette production, on connoîtroit sans doute des éditions anglaises, sinon antérieures, du moins publiées en même temps, et le nom de Porey seroit plus connu. Or, comme nous ne pensons pas qu'il en existe, nous persistons à dire, jusqu'à ce qu'on nous prouve le contraire, que l'ouvrage de Porey n'est qu'une traduction du français, avec quelques additions de sa façon.

La même Danse anglaise se trouve encore dans l'*Historia Ecclesiæ cathedralis sancti Pauli Londinensis* (en anglais), du même Dugdale. *Londini*, 1658, *in-fol.* Mais elle n'est pas dans la seconde édition de la même histoire. *Londini*, 1716, *in-fol.*

On a publié à Londres, dans ces derniers temps, un livre de caricatures dont le fond appartient à notre sujet. Nous ne le connoissons que par son titre; il est intitulé :

The English Dance of Death, from the designs of Thomas Rowlandson, with metrical illustrations, by the author of Doctor Syntax. (*C'est-à-dire* : La Danse anglaise de la Mort, d'après les dessins de Th. Rowlandson, avec des explications en vers par l'auteur du docteur Syntax). *London*, 1815, 2 *vol. gr. in-8.°, avec 75 pl. coloriées* (1).

Cet ouvrage est mentionné dans le beau catalogue du riche cabinet de M. Renouard (*Paris*, 1819, 4 *vol. in-8.°*), tome III, p. 152, avec la note suivante, qui regarde particulièrement les gravures :
« Rien, dans ces étranges compositions, ne peut
» être comparé à l'inimitable Hogarth; ce sont
» les éternelles caricatures anglaises, les nez, les

---

(1) On a aussi publié en anglais : *La Danse de la Vie*, etc. The English Dance of Life, by the author of Doct. Syntax, with 26 coloured plates. *London, B. Ackermann, gr. in-8.°*

« mentons, les gros ventres, les hommes maigres,
» retournés en cent façons qui finissent par se
» ressembler presque toutes (1). » M. Brunet,
qui parle aussi de cet ouvrage dans son *Manuel
du Libraire*, 1820, 4 vol. in 8.°, tom. 1, p. 585,
ne paroît pas en porter un jugement plus favorable;
car il dit simplement : « Recueil de caricatures
» très-peu piquantes. » Nous observerons cependant qu'une dame très-recommandable, d'une
illustre famille de Bourgogne, chez qui l'esprit
et le goût sont héréditaires, M.™ de V.. née de B..,
nous a dit avoir vu un exemplaire de cet ouvrage,
et y avoir trouvé beaucoup d'expression et de
vivacité dans la composition des sujets et dans les
attitudes des figurans. Il est vrai qu'elle nous
parloit du principal personnage, c'est-à-dire de

---

(1) M. Renouard possède encore (voyez son catalogue
loco citato) l'ouvrage anglais de l'auteur et du dessinateur
mentionnés ci-dessus, ayant pour titre : *The Tour of Doctor
Syntax in search of the Picturesque. A poem. Third edition
with new plates*. London, Ackermann, 1813, gr. in-8.° Il
ajoute en note : « Poëme burlesque, orné de 31 carica-
» tures coloriées, ouvrage du fécond Rowlandson, des-
» sinateur pour lequel chacune de ces bizarres productions
» est l'affaire d'un avant-déjeûner. Ackermann, libraire
» à Londres, a des portefeuilles remplis de ces dessins
» grotesques, qu'il débite, je crois, à une guinée la pièce. »
M. Brunet, qui annonce le même livre dans son *Manuel*,
tom. III, p. 470, en porte le prix à 36 fr.

la Mort, qui, sous la forme d'un squelette, ne donnoit pas beaucoup de prise au goût de M. Rowlandson pour les nez, les mentons et les gros ventres. D'ailleurs, toutes les Danses de Morts étant des sujets à peu près grotesques, les défauts reprochés à M. Rowlandson, sont peut-être moins sensibles dans l'ouvrage en question que dans ses autres productions.

Le fécond Walter Scott a, dans ses romans poétiques, un opuscule intitulé : *La Danse de la Mort* (V. ses Œuvres complètes, trad. en français, format *in-8.°*, *Paris, Gosselin*, 1822 *et suiv.*, tom. III, pp. 345—49) ; mais cette Danse de la Mort ne ressemble en rien à celles qui font l'objet de nos recherches. Malgré cela, nous croyons devoir en parler. L'auteur fait une application de cette allégorie à la célèbre bataille de Waterloo, qui a eu lieu le 18 juin 1815. Il suppose que dès l'aurore de cette sanglante journée, le vieux Allan, écossais qui jouit du privilége de seconde vue (la vue prophétique), aperçoit dans les airs une Danse de fantômes. « C'est à cette heure (le point
» du jour), dit l'auteur, que les magiciens, les
» magiciennes et les démons ont tout pouvoir, et
» que des formes hideuses apparoissent aux yeux
» doués de seconde vue, au milieu du brouillard
» et de la pluie. C'est alors que l'oreille du pro-
» phète effrayé entend d'étranges paroles qui

« présagent la mort et la ruine aux enfans des
» hommes. » Puis, plus loin parlant d'Allan :
« Ils ne sont visibles qu'à ses yeux, les fantômes
» qui exécutent leur Danse magique, semblables
» aux météores des marais; ce sont les fantômes qui
» président à la destinée de ceux qui sont réservés
» au trépas. Tels furent les sons que l'on entendit
» et les fantômes qui apparurent quand Jacques
» d'Ecosse se préparoit à marcher vers la fatale
» plaine de Flodden......... Les fantômes dansent,
» les mains entrelacées et avec des gestes effrayans.
» Le prophète qui les distingue confusément sur
» leurs nuages, voit les flammes de l'éclair plus
» rouges à travers leurs formes vaporeuses. Leurs
» chants sinistres avoient pour objet la bataille
» et les guerriers destinés à la mort... » Vient ensuite le chant des fantômes dont le refrain est :
« Allons, recommençons nos danses magiques,
» pendant que l'éclair luit et que le tonnerre
» gronde; appelons le brave à sa tombe sanglante,
» où il dormira sans linceul. » Ce chant n'a que
quatre strophes; il est suivi de ce narratif qui termine l'opuscule : « Au retour du matin, les
» compagnons d'Allan entendirent avec un étonnement mêlé de crainte, le récit de sa vision ;
» mais l'œil du devin étoit sombre, son oreille
» insensible, et ses membres furent glacés avant
» la fin du jour; il repose loin des bruyères de
» ses montagnes. Mais souvent ses compagnons

« répètent l'histoire de sa vision autour du feu
« de la garde, quand l'aurore vient faire pâlir la
« flamme des tisons à demi éteints. » Cet opuscule est précédé du champ de bataille de Waterloo, dédié à la duchesse de Wellington, pp. 325—341, *loco citato*. Il eût peut-être dû être placé auparavant. On voit par les fragmens que nous venons de citer, combien le sujet traité par Walter Scott est différent des Danses de Morts dont nous avons parlé; mais il suffisoit que par son titre et par le fond du sujet (car ce sont toujours des morts ou des fantômes de morts qui dansent), il eût quelque analogie avec notre objet, pour que nous en fissions mention.

Passons maintenant aux tableaux et gravures isolés, où il est encore question des Danses des Morts, ou plutôt, qui sont relatifs à la Mort. Quant aux tableaux, quoique sans doute il en existe beaucoup, nous n'avons pu en découvrir que très-peu qui soient dignes de figurer ici; et encore nous serons obligé de nous en tenir à une simple indication. Le premier est mentionné dans le tome XV des *Annales des Voyages*, par M. Malte-Brun, *in-8.°*, p. 321; c'est M. I.-A. Schultes, qui, dans sa huitième lettre à M. Weyland sur Léopol en Galitzie, s'exprime ainsi : « M. Masoch, homme
« respectable par ses connoissances en médecine,
« possède une petite collection de tableaux où

» les peintres en admirent un, bizarre par le sujet,
» mais d'une exécution admirable : il est dans le
» genre d'Holbein, et se nomme la Danse des
» Morts. » Aucun autre détail.

Dans la galerie du roi de Danemarck, au château royal à Copenhague, il existe un tableau de Jean Steen, représentant un avare qui pèse son or; la Mort, lui montrant une horloge de sable, lui annonce que son temps est fini. C'est un vrai chef-d'œuvre de ce peintre hollandais.

Dans cette même galerie, on voit encore un tableau de Henri Ditmar, peintre danois, qui représente un vieux philosophe, tenant une tête de mort. C'est un fort beau morceau.

Les gravures isolées relatives à notre sujet, sont certainement en beaucoup plus grand nombre que les tableaux. Voici celles qui sont parvenues à notre connoissance.

L'une des plus anciennes est une estampe d'Albert Durer, qui est fort rare et fort recherchée des amateurs; elle a pour titre : *Le Cheval de la Mort*, ou *le Manége*. On y voit un homme armé, à cheval, suivi par le diable, qui a la griffe étendue, comme pour le saisir, sur l'ordre de la Mort également à cheval, qui lui présente une horloge de sable. Rien de plus expressif que l'attitude de ces différens personnages. Sur le devant, on voit un chien en course et un lézard. Cette estampe a 9 pouces de hauteur et 7 en largeur. Elle porte la date de 1515; elle est soigneusement terminée; on en connoît deux copies.

Il existe une belle gravure intitulée *Triumphus Mortis*, qui fait partie de la collection connue sous le titre des quatre *Triomphes* de Prétarque, savoir : le Triomphe des Muses, celui du Temps, celui de la Mort et celui de la Divinité. Le Titien en a fait quatre tableaux, qui ont été gravés par Silvestre Pomarède, à Rome, en 1748. Nous ne parlerons ici que du *Triomphe de la Mort*, dont nous possédons l'estampe. Le principal objet que l'on aperçoit d'abord dans cette gravure, est un char attelé de deux bœufs, sur le devant duquel sont assises les trois parques avec leurs attributs; derrière elles, et dans la partie la plus élevée du char, est la Mort sous la forme d'un squelette, assise et s'appuyant sur sa faulx. Sur l'avant-scène, on voit des personnages célèbres, tous morts et étendus à terre ; leurs noms sont inscrits près de leurs corps. Ce sont Sémiramis, Hector, Pyrame, Thisbé, Alexandre, Fabius, Pyrrhus, Annibal, Scipion, Pompée, Caton, Antoine, Cléopâtre, Zénobie, et jusqu'à un pape avec sa thiare. Le nom de celui-ci est illisible. Dans le fond, deux personnages fuient à l'approche du char; des ruines sont dans le lointain ; et, sur la droite, deux personnes qui semblent avoir échappé à un naufrage, sont derrière le char, dans l'attitude de gens au désespoir, qui courent après la Mort. Au bas de l'estampe on lit : TRIUMPHUS MORTIS *à Francisco Petrarcha versibus elegantissimè scriptus;* puis les trois vers suivans terminent l'inscription :

> Fila hominum vitæ nostris citò currite fusis,
> Dixerunt stabili fatorum numine parcæ,
> Clotho, Atropos, Lachesis, Mors namque agit alta triumphum.

Je dois cette estampe à l'obligeance de M. Ch. de Berbis, dont les portefeuilles renferment des gravures anciennes très-précieuses.

Le Titien n'a fait que peindre le sujet dont nous venons de parler; mais il en est un autre qu'il a lui-même gravé à l'eau-forte : c'est une estampe de moyenne grandeur, qui représente la Mort habillée en chevalier armé de toutes pièces. Cette gravure, qui est en hauteur, porte l'adresse de Lucas Bertelli de Venise; elle est recherchée des curieux, ainsi que tout ce qui est sorti d'une manière certaine du burin du Titien.

Dans le beau catalogue de dessins et d'estampes de M. Mariette, *Paris*, 1775, dont nous avons déjà parlé, on trouve, p. 248, n. 161, le détail de l'œuvre d'Etienne de Labelle (école d'Italie), où figure un article intitulé : *L'Empire de la Mort.* Ce sont cinq estampes en hauteur, par Labelle et Galestruzzi. Le catalogue ne donnant aucun autre détail, et ces gravures n'étant point à notre disposition, nous sommes obligé d'y renvoyer le lecteur.

On trouve une assez belle gravure en bois, représentant une Danse de Morts très-expressive, dans le *Chronicarum Liber* (connu sous le nom de Chronique de Nuremberg..., par Harteman Schedel), 1493, *in-fol. max. goth.*, rempli de plus de 2000 gravures en bois. Au feuillet CCLXIIII *recto*, commence la septième division de l'ouvrage, ayant pour titre : *Septima Etas* (sic) *Mundi*, et au-dessus, IMAGO MORTIS; ces deux mots-ci sont le titre de la gravure en question, qui a 8 pouces 6 lignes de largeur, sur 7 pouces de hauteur. Elle représente cinq squelettes, dont l'un, en manteau, joue du hautbois; trois dansent avec beaucoup de vivacité; et le cinquième, couché à terre, sortant de dessous un long manteau qui tient à celui du musicien, semble vouloir se soulever pour venir prendre part à la Danse. Sous la gravure, dans la même page, sont dix vers latins commençant ainsi :

> Morte nihil melius. Vitâ nihil pejus iniquâ.
> Optima mors hominum. Requies eterna laborum.
> Tu senil jugum Domino volente relaxas
> Vinctorumque graues adimis ceruice cathenas
> Exilium que leuas. Etc.

Au *verso* du feuillet ces vers sont continués sur deux colonnes, la première en contenant 15 et la seconde 14; de sorte qu'il y a 39 vers en tout. Nous n'avons trouvé dans ce fort volume, aucun autre passage qui ait quelque rapport à l'allégorie de la Mort.

Lucas Krug, graveur, dit *le Maître à la cruche*, né à Nuremberg, en 1489, d'un orfèvre de la même ville, a exécuté une très-petite estampe, d'un travail fort délicat, qui représente deux femmes nues, les bras entrelacés, dont l'une tient une tête de mort, surmontée d'une horloge de sable. En général, les estampes de ce maître sont rares; celle-ci est mentionnée parmi les plus recherchées.

Hans Sebalde Beham, élève d'Albert Durer, peintre et graveur de Nuremberg, né en 1500, et mort en 1550, a gravé un assez grand nombre de pièces, dont on trouve la nomenclature dans le *Manuel de l'Amateur d'Estampes par M. Joubert*, tom. I, pp. 240—246. Voici le détail de celles qui ont rapport à la Mort : « 1.° *Adam et Eve près de l'arbre de vie :* la Mort est entre les deux; haut. 3 pouces, larg. 2 pouces 1 lig., date 1543. — 2.° *Jeune femme élégamment vêtue,* se promenant avec un homme à tête de mort, coiffé d'une marotte. En haut est écrit : *Omnem in homine venustatem Mors abolet;* plus bas, le chiffre du graveur et la date 1541; haut. 2 pouces 7 lig., larg. 1 pouce 1 lig. Répétition de cette pièce, dans laquelle l'homme a un visage ordinaire; la Mort, ailée, saisit par derrière une femme nue et debout; sur une pierre l'inscription ci-dessus, puis le chiffre et la date 1546. — 3.° *La Mort et les trois Sorcières.* Elles sont nues, et la Mort tient par les cheveux celle qui est debout. Haut. 2 pouces 11 lig., larg. 2 pouces. (L'œuvre de ce graveur, en 420 pièces, a été vendu 990 fr., chez M. St.-Yves.)

On a de Henri Aldegrever ou Aldegraff, né en 1502 à Soest en Westphalie, une suite de huit petites gravures représentant la Mort qui entraîne des personnes de tout âge et de tout sexe; elles ont paru en 1541. Les Danses des Morts avoient encore beaucoup de vogue dans ce temps.

Corneille Bosch ou Bus, graveur au burin, né à Bois-le-Duc, en 1506, a exécuté une petite estampe, où la Mort est représentée entraînant un moine; elle est datée de 1550.

On doit au burin d'Adrien Collaert, graveur, né à Anvers, en 1519, une petite pièce qu'il a publiée en 1562, et où l'on voit la Mort conduisant un homme et une femme. On reproche à cet artiste de n'avoir pas donné de grâce à ses figures, et d'avoir trop peu nuancé les ombres; elles ont partout la même force.

Salomon, dit le Petit Bernard, fut un des plus habiles graveurs en bois du XVI.° siècle; son œuvre est immense. Nous ne citerons de lui que deux petits ovales qui ont rapport à notre sujet. Dans l'un, la Mort tient une fourche, avec laquelle elle paroît terrasser une Muse, qu'on pourroit prendre pour celle de l'histoire. Dans l'autre, la Mort est aux pieds de la Renommée, qui sonne de la trompette. Ces deux ovales font partie d'une collection de six petites gravures de même genre et de même dimension, que l'on regarde comme les plus belles pièces de cet artiste. Les deux premiers emblèmes de cette collection sont relatifs à l'Amour; les deux seconds sont ceux que nous avons cités sur la Mort; les deux derniers regardent le Temps, qui, armé de béquilles, renverse la Renommée dans l'un; dans l'autre il est terrassé, sa faulx et ses béquilles sont brisées.

Jean Théodore de Bry, graveur au burin, né à Liége, en 1561, a aussi composé un *Triomphe de la Mort*. On y voit des soldats qui conduisent des prisonniers, et une marche de soldats, avec un porte-enseigne au milieu. Ce sont deux frises, admirablement exécutées d'après le Titien.

Une gravure de moyenne grandeur, représentant un vieux richard, auquel la Mort se présente jouant du violon, est l'ouvrage de Pierre Schenck, dessinateur et graveur, né à Elberfeldt, au duché de Berg, en 1645. Cette estampe a pour inscription : *Mortis ingrata Musica*.

Nous terminerons ces petits détails sur les gravures par l'indication d'un morceau de Pierre Le Sueur, né à Rouen, en 1663. Quoique ce ne soit qu'un billet mortuaire, gravé en bois, il mérite, par la beauté de l'exécution, que l'on en fasse mention. Cette pièce est un cartouche de 12 pouces de hauteur, sur 16 de largeur. On y voit un squelette animé, qui tient les os d'une cuisse et d'une jambe ployés de manière que cela forme un V, qui sert de première lettre. Un autre squelette tient un sablier. Le Père éternel est dans le haut, environné de têtes de chérubins parfaitement gravées; dans le bas est un convoi avec deux pleureurs. Cette pièce a été faite sur le dessin de F. Chauveau.

C'est un assez singulier hasard que celui qui nous fait terminer un ouvrage de la nature de celui-ci, comme tout finit dans la société, par un billet d'enterrement.

Tel est le résultat de nos recherches sur les ouvrages connus sous le titre de DANSES DES MORTS, et sur leurs accessoires. Nous aurions désiré donner des renseignemens plus positifs sur l'origine de toutes ces Danses; mais, n'ayant rien pu découvrir de certain à l'égard du plus grand nombre, il a fallu, comme on l'a vu, nous en tenir aux conjectures. Nous avons du moins rempli le principal objet que nous nous étions proposé, qui étoit de prouver d'abord qu'Holbein n'est point l'auteur de la Danse de Bâle, et ensuite, de rectifier quelques erreurs échappées aux écrivains qui ont parlé des Danses des Morts, sous le rapport soit de la peinture, soit de la gravure, soit des éditions que l'on en a données. Comme ce sujet n'étoit pas facile à traiter, à raison de son obscurité et du très-petit nombre d'écrivains qui s'en sont occupés, il aura pu aussi nous échapper des erreurs, et, nous ne pouvons trop le répéter, il seroit difficile que cela ne fût pas dans une matière aussi obscure. Mais nous recevrons avec reconnoissance toutes les observations que l'on voudra bien nous adresser, bien persuadé que, provenant de personnes aussi éclairées que bienveillantes, elles contribueront à rendre notre travail moins imparfait.

FIN DES RECHERCHES SUR LES DANSES DES MORTS.

ANALYSE

CRITIQUE ET RAISONNÉE

DE TOUTES LES RECHERCHES

PUBLIÉES JUSQU'A CE JOUR

SUR L'ORIGINE ET L'HISTOIRE

DES

CARTES A JOUER.

ANALYSE

DE RECHERCHES

SUR LES

CARTES A JOUER.

Plusieurs savans, aussi respectables par leurs vertus que recommandables par leur profonde érudition, se sont occupés de l'origine et de l'histoire des cartes à jouer. N'en soyons pas surpris, puisque, d'après le célèbre professeur Bullet, « ce jeu fait une partie considérable de nos mœurs »; et l'on peut dire, des mœurs en général : car il est certain que depuis environ trois siècles, les cartes ont acquis la plus grande importance chez tous les peuples civilisés et dans toutes les classes de la société, soit comme délassement, soit comme occupation (trop souvent funeste pour quelques-uns), soit comme objet de commerce, soit enfin comme découverte ingénieuse, exerçant l'esprit par la variété des combinaisons qui ont produit une infinité de jeux, de calculs amusans, même de prétendues données pour pénétrer dans l'avenir. C'est donc parce que les cartes sont universellement répandues, que les érudits en ont fait l'objet de leurs recherches. L'obscurité qui environne le berceau de cette invention a surtout excité leur émulation; ils ont sondé toutes les sources de l'histoire des arts, surtout de la xylographie (gravure en bois) et de l'imprimerie, pour tâcher de découvrir dans quel siècle les cartes ont paru pour la première fois; à quel peuple on les doit; quel a été le motif de l'inventeur dans les figures bizarres qu'on y voit représentées, dans les couleurs que l'on a adoptées, dans l'ordre numérique des signes employés dans chaque couleur; enfin quelles sont les différentes familles de cartes, et quels changemens et modifications, elles ont éprouvés par la suite des temps et chez les différens peuples.

Telles sont les diverses parties plus ou moins détaillées dans tous les ouvrages qui ont paru sur les cartes à jouer. Mais ces ouvrages sont de deux sortes : les uns se trouvent dans de grands recueils littéraires périodiques, ou dans d'autres livres, et sont de simples dissertations; les autres sont des ouvrages spéciaux, publiés isolément. Ces derniers surtout (quelques-uns, écrits en allemand, en italien, en anglais, n'ont jamais été traduits dans notre langue) sont devenus rares et vont à des prix élevés dans les ventes publiques. Nous avons donc cru faire une chose utile et en même temps agréable aux amateurs, en réunissant, dans une notice raisonnée, tout ce que ces différens ouvrages renferment d'essentiel. Les soins que nous avons donnés aux analyses de chaque traité nous font espérer que notre travail présentera un tableau à peu près complet de tout ce qui a été publié sur les cartes à jouer, et pourra tenir lieu de beaucoup de volumes qu'il seroit très-difficile, pour ne pas dire impossible de réunir; car comment détacher des dissertations enfouies dans d'anciens journaux littéraires, ou dans d'autres ouvrages dont ils n'occupent que quelques pages ?

Les auteurs des dissertations et des ouvrages que nous avons analysés sont : le P. Menestrier, le P. Daniel, l'abbé Bullet, le baron de Heineken, l'abbé Bettinelli, l'abbé Rive, Court de Gebelin, Breitkopf, Jansen, M. Ottley et M. Singer.

Nous avons adopté pour nos notices raisonnées, l'ordre chronologique dans lequel les ouvrages d'où elles sont extraites ont été publiés. Cet ordre fera juger plus facilement des progrès de l'érudition dans cette partie. On verra que, faible d'abord, cette érudition s'est développée successivement, à mesure que les recherches et les découvertes des auteurs se sont multipliées, et que de nos jours elle présente une récolte abondante, mais qui, pourtant, est incomplète; car, d'un côté, les nuages que les siècles ont accumulés autour du berceau des cartes à jouer n'ont pu encore être entièrement dissipés; et de l'autre, à quelques renseignemens positifs sur cette invention se sont joints des conjectures et des systèmes très-hasardés. Ce sera au lecteur à juger les raisons qui appuient ces systèmes. Pour nous, nous ne les combattrons que lorsque nous les reconnoîtrons évidemment faux ou ridicules. Nous signalerons aussi certaines fautes assez graves, échappées à quelques écrivains, ou à leurs imprimeurs; ne nous permettant point, en si grave question, de décider quels peuvent être les coupables, car de tout temps, auteurs et imprimeurs ont été assez disposés à se disculper aux dépens les uns des autres. Dans tout le reste, nous serons simple narrateur, ou, pour mieux dire, nous tâcherons d'être abréviateur exact.

Commençons par celui qui, le premier, a publié une opinion un peu détaillée sur l'origine des cartes.

Le P. MENESTRIER.

(Né le 10 mars 1631. — Mort le 21 janvier 1705.)

Bibliothèque curieuse et instructive de divers ouvrages anciens et modernes, par le P. C.-F. Menestrier. *Trévoux,* 1704, 2 *vol. in-*12.

On trouve, dans le second tome de cet ouvrage, pp. 174 et suivantes, une dissertation sur les cartes à jouer, dans laquelle le P. Menestrier prétend que leur invention appartient aux Français, et qu'elles sont dues au désir que l'on avoit de distraire et d'amuser Charles VI, lors de sa convalescence, ou plutôt, lors des intervalles un peu lucides que lui laissoit la funeste maladie (aliénation mentale) dont il fut atteint en 1392. L'auteur appuie son opinion d'un compte de Charles Poupart, argentier (trésorier) du Roi, dans lequel on lit cet article : « Donné » à Jacquemin Gringonneur, peintre, pour trois jeux » de cartes à or et à diverses couleurs, de plusieurs » devises, pour porter devers le seigneur roi, pour son » ébatement, cinquante six sols parisis. » Si le P. Menestrier eût fait attention à la manière dont cet article est rédigé, il auroit vu que ces expressions *pour trois jeux de cartes,* annoncent bien, dans leur simplicité, que les cartes étoient déjà connues, et que leur invention remonte beaucoup plus haut. On n'auroit pas désigné aussi simplement une petite collection de figures imaginées à l'instant, peintes par Jacquemin sur de petits cartons minces et très-remarquables, soit par leur nombre régulier et symétrique, soit par les personnages qu'on y a représentés. L'auteur s'est donc trompé en assignant l'année 1392 comme la date de l'invention des cartes à jouer; il n'a pas été plus heureux dans les détails par lesquels il cherche à expliquer les figures des cartes. Les quatre rois, dit-il, sont les emblèmes des quatre grandes monarchies. Si cela étoit, l'inventeur nous eût donné les fondateurs des quatre grands empires, Ninus pour les Assyriens, Cyrus pour les Perses, Alexandre pour les Grecs, et César pour les Romains. Il est vrai qu'il a nommé Alexandre et César, mais il les accole à David et à Charlemagne. Puis, les noms des dames n'ont aucun rapport avec eux, et les noms des valets en ont encore moins, puisque trois d'entre eux tiennent au moyen âge. Nous croyons donc que les conjectures du P. Menestrier ne sont nullement fondées. Il dit ensuite que le jeu de cartes forme l'image d'un royaume; qu'on y voit des rois, des reines, des chevaliers ou valets, qui désignent la noblesse. Quant aux quatre reines, *Rachel*, *Pallas*, *Judith* et *Argine*, l'auteur est d'avis qu'elles expriment les quatre manières de régner, par la beauté, par la sagesse, par la piété et par le droit de la naissance; puis, passant aux couleurs, il prétend que le *cœur* marque les gens d'église, parce qu'ils sont souvent au chœur (pitoyable rébus); le *pique*, les gens de guerre; le *carreau*, les bourgeois, parce que les salles des maisons sont carrelées; et le *trèfle*, les laboureurs et gens de la campagne, etc. En voilà suffisamment pour faire connoître le système du P. Menestrier, qui nous paroît faux touchant l'origine des cartes, et ridicule quant aux explications emblématiques. On voit qu'il a donné carrière à son imagination; mais, comme c'est le premier ouvrage un peu détaillé qui ait paru sur cette partie, il ne faut pas être surpris s'il est si foible en érudition, et si les renseignemens que l'auteur donne n'offrent que des conjectures plus que hasardées. Nous trouverons dans les analyses des ouvrages qui vont suivre, quelque chose de plus substantiel ; cependant, une saine érudition ne s'y développera que successivement et à mesure que nous avancerons.

―――――――

Le P. DANIEL.

(Né le 8 février 1649 — Mort le 23 juin 1728.)

Mémoires pour l'histoire des sciences et des beaux-arts, commençant en janvier 1701 et finissant à 1767. *Trévoux, 265 vol. in-12.*

Ce recueil littéraire, qui étoit périodique, est connu sous le nom de *Journal de Trévoux*. Le P. Daniel y a inséré, en mai 1720, pp. 934—968, un mémoire sur *l'Origine du jeu de Piquet, trouvé dans l'histoire de France, sous le règne de Charles VII*. C'est de ce mémoire que nous allons rendre compte.

L'auteur est d'avis que l'invention des cartes à jouer appartient aux Français, mais il ne détermine pas l'époque de cette invention, bien antérieure à celle du jeu de piquet, qu'il place sous le règne de Charles VII, vers 1430. Selon lui, ce dernier jeu est symbolique, allégorique, militaire, politique, historique, et renferme des maximes très-importantes sur la guerre et le gouvernement. Les explications qu'il donne sur les figures du jeu de cartes, sont assez détaillées; mais sont-elles toujours justes? C'est ce que nous ne nous permettrons pas de décider.

L'*as*, selon le P. Daniel, est un mot latin, qui signifie une pièce de monnoie, du bien, des richesses (1); et comme l'argent est le nerf de la guerre, voilà pourquoi l'*as*, qui le représente, a la primauté au piquet.

Le *trèfle*, herbe féconde de nos prairies, signifie qu'un général ne doit camper son armée que dans des lieux où le fourrage est assuré pour la cavalerie.

Les *piques* et les *carreaux* désignent les magasins d'armes, qui doivent toujours être fournis. Les *carreaux* étoient des espèces de flèches fortes, qu'on tiroit avec l'arbalète, et que l'on nommoit ainsi parce que le fer en étoit carré (2).

Les *cœurs* représentent le courage des chefs et des soldats. *David*, *Alexandre*, *César* et *Charlemagne* sont à la tête des quatre quadrilles ou couleurs du piquet, parce que des troupes, quelque braves et nombreuses qu'elles soient, ont toujours besoin de généraux aussi prudens qu'expérimentés. Quand on se trouve dans une position fâcheuse, dans un camp désavantageux, et dans l'impuissance de disputer la victoire, il faut tâcher que la perte que l'on prévoit, soit la plus petite possible : c'est ce qui se pratique au piquet. Si le fonds du jeu est mauvais ; si les *as*, les *quintes*, les *quatorze* sont contre nous, nous devons nous précautionner, en tâchant d'avoir le point, pour prévenir le *pic* et le *repic* (3). Il faut donner des

---

(1) Bullet ne partage point cette opinion ; il pense que le mot *as* est un terme celtique, qui signifie commencement, principe, source, premier. V. ses *Recherches sur les Cartes*, p. 69.

(2) Bullet regarde les *piques* comme représentant les armes offensives, parce qu'en effet on attaquoit avec la pique ou la lance ; et les *carreaux* comme armes défensives, parce qu'ils représentent un bouclier losangé. On en voit de cette forme dans les écussons, et dans l'ouvrage de la Colombière.

(3) Le mot *pic*, selon Bullet, vient du celtique, et signifie double ; et *repic*, ce qui se redouble. En effet, au jeu de piquet, *pic* a lieu quand

gardes aux rois et aux dames, pour éviter le *capot* (1).

Passons à l'explication des figures, et commençons par les valets, dont les noms sont : *Ogier* pour le pique, *Lancelot* pour le trèfle, *Lahire* pour le cœur, et *Hector* pour le carreau. *Ogier* et *Lancelot* étoient deux preux du temps de Charlemagne; *Lahire* et *Hector* (de Galard) étoient des capitaines de distinction sous Charles VII (2). Le titre de *valet*, *varlet*, étoit anciennement honorable, et les plus grands seigneurs le portoient jusqu'à ce qu'ils eussent été reçus *chevaliers*. Les quatre valets, au piquet,

---

le premier qui joue, comptant 30 points, sans que son adversaire en compte aucun, en marque 60 au lieu de 30; et s'il compte 30 sur table, sans jouer les cartes, il marque 90, et c'est le *repic*.

(1) *Capot* vient encore du celtique, toujours d'après Bullet, et signifie frustré, déchu de son espérance. En effet, on est *capot* au piquet, lorsque l'adversaire fait les douze levées et n'en laisse prendre aucune.

(2) *Ogier*, *Oger* ou *Otger*, si connu dans l'histoire romanesque de Charlemagne, attribuée à l'archevêque Turpin, n'est point un personnage fabuleux. Le moine de St.-Gal en parle ainsi dans son *De Rebus bellicis Caroli magni*, lib. 2, c. 26 : « Quelques années avant
» que Charles conquit l'Italie, un des premiers princes, qui s'appeloit
» *Otger*, chercha auprès de Didier, roi des Lombards, un asile pour
» se soustraire à sa colère. » Selon toute apparence, cet *Otger* est le même que *Autcaire*, un des premiers seigneurs du royaume de Carloman, frère de Charlemagne, dont parle Anastase dans la Vie du pape Adrien I.er

Lancelot du Lac étoit un chevalier de la Table-Ronde, l'un de ceux de la cour du roi Artus. Il y a un roman sous son nom, qui étoit l'un des plus estimés parmi les anciens ouvrages de ce genre.

Lahire est le fameux Étienne de Vignoles, surnommé Lahire, qui contribua tant, par sa valeur, à affermir le trône chancelant de Charles VII.

Hector, selon Daniel, est Hector de Galard, capitaine de la grande garde de Louis XI. Bullet contredit cette assertion. Hector est, selon lui, le fils de Priam, duquel la plupart des écrivains des XI—XVI.e siècles faisoient descendre nos rois par son fils Astyanax, qu'on nommoit *Francion*; et il s'appuie de l'inscription des anciennes cartes, qui portoit *Hector de Troie*.

représentent donc la noblesse, comme les dix, les neuf, les huit et les sept désignent les soldats.

Les dames sont : *Argine* pour le trèfle, *Rachel* pour le carreau, *Pallas* pour le pique, et *Judith* pour le cœur. Le P. Daniel voit dans *Argine* l'anagramme de *regina* (1); et cette reine est Marie d'Anjou, femme de Charles VIII. Il trouve dans *Rachel*, la belle Agnès Sorel. La chaste et guerrière *Pallas* est à ses yeux Jeanne d'Arc (2); et *Judith* représente, non pas l'héroïne de l'ancien Testament, mais l'impératrice Judith, femme de Louis-le-Débonnaire, qu'on avoit accusée d'être très-galante, qui causa tant de troubles dans l'Etat, et dont la vie par conséquent avoit beaucoup de rapport avec celle d'Isabeau de Bavière (3).

---

(1) Bullet n'admet point cette étymologie d'*Argine*; fidèle à son système celtique, il voit dans ce mot deux racines bretonnes, *ar* qui est l'article *la*, et *gin*, qui signifie *belle*. Il ne veut pas non plus qu'on ait désigné Agnès Sorel, maîtresse de Charles VII, par Rachel, qui est une des saintes femmes de l'ancien Testament.

(2) Bullet ne reconnoît point Jeanne d'Arc dans Pallas. Il prétend que le nom de Débora ou de Judith, eût mieux convenu à une héroïne chrétienne; d'ailleurs, la dame de pique tient à sa main une fleur, mais ce n'est point un lis.

(3) Notre savant bisontin combat encore fortement cette opinion du P. Daniel. Il ne trouve aucune espèce de rapport entre l'impératrice Judith et Isabeau de Bavière; d'ailleurs, ce n'est point *Judith* qu'on lisoit autrefois sur les cartes, mais bien *Judic*, mot celtique qui, dit Bullet, signifie *Jud*, reine, et *Dyc*, deux fois.

Le hasard vient de nous servir à merveille pour combattre et détruire à notre tour l'assertion de ce célèbre étymologiste. Nous possédons depuis peu de jours, un *Dictionnarium nominum propriorum* de Robert-Etienne, in-4.° de 1541, paré de la vieille reliure du temps de son impression. On voit sur les plats de cette antique couverture, d'un côté une petite tête estampée en or qui porte pour légende : Judic; et de l'autre côté une autre petite tête avec ce mot : Olofernes. Nul doute après cela que cette *Judic* ne soit bien la *Judith* qui délivra Béthulie, et que l'étymologie celtique qu'en donne Bullet, ne lui soit point applicable.

Le P. Daniel pense que David représente le roi Charles VII, parce qu'il y a conformité dans leur destinée. David, après avoir été longtemps persécuté par Saül, son beau-père, parvint à la couronne de Judée; mais, au milieu de ses prospérités, il eut le chagrin de voir son fils Absalon se révolter contre lui. Charles VII, après avoir été déshérité et proscrit par Charles VI, son père (ou plutôt, par l'infâme Isabeau de Bavière), reconquit glorieusement son royaume; mais les dernières années de sa vie furent troublées par l'esprit inquiet et le mauvais caractère de son fils (Louis XI), qui osa lui faire la guerre, et qui fut même cause de sa mort.

Telle est l'explication que donne le P. Daniel des figures peintes sur les cartes dont on se sert en France. Selon lui, le jeu de piquet date du règne de Charles VII.

L'ABBÉ BULLET.

(Né le 23 juin 1699. — Mort le 6 septembre 1775.)

Recherches historiques sur les Cartes à jouer, avec des notes critiques et intéressantes, par l'auteur des Mémoires sur la langue celtique (M. le professeur Bullet). *Lyon, Deville,* 1757, *1 vol. pet. in-8.° de* 163 *pages.*

Cet ouvrage l'emporte de beaucoup sur les deux précédens. On peut, quoiqu'il laisse encore à désirer, le considérer comme l'un des plus importans et des plus curieux que l'on ait fait sur les cartes à jouer. Ce n'est qu'un opuscule, mais un opuscule très-intéressant, où l'érudition est versée à pleines mains.

L'auteur commence par établir que les anciens n'ont point connu les cartes, et que l'abbé Le Gendre, dans ses *Mœurs des Français*, a eu tort de dire que les Lydiens ont inventé les cartes et les dés ; il cite à ce sujet (p. 2), le passage d'Hérodote, où il n'en est nullement question. Les langues grecque et latine n'ont aucun terme pour désigner ce jeu (V. pp. 2—5). Depuis le premier siècle de l'Eglise jusqu'au quatorzième, les conciles par leurs décrets, les SS. Pères par leurs censures, les princes par leurs lois, ont proscrit les jeux de hasard ; ils en nomment beaucoup : les cartes n'y figurent jamais (V. pp. 5—11). Charles V, dit le Sage, publia un édit en 1369, par lequel il défendit non-seulement les jeux de hasard, mais même ceux d'adresse ; et ces jeux proscrits sont ceux de dés, de table (dames), de paume, de quilles, de palet, de soule (ballon), et de billes (V. pp. 12—13). Les cartes n'eussent pas été oubliées, si elles eussent alors existé en France (1). Les romans des XI.ᵉ, XII.ᵉ, XIII.ᵉ, XIV.ᵉ siècles, soit en vers, soit en prose, peignant les mœurs du temps et parlant des jeux, ne citent jamais les cartes ; il en est de même des chroniques (V. pp. 14—17).

Mais, vers la fin du quatorzième siècle, les cartes commencent à être connues et proscrites. Jean I.ᵉʳ, roi de Castille, défend, par un édit de 1387, les dés et les cartes. Le prévôt de Paris, par une ordonnance du 22 janvier,

---

(1) Il faut cependant faire attention qu'à la suite de ce dénombrement de jeux, il est dit : « et tous autres tels gens qui ne chéent point (*ne sont point propres*) à exercer ne à habiliter (*rendre habiles*) nos diz subgez à fait et usaige d'armes......» Les cartes qui n'étoient pas encore très-répandues, et dont l'abus ne pouvoit se faire que foiblement sentir alors, pourroient bien avoir été comprises dans *et tous autres tels jeux*....

interdit aux gens de métier, la paume, la boule, les dés, les *cartes* et les quilles, pendant les jours ouvrables. Le synode de Langres de 1404, défend aux ecclésiastiques les jeux de dés, de trictrac et de cartes, etc. etc. (pp. 17—19). L'auteur est d'avis que les cartes n'ont pu exister qu'après l'invention du papier de chiffons, qui est à peu près du douzième siècle (V. pp. 20—25); mais elles ne remontent pas si haut. Le P. Menestrier a eu tort d'en placer l'origine à l'an 1392 (p. 26 et suiv.); elles étoient déjà connues quand Jacquemin Gringonneur en peignit dans cette année pour Charles VI. M. Bullet, après avoir établi les preuves qui motivent son opinion, preuves qu'il déduit longuement d'après les costumes et les usages, place l'origine des cartes, quatre à cinq ans avant la mort de Charles V, arrivée le 16 septembre 1380 : c'est dire qu'elles ont vu le jour en France, vers l'an 1375 ou 1376 (p. 40). [Elles sont certainement antérieures; elles devoient être déjà très-connues, puisqu'on voit par la chronique de Petit-Jehan de Saintré, qu'on faisoit un grand reproche aux pages de Charles VI d'être *noyseux et joueux de* cartes *et de dés* (1).]

Les couronnes et les sceptres fleurdelisés que l'on voit

---

(1) C'est ce que précise davantage Meerman, dans ses *Origines Typographicæ*, t. I, p. 222, note n. Il dit que Jehan de Saintré avoit treize ans en 1364, lorsqu'il fut présenté au roi en qualité de page; que, trois ans après, c'est-à-dire en 1367, sa bonne conduite le fit parvenir *ad munus chironomontis*, à la charge d'écuyer tranchant; et c'est alors que le gouverneur des pages leur dit : « Advisez, mes enfans, n'est-ce pas belle » chose de bienfaire et d'estre doulx, humble et paisible, et à chascun » gracieux. Veez cy vostre compaignon, qui pour estre tel a acquis la » grace du roy et de la royne, et vous qui estes noyseux, joueux de » *cartes* et de dés, et suivez deshonestes gens, tavernes et cabarets, etc. » Voilà qui prouve que les cartes étoient déjà connues en France en 1367. La longue note de Meerman est une réfutation de l'opinion de Bullet.

sur les cartes, ne laissent aucun doute à M. Bullet, que l'inventeur ne soit un Français (p. 41); et, « comme ou
» ne trouve, dit-il, en Espagne, en Italie, en Allema-
» gne, en Angleterre, aucun monument plus ancien
» que la chronique de Petit-Jehan de Saintré, où il
» soit parlé de ce jeu, on est en droit de conclure que
» les cartes ont été inventées en France, et que nos
» voisins les ont empruntées de nous (p. 57). »

L'auteur expose ensuite, avec beaucoup d'érudition, ses conjectures sur l'explication des figures qui ornent les cartes (V. pp. 57—130); il réfute avec succès, ce qu'ont dit à ce sujet ses deux prédécesseurs, le P. Menestrier et le P. Daniel. Il prouve bien qu'ils se sont trompés dans plusieurs de leurs applications, mais lui-même ne donne rien de positif sur ce que représentent les douze figures de notre jeu de cartes, si ce n'est pour les trois valets, qui portent des noms très-connus, et pour deux reines, dont il croit que les noms sont d'origine celtique, ce qui est sans doute très-hasardé. Dans des notes ci-dessus (à l'article Daniel), nous avons parlé de ces étymologies.

M. Bullet dit (p. 131 et suiv.) que les premières cartes étoient peintes, et, par cette raison, fort chères; que peu après on les grava en bois, et qu'on les enlumina, ce qui en diminua beaucoup le prix et mit le peuple en état d'en faire usage. En effet, nous les avons vues dès l'an 1397 entre les mains des ouvriers de Paris. Voilà donc les cartes, selon cet auteur, qui ont pris leur origine en France, vers l'an 1375 (nous verrons par la suite qu'elles sont plus anciennes). De France, elles passèrent en Espagne, avant 1397; elles pénétrèrent dans ce royaume par la Biscaye. Leur entrée en Espagne par cette province se prouve par le nom de *naipes*, que les Espagnols donnent aux cartes. Ce terme est basque, et signifie plat, plein, uni; il désigne fort bien les cartes et répond à la signification du mot latin *charta*. Les Espagnols, en adoptant ce jeu, en changèrent les figures et en altérèrent le plan; ils ont mis des rois, des cavaliers, des valets; leurs mœurs leur font supprimer les dames; ils ont changé le pique en épée, le trèfle en bâton, le carreau en denier, le cœur en coupe. Les Espagnols goûtèrent beaucoup les cartes; ils les portèrent dans le nouveau monde, et leur passion pour ce jeu fut telle, que, n'ayant pas de cartes à St.-Domingue, ils en firent avec des feuilles d'arbres. M. Bullet fait passer les cartes de l'Espagne dans l'Italie, où elles prirent le nom de *naibes*, qui est le même que le *naipes* des Espagnols, qui les leur transmirent.

Les Anglais reconnoissent tenir ce jeu de nous; ils en ont conservé le plan, mais ils ont donné des noms anglais aux rois, aux dames, aux valets, *king*, *kouine (queen)*, *knave*. On voit par ce terme *knave* (fripon), qu'ils emploient pour désigner le *valet*, qu'ils n'ont pris les cartes que lorsque le mot valet ne signifioit plus chez nous que serviteur (et non pas chevalier comme dans le principe). Cette assertion est réfutée par M. Singer, comme nous le verrons par la suite. Il faut, continue M. Bullet, p. 138, dire la même chose des Allemands, qui se servent du mot *knecht*, serviteur, domestique, pour désigner le valet; d'ailleurs, Daneau se plaint de ce qu'ils changeoient les figures des cartes, preuve que ce peuple ne les a pas inventées. Toutes les nations de l'Europe adoptèrent ce jeu successivement; il passa ensuite dans le levant, et l'on n'a jamais vu jeu se répandre si universellement et si promptement. Quant à son inventeur, aucun monument ne nous en a conservé le nom, et, sans doute, on ne le connoîtra pas plus que le nom des inventeurs des moulins à eau, de la boussole et des lunettes.

Bullet termine son petit traité (pp. 142—163), par un mot d'explication sur quelques-uns des jeux de cartes, tel que le *piquet*, le *reversis*, le *berlan* ou *brelan*, le jeu de *hoc*, le *lansquenet*, l'*hombre* et le jeu du *hers*.

Nous avons dit que l'ouvrage de M. Bullet étoit rempli d'érudition et de recherches savantes; c'est moins dans le texte que dans les notes, qu'on peut s'en apercevoir. Les notes sont très-nombreuses, et, parfois, assez longues; elles occupent plus de la moitié du livre; elles sont au bas des pages. Comme nous n'avons pu les insérer dans notre analyse, qu'elles eussent beaucoup trop étendue, nous allons indiquer les principales : 1.° la note *e* (pp. 6—14), sur les conciles et les ordonnances relatifs aux jeux et qui n'ont point parlé des cartes; 2.° la note *g* (pp. 19—21), sur les synodes et ordonnances où il est question des cartes; 3.° la note *h* (pp. 22—24), où il s'agit de l'origine du papier de chiffon; 4.° la note *q* (pp. 41—44), sur la boussole; 5.° les notes *a* et *b* (pp. 49—57), sur Ogier et sur Lahire; 6.° la note *e* (pp. 58—61), sur les mots *dame*, *damoiselle*, *damoiseau*, etc.; 7.° la note *e* (pp. 62—68), sur le mot *valet*; 8.° la note *h* (pp. 70—72), sur l'usage où l'on étoit jadis, aux XIV.° et XV.° siècles, de joncher de paille les éc...s, et même les églises; 9.° la note *n* (pp. 78—92), sur la courtoisie des anciens chevaliers envers les dames; 10.° la note *q* et les suivantes (pp. 105—125), sur Anne de Bretagne, femme de Louis XII; 11.° la note *f* (pp. 137—138), sur le concile de Wigorne (Worcester) en Angleterre, etc. etc.

LE BARON DE HEINEKEN.

(Né en 1706. — Mort le 5 décembre 1791.)

Idée générale d'une collection complète d'estampes, avec une dissertation sur l'origine de la gravure, et sur les premiers livres d'images (par M. le baron Heineken). *Leipsic et Vienne, Jean-Paul Kraus,* 1771, in-8.° de xvj — 536 *pages et* 28 *pl.*

L'auteur de cet ouvrage rare et curieux est bien éloigné de partager l'opinion des PP. Menestrier, Daniel, et de M. Bullet. Dans la partie de son livre où il parle des cartes à jouer, pp. 237—246, il prétend qu'elles furent inventées, non pour le délassement de nos rois Charles V et Charles VI, mais bien pour l'amusement de tout le monde, et principalement pour les gens de guerre. Il regarde le *lansquenet* comme le plus ancien jeu de cartes, et il dérive ce mot de l'ancien allemand *lands-knecht*, nom qu'on donna dans le vieux temps aux soldats, et même à ceux qui, retirés de l'armée, s'étoient établis à la campagne. Aussi est-il avéré que le jeu de cartes fut dès son invention un jeu militaire. L'auteur ne manque pas d'attribuer cette invention aux Allemands; presque tous les écrivains, dit-il, en conviennent; et voici comment lui-même établit son opinion à cet égard :

« Les noms (des cartes allemandes) qu'on a encore conservés de nos jours, sans aucune altération, et qui ne tiennent pas la moindre chose d'une nation étrangère, prouvent ouvertement que l'origine en est allemande, et que les autres peuples les ont adoptées de nous, en changeant les noms et les figures, selon leur langage et leurs modes, conservant cependant toujours le fondement et l'idée générale.

« Les cartes à jouer s'appeloient chez nous *briefe* (des lettres, *epistolæ*); on les appelle encore ainsi aujourd'hui. Le commun peuple ne dit pas : donnez-moi un jeu de cartes, il me manque une carte ; mais il dit : donnez-moi *ein spiel briefe* (un jeu de lettres), il me manque *ein briefe* (une lettre). Au moins aurions-nous gardé le nom de carte, si elle nous venoit de la France, comme le commun peuple a gardé les noms de tous les jeux qui viennent d'autres pays. Les quatre couleurs s'appellent *roth* (rouge), *schellen* (sonnettes), *eicheln* (glands) et *grun* (vert) ; ce que les Français ont changé en *cœur, carreau, trèfle et pique* (1). Ensuite, comme c'est un jeu militaire, il y a dans chaque couleur un roi, un officier supérieur ou capitaine, nommé *Ober*, et un bas-officier, appelé *Unter*. On appelle encore de nos jours dans l'empire, où les mots français ne sont pas si en vogue, les officiers supérieurs, *oberleute*, et les bas-officiers *unterleute*. Les Français ont substitué à la place de l'officier une *dame*, et à la place des bas-officiers, des *valets*, ou des braves, comme Bullet les nomme. Le bas-officier des glands est nommé en Allemagne, *der grosze mentzel*, et celui de vert, *der kleine mentzel*; enfin, l'as porte le nom de *daus*.

« L'origine des cartes à jouer, continue l'auteur, est assez prouvée par ces circonstances, et il s'ensuit qu'elles ont été en usage en Allemagne avant 1376 (époque que Bullet fixe pour leur origine en France); cependant il

---

(1) Ne pourroit-on pas retourner la phrase de M. de Heinecken, et dire que ce sont les Allemands qui ont changé *cœur, carreau, trèfle et pique* en *rouge, grelots, glands et vert?* Il sembleroit même qu'il y a dans les dénominations françaises quelque chose qui tient plus à une origine et surtout à une origine militaire, que ces mots vagues de *rouge*, de *grelots*, de *glands* et de *vert*.

reste toujours impossible de déterminer exactement la date de leur invention. (1) »

M. Heineken passe ensuite aux procédés de l'ancienne fabrication des cartes; il parle des ouvriers qui tailloient les moules sur le bois, et qu'on nommoit *formschneider* (tailleurs de formes), et des cartiers proprement dits, qui formoient, comme les précédens, un corps séparé, et que l'on appeloit *briefmaler* (peintres de cartes); mais ces détails se rattachent à l'origine de la gravure en bois. Nous finirons ce qui regarde l'opinion de l'auteur sur les cartes à jouer, par un dernier passage de son livre, qui prouve que le commerce des cartes étoit déjà très-considérable en Europe vers le milieu du XV.ᵉ siècle.

« On trouve, dit M. de Heineken, dans les *lettere pittoriche*, tom. V, p. 321, une requête des cartiers de Venise, présentée le 11 octobre 1441, au sénat de cette ville, où ils se plaignent du tort que font à leur commerce, les entreprises journalières des marchands de cartes étrangères, qui sans doute étoient des Allemands (2); ils demandent le privilége exclusif pour en faire et pour en débiter...... Le sénat fit droit sur la requête, qui devient curieuse par la manière dont on s'y est exprimé. On y voit qu'on fa-

---

(1) M. de Heineken cite en note le livre intitulé : *Das guldin spiel* (le jeu d'or), imprimé à Augsbourg, par Gunter Zeiner, en 1472, in-fol., dans lequel il est dit, tit. V, que le jeu de cartes a commencé à prendre cours en Allemagne en 1300.

(2) M. de Heineken cite, en témoignage de cette assertion, le passage suivant d'une ancienne chronique de la ville d'Ulm, qui est déposée, manuscrite, dans la bibliothèque publique : « On envoya, y « est-il dit, les cartes à jouer en ballots, tant en Italie qu'en Sicile « et autres endroits par mer, pour les troquer contre des épiceries et « autres marchandises. On peut voir par-là quelle quantité de cartiers « et de peintres demeuroient ici. » Ce passage augmenteroit d'intérêt si M. de Heineken nous eût révélé la date de cette chronique d'Ulm; il seroit bon de savoir depuis quel temps la fabrication des cartes à jouer procuroit à cette ville une branche de commerce aussi importante.

briquoit des cartes comme on le fait encore aujourd'hui en Allemagne; qu'elles étoient imprimées et ensuite coloriées. L'imprimerie n'étoit pas encore connue, et cependant on emploie le mot *imprimer*. Dans un passage de la requête, on s'exprime ainsi : *carte et figure stampide, che si fanno in Venezia*, cartes et figures imprimées que l'on fait à Venise; et dans un autre endroit : *le carte da zugar e figure dipinte stampide, fatte fuor di Venezia*, les cartes à jouer et les figures peintes, imprimées hors de Venise.

« Voilà ce qui désigne bien clairement les ouvrages de nos peintres de cartes, *briefmaler*, chez lesquels la gravure en bois, l'impression et la peinture alloient de compagnie; et cette triple opération de la gravure et de l'impression avec la peinture, sans lesquelles il ne pouvoit y avoir de cartes à jouer, pour peu qu'on y fasse attention, ouvroit la porte à l'impression sur le papier, des planches gravées en bois, et de suite à l'impression des livres. »

L'abbé BETTINELLI.

(Né le 13 juillet 1718. — Mort le 13 septembre 1808.)

Il giuoco delle carte, poemetto dell'abate Saverio Bettinelli, con annotazionni, ediz. secunda (le jeu de cartes, petit poëme, par l'abbé Xavier Bettinelli, seconde édition). *Crémone*, 1775, in-8.°

Ce petit poëme, en deux chants, quoique d'un célèbre littérateur italien, ne seroit presque d'aucun secours pour l'histoire des cartes à jouer, sans les notes; car jamais, ou presque jamais, la poésie ne fait loi en matière d'érudition, lorsqu'il est question de constater l'exactitude des faits historiques. Mais les notes qui accompagnent cette édition sont, pour la plupart, assez intéressantes, et donnent sur certaines cartes anciennes, dont il n'existe des monumens qu'en Italie, des renseignemens qui jusqu'alors n'étoient pas connus. Je juge de ces notes par celles que Breitkopf a citées dans son *Essai* (en allemand) *sur l'origine des cartes;* car je n'ai pas le poëme de Bettinelli sous les yeux. Comme des notes ne sont pas susceptibles d'analyse, je renvoie le lecteur, d'abord à l'ouvrage italien lui-même, que je n'ai pu me procurer, puis à celui de Breitkopf, où l'on trouvera, pp. 26, 28, 36, 39 et 42, des notes, ou plutôt des fragmens de notes du poëme.

L'ABBÉ RIVE.

(Né le 19 mai 1730. — Mort en 1792).

Notices historiques et critiques de deux manuscrits de la bibliothèque de M. le duc de la Vallière, dont l'un a pour titre: *Le Roman d'Artus, comte de Bretaigne,* **et l'autre,** *Le Rommant de Pertenay ou de Lusignen.* **Par M. l'abbé Rive.** On trouvera dans la première (pp. 7—20), de nouvelles conjectures sur l'époque de l'invention des cartes à jouer; et dans la seconde, la date précise du chef de Saint-Louis, de l'abbaye de St.-Denis dans la sainte chapelle, dont Baillet n'a pas été bien certain. *Paris, Didot l'aîné,* 1779, gr. in-4.° de 36 pages, tiré à moins de 100 exemplaires (1).

---

(1) Il existe encore deux ouvrages du même genre, par l'abbé Rive. L'un, publié par lui-même, est intitulé : *Notices historiques et critiques de deux manuscrits uniques et précieux, de la bibliothèque de M. le duc de la Vallière, dont l'un a pour titre :* la Guirlande de Julie, *et l'autre,* Recueil de fleurs et d'insectes, peints par Daniel Rabel en 1624; *par M. l'abbé Rive. Paris, de l'imprimerie de Didot l'aîné,* 1779, gr. in-4.° de 20 pag., tiré à 100 exemplaires. Le second ouvrage, publié par M. Achard, est intitulé : *Notice d'un manuscrit de la bibliothèque de la Vallière, cité au tome second de son Catalogue, sous le n.° 2768 (le Roman de Fortune, ou les Cinq livres de la consolation de la philosophie de Boëce, mis en rime par un jacobin de Poligny en Bourgoigne. (In-fol. B. V.) Par feu l'abbé Rive. (Marseille, de l'imprimerie de Jos. Achard fils et compagnie).* In-4.° de 18 pages, pap. ordinaire.

On peut encore citer du même Rive : *Notice d'un manuscrit de la bibliothèque du duc de la Vallière, contenant les poésies de Guillaume de Machau.* Gr. in-4.° de 27 pages, tiré à 24 exemplaires, extrait de l'essai

Ce qui regarde l'origine des cartes à jouer dans cet ouvrage a été publié séparément, l'année suivante, sous le titre de :

Etrennes aux joueurs, ou Eclaircissemens historiques et critiques sur l'invention des cartes à jouer, par M. l'abbé Rive. *Paris, chez l'auteur, hôtel du duc de la Vallière,* 1780, *in-12 de* 45 *pages.*

Cette petite édition a été tirée à plus grand nombre que l'ouvrage in-4.º d'où elle est extraite ; on en a imprimé 100 exempl. sur gr. papier in-8.º, et quatre sur vélin. Il y en a une traduction hollandaise sous ce titre : *Historich onderzoech over de speelkaarten.* Utrecht, 1781, in-8.º, et une réimpression à la suite de l'ouvrage anglais de M. Singer sur le même sujet, et dont nous parlerons plus bas. Voyons maintenant quel est le système de l'abbé Rive.

M. le C. de T...... (comte de Tressan), dans l'analyse du roman d'Artus de Bretagne, qu'il a insérée dans la *Bibliothèque universelle des Romans,* nov. 1776, pp. 27—60, a dit que l'origine des cartes à jouer, due aux Français, date du règne de Charles VI. L'abbé Rive a consacré l'opuscule dont nous rendons compte, à combattre cette opinion, et à présenter de nouvelles conjectures sur cette origine. Il commence par passer en revue tous ceux qui ont induit en erreur M. de Tressan, tels que les Menestrier, les Daniel, l'Encyclopédie, Fabricius, Schoepflin, Fournier, Saint-Foix, Meerman, Lamarre et l'abbé

---

sur la musique, par de la Borde (Jean-Benjamin), 1780, 4 vol. in-4.º et une *Notice sur le traité manuscrit de Galeotto Martio,* intitulé : De Excellentibus. Paris, 1785, in-8.º de 16 pag., dont on a tiré 100 exemplaires et un sur vélin, de format in-4.º

Le Gendre, qui font venir les cartes de Lydie (opinion ridicule), l'abbé de Longuerue, qui leur donne pour berceau l'Italie (1), au XIV.ᵉ siècle, et le baron de Heineken, qui les tire de l'Allemagne, vers la fin du XIII.ᵉ Après avoir dit qu'aucun de ces savans n'a deviné ni la nation, ni l'époque auxquelles il faut rapporter l'invention des cartes à jouer, l'abbé Rive annonce « qu'elles sont au moins de 1730, et que ce n'est ni en France, ni en Italie, ni en Allemagne, qu'elles paroissent pour la première fois; mais qu'on les voit en Espagne vers cette année, et bien longtemps avant qu'on n'en trouve la moindre trace chez aucune autre nation. Elles y ont été inventées, continue Rive, par un nommé *Nicolao Pepin*; le nom de *naipes*, que les Espagnols leur ont donné, a été formé des lettres N. P., qui sont les initiales des deux noms de leur inventeur. On lit cette étymologie dans le *Diccionario de la lengua castellana*, Madrid, 1733, 6 vol. in fol., tom. IV, p. 646, col. 1..... Les Italiens, en recevant des Espagnols les cartes à jouer, leur ont donné à peu près le même nom, et ils les ont appelées *naibi*. La chronique de Giovan Morelli, qui est de l'an 1393, nous les présente sous cette dénomination : *non giuocare a zara, nè ad altro giuoco di dadi, fu de-*

---

(1) L'abbé de Longuerue dit, dans le *Longueruana*, tom. I, pag. 107 : « J'ai vu chez M. de Ganières un jeu de cartes (je ne sais s'il étoit complet), telles qu'elles étoient dans leur origine. Il y avoit un pape, des empereurs, les quatre monarchies, qui combattoient les unes contre les autres ; ce qui a donné naissance à nos quatre couleurs. Elles étoient longues de 7 à 8 pouces. C'est en Italie que cette belle invention a pris naissance dans le XIV.ᵉ siècle.... Le jeu des dés est plus ancien que celui des cartes, mais fort récent par rapport aux *tali* des romains .... Ducange n'a rien dit des cartes, il en est pourtant parlé dans un concile de Cologne, où elles sont défendues aux ecclésiastiques. » Nous ignorons quel est ce concile : nous ne l'avons point trouvé dans ceux de Cologne, tenus aux XIII.ᵉ, XIV.ᵉ, XV.ᵉ et XVI.ᵉ siècles.

giuochi che usano i fanciulli; agli aciossi, alla trottola, a' ferri, a' sassi, etc. V. p. 270 de l'édition de cette chronique, *Florence*, 1728, in-4.°...... Les cartes sont nommées *naibes* dans une vie latine de S. Bernardin de Sienne, qui mourut en 1444. Plusieurs auteurs ont ignoré la véritable signification du mot *naibi*, et d'autres ont mal interprété le mot *naibes*; mais il n'y a pas de doute qu'il signifie cartes à jouer. »

Voyons maintenant comment l'abbé Rive va prouver que l'invention de ces cartes appartient aux Espagnols, et qu'elle date de 1330 à peu près. « Les Espagnols, dit-il, produisent la première pièce qui en atteste l'existence. Elles sont prohibées par les statuts d'un ordre de chevalerie qui fut établi en Espagne vers l'an 1332, sous le nom d'*Ordre de la Bande*, par Alphonse XI, roi de Castille, fils du roi don Ferdinand IV et de la reine Constance. Il n'existe plus de vestige de cet ordre. Garibay, Mariana, Jean de Ferreras, tous historiens espagnols, ne nous en ont pas conservé les statuts. Mais don Antoine de Guevare, évêque de Mondonedo, prédicateur et chroniqueur de l'empereur Charles V, en a publié une copie dans ses épîtres (dorées); elles sont divisées en cinq livres, et écrites en espagnol. Les trois premiers ont été imprimés en 1539, à Valladolid (*Pintiæ*), par Jean Villaquiran. Cette édition est si rare que Rive n'a pu la consulter, n'en ayant trouvé aucun exemplaire à Paris. Ces mêmes livres ont été réimprimés à Anvers, chez Petro Bellero, en 1578, in-8.°; mais cette édition, selon Rive, est infidèle et tronquée dans l'endroit où les statuts proscrivent les jeux de cartes, sans doute parce qu'alors, dit-il, la passion des Espagnols pour les cartes étoit devenue plus ardente. La traduction italienne qu'en a donnée Dominique de Catzelu est également tronquée. L'abbé Rive a consulté l'édition de *Venise*, Gab. Giolito, 1558, 2 vol. in-8.° M. Dupuy, dans le compte qu'il rend de l'ouvrage de Rive (*Journal des Savans*, août 1780, p. 547), dit avoir vérifié de son côté une édition antérieure, imprimée chez le même Giolito, en 1547, et n'y avoir trouvé aucune mention des cartes; elle porte même la défense de jouer à aucun jeu, surtout aux dés, *a niun guioco, massime a dadi*, p. 127. Sur quoi donc s'est appuyé l'abbé Rive pour fonder son assertion? Sur une traduction française des épîtres de Guevare, par le seigneur de Guterry, docteur en médecine. On y lit : « Commandoit leur ordre que nul des chevaliers de la » Bande n'osast jouer argent aux *cartes* ou dés. » Guterry, dit Rive, ne cite aucune édition espagnole dont il se soit servi; il assure qu'il a traduit sur le texte; donc il a fait sa version sur un manuscrit espagnol. M. Dupuy n'est nullement de cet avis; après avoir reproché au traducteur beaucoup d'inexactitudes et de fautes, il dit que ce Guterry déclare lui-même que, *maniant et retournant ses livres en son estude, il tomba d'aventure* sur les lettres d'Ant. de Guevare, et, qu'en ayant traduit quelques-unes, on lui conseilla de continuer. Cela annonce bien que c'est sur un imprimé, et non sur un manuscrit, que la version a été faite. L'abbé Rive dit positivement que cette traduction a paru pour la première fois sous ce titre : *Epistres Dorées morales et familières de don Antoine de Guevare, evesque de Mondonedo*, etc. A Lyon, Macé Bonhomme, 1558, *in-4.°* Cela n'est nullement exact, puisque M. Dupuy en a vu une édition de 1556, imprimée à Lyon, chez le même Macé Bonhomme, *in-4.°*, où on lit, chose singulière! à la même page 146 que dans la précédente, le passage en question, avec cependant quelques différences dans l'orthographe : « Commandoit leur ordre, que nul chevalier de la Bande osast jouer argent à cartes ou dez. On connoît encore trois éditions de cette traduction, imprimées à Paris, l'une de 1565 (inconnue à Rive); la seconde de 1570, et la troisième de 1573, toutes *in-8.°* Nous ne nous étendrons pas davantage sur les différentes éditions et sur les traductions de l'ouvrage de Guevare; nous renvoyons au traité même de Rive, à l'article du *Journal des Savans* précité, par M. Dupuy, et surtout à l'*avertissement* qui est en tête du *Catalogue des livres rares* de M. le duc de la Vallière, tom. I, pp. xxv—xxxiij, où le savant rédacteur a relevé plusieurs erreurs de Rive avec autant de décence que le fougueux bibliographe a mis de fiel et de grossièreté à l'égard de MM. de Bure et Van-Praet, dans la plupart de ses ouvrages publiés postérieurement. Revenons à notre principal objet.

Le passage de la traduction de Guterry paroît positif; mais reste à savoir si l'expression espagnole dont s'est servi Guevare (et qu'on ne retrouve pas) est bien rendue par le mot *cartes* (1); car on sera toujours étonné que Catzelu, dont la traduction italienne, de 1547, parut huit ans après l'édition originale de Valladolid, 1539, ne parle point de ce jeu. Rive répond à cela que Guterry étoit Navarrois et connoissoit parfaitement la langue espagnole. On n'en

---

(1) Il est certain que dans l'édition des *Epîtres* de Guevare, Madrid, 1668, et d'autres également postérieures à la première, qui est de 1539, on trouve seulement : *al juego de dados secos*, qui certainement ne signifie pas *cartes*. Mais ce mot *cartes* n'existe pas seulement dans la traduction française; il est encore dans un livre hollandais, intitulé : *Nederlandsche Heraut* (c'est-à-dire *Héraut des Pays-Bas*), par Thomas Rouck, *Amsterdam, Jansen*, 1648. L'auteur y rapporte, p. 168, une partie des statuts de l'ordre de la Bande (*della Vanda*), et cite Sansorino *della origine de cavalieri*, lib. III, p. 120; et le texte hollandais porte : *Niet te gebruycken teerling of Kartenspel*, c'est-à-dire, ne point se servir de dés ni de cartes. Il n'est pas présumable que cette traduction hollandaise aura été faite sur la traduction française de Guterry, les deux ouvrages où se trouvent les extraits des statuts (les *Epîtres* et le *Héraut des Pays-Bas*), n'ayant aucun rapport entre eux. Si Rive eût connu l'ouvrage de Rouck, il en auroit tiré grand parti.

doute pas, mais il étoit bien moins familier avec la langue française ; car il déclare lui-même avoir commencé cette traduction pour s'exercer dans notre langue, qui, chez lui, dit-il, « n'est encore bien françoysée ; tellement que
» quelque autre Pollion plus facilement en mes escritz
» reconnoistra mon navarrois, qu'en Tite-Live son pa-
» douan. » En effet, sa traduction fourmille de fautes.

Une autre objection que l'on pourroit faire à l'abbé Rive, c'est que les fleurs de lis qui se trouvent sur les cartes de presque toutes les nations de l'Europe, sembleroient dénoter qu'elles tirent leur origine de France. Voici comment l'auteur prévient cette objection : lors de l'invention des cartes en Espagne, elles y furent décriées et ne furent pas mieux accueillies en France, où elles passèrent trente ans après. Charles V les défendit sans les nommer, par une ordonnance de 1369; et Petit Jehan de Saintré ne fut favorisé par ce prince que parce qu'il ne jouoit ni aux cartes ni aux dés. En Provence, les valets étoient appelés *tuchim* ou *tuchins*, nom d'une race de voleurs, qui, en 1361, causèrent tant de dégâts dans ce pays et le comtat Venaissin, que les papes furent obligés de publier une croisade pour les exterminer. Il fallut, pour introduire les cartes à la cour de France, imaginer un prétexte, celui de calmer la mélancolie de Charles VI. Le jeu de piquet ayant été inventé sous Charles VII, les cartes où certaines figures étoient ornées de fleurs de lis, passèrent chez les autres nations qui d'abord n'y firent point de changement. D'ailleurs Bullet a observé qu'on trouve des fleurs de lis sur des monumens du haut et moyen âge, et sur les sceptres et les couronnes de divers empereurs d'Occident, de divers rois de Castille et de la Grande-Bretagne, avant que les Normands en eussent fait la conquête. Il ne seroit donc pas surprenant que les Espagnols eussent mis des fleurs de lis sur les cartes, d'autant moins que l'invention en est postérieure de peu de temps à la mort de leur saint roi Ferdinand, dont la couronne étoit toute fleurdelisée.

Nous terminons ici ce que nous avions à dire sur l'opuscule de l'abbé Rive. Il renferme beaucoup d'érudition bibliographique, mais elle est sèche, quelquefois minutieuse et pas toujours exempte d'erreurs. Celle de l'abbé Bullet est infiniment plus variée et plus nourrie. D'ailleurs le système de l'abbé Rive n'a rien dans ses preuves qui porte la conviction. On y voit seulement que l'origine des cartes à jouer est antérieure à l'époque fixée par Bullet, et qu'il l'attribue aux Espagnols, mais d'après un monument assez fragile.

COURT DE GEBELIN.

(Né en 1725. — Mort le 10 mai 1784.)

Monde Primitif, etc. Huitième livraison. Dissertations mêlées sur différens objets concernant l'histoire, le blason, les monnoies, les jeux, les voyages, etc. Tome I., par M. Court de Gebelin. *Paris*, 1781, *in-4.°, fig.*

Ce volume renferme, pp. 365—394, une dissertation intitulée : *Du jeu de tarots, où l'on traite de son origine, où l'on explique ses allégories et où l'on fait voir qu'il est la source de nos cartes modernes à jouer*, etc., etc., avec 5 planches représentant les 21 atous du jeu de tarots, le fou, l'as d'épée, l'as de coupe, l'as de bâton, l'as de denier. Cette dissertation est suivie, pp. 395—410, de *Recherches sur les tarots et sur la divination par les cartes des tarots, par M. le C. de M.*

Le jeu des tarots, avec ses figures singulières et bizarres, prêtoit trop aux allégories, pour que l'imagination vive de Court de Gebelin ne s'en emparât pas sur-le-champ. A peine y a-t-il jeté un coup-d'œil, qu'il décide, sans balancer, que ce jeu est un ouvrage des anciens Egyptiens, un de leurs livres échappés aux flammes qui dévorèrent leurs superbes bibliothèques, et qu'il contient leur doctrine la plus pure sur des objets intéressans. Il se propose dans sa dissertation, de faire voir les allégories qu'offrent les diverses cartes de ce jeu, les formules numériques d'après lesquelles il a été composé, comment il s'est transmis jusqu'à nous, ses rapports avec un monument chinois; comment en naquirent les cartes espagnoles; et enfin, les rapports de ces dernières avec les cartes françaises.

Nous n'avions pas l'intention de suivre l'auteur dans ses interprétations des figures de chaque carte du jeu de tarots; car, quoi qu'il en dise, et pour nous servir de ses propres expressions, mais en sens contraire, nous n'y avons vu que *le jeu de son imagination, et nullement l'effet des rapports choisis et sensibles de ce jeu avec tout ce qu'on connoît d'idées égyptiennes.* Cependant, comme ces explications forment la majeure partie de son travail, nous en donnerons un extrait, ne seroit-ce que pour amuser le lecteur. Mais auparavant, nous croyons devoir dire en quoi consiste le jeu de tarots.

On y compte 78 cartes divisées en cinq séries, savoir: 22 atous, dont 21 sont numérotés; puis les quatre couleurs, composées chacune de 14 cartes, ce qui fait en tout 78. Les noms des quatre couleurs sont : l'épée, la coupe, le bâton et le denier; chaque couleur a un *roi*, une *reine*, un *cavalier*, un *valet* et dix basses cartes, numérotées de 10 à 1. Les 22 atous sont : Le Fou, non numéroté; on l'appelle vulgairement *Mat*. Les autres ont leur numéro dans l'ordre suivant : 1. Le Bateleur, qui est appelé *Pagad* dans le courant du jeu; 2. Junon (que les cartiers allemands ont nommée ridiculement *Papesse*); 3. l'Impératrice; 4. l'Empereur; 5. Jupiter (ces cinq premiers numéros sont appelés les cinq petits atous); 6. l'Amoureux; 7. le Chariot; 8. la Justice; 9. le Capucin, une lanterne à la main (comme Diogène); 10. la Roue de Fortune; 11. la Force; 12. le Pendu (par un pied); 13. (numéro sinistre) la Mort; 14. la Tempérance; 15. le Diable; 16. la Maison de Dieu (c'est une tour frappée de la foudre); 17. l'Étoile; 18. la Lune; 19. le Soleil; 20. le Jugement; 21. le Monde. Les cinq derniers numéros sont appelés grands atous. Sept cartes portent le nom de tarots par excellence, ou atous-tarots; ce sont : le *Monde*, numéroté 21, le *Mat* ou *Fou*, sans numéro; le *Pagad* ou *Bateleur*, numéroté 1.; et les quatre rois d'épée, de bâton, de coupe et de denier.

Passons maintenant aux interprétations de Court de Gébelin, dont tout lecteur pourra apprécier la justesse.

Les *atous*, au nombre de 22, représentent, selon l'auteur, les chefs temporels et spirituels de la société, les chefs physiques de l'agriculture, les vertus cardinales, le mariage, la mort et la résurrection ou la création, les divers jeux de la Fortune, le sage, le fou, le Temps, etc., toutes allégories relatives à l'ensemble de la vie.

Au tableau du *Fou*, on remarque, outre ses attributs, un sac, c'est celui de ses fautes; un tigre, c'est l'emblème de ses remords. Il est numéroté *zéro*, parce qu'il n'a de valeur que celle qu'il donne aux autres, montrant ainsi que rien n'existe sans sa folie.

Le *Joueur de gobelets*, n.° 1, est à la tête de tous les

états, parce que la vie entière n'est qu'un songe, un escamotage. Il porte aussi le nom de *Bateleur*, qui vient de *baste*, bâton ; c'est la verge des mages, ou bâton de Jacob.

Les n.° 2, 3, représentent deux femmes ; et les n.° 4, 5, leurs maris : ce sont les chefs temporels et spirituels de la société. Le n.° 4 représente le roi (l'Empereur), et le n.° 3 la reine (l'Impératrice). Le n.° 5 (Jupiter) désigne le chef des hiérophantes, ou grand prêtre, et le n.° 2 (Junon), la grande prêtresse ; le sceptre à triple croix est un monument égyptien qui a rapport au triple Phallus. (Dans le jeu que j'ai sous les yeux, les n.° 5 et 2 sont *Jupiter* et *Junon*, avec leurs attributs, et ne ressemblent en rien aux personnages dont parle l'auteur.)

Le n.° 7 (le *Chariot*) est Osiris triomphant, ou le Soleil ; il est sur un char traîné par deux chevaux blancs.

Le n.° 6 (l'*Amoureux*), que l'auteur nomme le mariage, est composé d'un jeune homme et d'une jeune femme qui se donnent leur foi mutuelle. L'Amour en l'air les menace de ses traits. (L'auteur ne parle point d'un troisième personnage qui est entre les deux amans.)

Les n.° 8, 11, 12 et 14 [la *Justice*, la *Force*, le *Pendu* (converti en *Prudence*) et la *Tempérance*] sont, dit l'auteur, les quatre vertus cardinales, savoir : le n.° 8 la *Justice* avec l'épée et la balance ; le n.° 11, la *Force* ou femme qui s'est rendue maîtresse d'un lion ; le n.° 12, la *Prudence*, représentée par un homme dont la sottise du cartier a fait un pendu, tandis que c'est un homme qui pose sur un pied, et qui cherche prudemment à savoir où il posera l'autre pied suspendu ; enfin le n.° 14, la *Tempérance*, qui tempère une liqueur par une autre qu'elle transvase.

Le n.° 9 (le *Capucin* ou l'*Ermite*), c'est le sage ou le chercheur de la vérité, c'est-à-dire Diogène.

Le n.° 19 représente le *Soleil*: le n.° 18 représente la *Lune*, avec une écrevisse qui désigne ou la marche rétrograde de la lune, ou qu'elle et le soleil sortent du cancer. Les deux tours sont les colonnes d'Hercule; et les deux chiens les deux tropiques.

Le n.° 17 (l'*Etoile*) n'est autre chose que la canicule; la femme est Isis; et le papillon, le symbole de la régénération. (Aucun papillon ne figure dans cette carte, que j'ai sous les yeux).

Le n.° 13 est la *Mort*. Ce nombre a toujours été regardé comme malheureux.

Le n.° 15 (le *Diable*) est Typhon l'égyptien.

Le n.° 16 représente la *Maison de Dieu*, d'où sont précipités deux jeunes voleurs.

Le n.° 10 est la *Roue de Fortune*; les hommes qu'elle élève ou qu'elle abaisse y sont figurés satyriquement sous la forme d'animaux. (Cette gravure se trouve dans la *nef des fous*.)

Le n.° 20 a été mal nommé le *Jugement dernier*; c'est encore une erreur du cartier: il devait l'appeler la création. (Jamais un ange sonnant de la trompette n'a paru dans la création).

Le n.° 21 est le Temps et non pas le *Monde*, ainsi qu'il est nommé sur la carte. (C'est la première fois que le Temps seroit représenté sous la figure d'une femme.) Les quatre figures des coins sont les quatre saisons, savoir : l'*aigle*, le printemps; le *lion*, l'été; le *bœuf*, l'automne; et le *jeune homme*, l'hiver. (N'en déplaise à l'auteur, j'y vc ois plutôt les attributs des quatre évangélistes.) (1)

---

(1) Telle est l'explication des 22 atous, donnée par Court de Gebelin. En voici une autre qui est beaucoup moins savante et moins illustre sans doute, mais que je mets sur la même ligne, quant à la confiance

Après les *atous*, viennent les couleurs distinguées par leurs emblêmes, savoir : l'*épée*, la *coupe*, le *bâton* et le *denier*, comme nous l'avons dit plus haut; et chaque couleur est composée de 14 cartes, dont dix numérotées de 1 à 10, et quatre figurées *roi, reine, cavalier* et *valet*. Ces quatre couleurs se rapportent aux quatre états entre lesquels étoient divisés les Egyptiens.

L'*épée* désignoit le souverain et la noblesse toute militaire;

La *coupe*, le clergé ou le sacerdoce;

Le *bâton*, ou massue d'Hercule, l'agriculture;

Et le *denier*, le commerce, dont l'argent est le signe.

Le jeu de tarots est fondé sur le nombre 7. Chaque couleur est de deux fois 7 cartes; les atous sont au nombre de trois fois 7; et le nombre des cartes est de 77, le Fou étant zéro. Ce jeu ne peut donc avoir été découvert que par les Egyptiens, puisqu'il est tout allégorique, et qu'il a pour base le nombre 7 (raisonnement sans réplique). Il a été inventé par un homme de génie, son nom est pur égyptien. Il est composé du mot TAR, qui signifie voie, chemin, et du mot RO, ROS, ROG, qui veut dire roi, royal : c'est donc le CHEMIN ROYAL de la

---

qu'elle peut inspirer. J'ignore qui est l'auteur de celle-ci; son historiette peut aller de pair avec les contes bleus de Gebelin.

« *Pagad* ou *Paguai* qui, cherchant *Fortune*, couroit le *Monde*, et souvent couchoit à la belle *Etoile*, aperçut un beau soir, au clair de la *Lune*, l'*Impératrice*, qui se promenoit sur son *Char*; aussitôt il en devint éperdument *Amoureux*, et résolut de l'enlever par *Force*. L'*Empereur*, qui n'entendoit pas raison sur cet article, jura par *Jupiter* et *Junon*, la *Mort* du coupable. En conséquence il le livra à la *Justice*; mais le tribunal, très-indulgent, usa de *Tempérance*, et par *Jugement*, condamna le coupable à une simple réclusion, dans la *Maison de Dieu*, où on lui fit endosser une robe de *Capucin*. Le pauvre *Diable* en devint *Fou*, comme s'il eût reçu un coup de *Soleil* sur l'occiput, et peu après on le trouva *Pendu* dans sa cellule. » Telle est l'origine du jeu des tarots selon un anonyme, qui a osé entrer en lice avec Gebelin.

vie (1). Le mot *Mat*, nom vulgaire du Fou, vient de l'oriental MAT, assommé, meurtri, fêlé, parce que les fous ont le cerveau fêlé (comme parfois certains étymologistes). Le joueur de gobelets est appelé *Pagad* et *Paguai* dans certains pays ; *Pagad* vient de l'oriental PAG, chef, maître, seigneur ; et CAD, la Fortune ; en effet, il dispose du sort avec sa baguette de Jacob. Dans ce qui suit, l'auteur donne la manière de jouer les tarots, en cinq articles : 1.° donner les cartes ; 2.° compter les points de son jeu ; 3.° jouer ses cartes ; 4.° écart de celui qui donne ; et 5.° manière de compter les mains. Ensuite il considère le jeu sous le rapport géographico-politico-moral : cela revient aux explications précédentes, si ce n'est que les quatre vertus cardinales sont les quatre points cardinaux ; les quatre couleurs sont l'Asie, l'Afrique, l'Europe et la Celto-Syrie, etc. Les cavaliers sont les exploits des peuples, etc. ; les valets, les arts, etc., etc. Nous ne prolongerons pas davantage le détail des rêveries de l'auteur. Il est temps de tirer de sa dissertation ce qui est étranger aux allégories chimériques dont il l'a surchargée. Ce n'est pas que ses conjectures sur la haute antiquité de ce jeu nous paroissent plus fondées que ses allégories ; mais au moins elles sont plus supportables.

Il parle d'un monument chinois qui lui a été communiqué par M. Bertin, et qu'on fait remonter aux premiers

---

(1) M. le comte de M...., dont la dissertation sur les tarots suit celle de Gebelin, s'exprime ainsi sur l'étymologie de ce mot : « Ce livre » paroit avoir été nommé A-ROSH ; d'A, doctrine, science ; et de » ROSH, Mercure, qui, joints à l'article T, signifient tableaux de la » doctrine de Mercure ; mais comme ROSH veut aussi dire *commencement*, ce mot TA-ROSH fut particulièrement consacré à sa cosmogonie. » Nous voyons par ces diverses définitions, que les domaines de l'étymologie sont aussi vastes que féconds : on y trouve tout ce qu'on veut.

âges de cet empire. Les Chinois le regardent comme une inscription relative au desséchement des eaux du déluge par Yao. Il est composé de caractères qui forment de grands compartimens en carré-long et tous égaux, de la même dimension que les cartes des tarots. Comme ces compartimens sont au nombre de 77, et que le jeu de tarots a 77 cartes (le *Fou* non compris), l'auteur pense, moyennant quelques autres données (très-équivoques selon nous), que l'un et l'autre de ces monumens ont été formés d'après la même théorie. Ainsi voilà les tarots qui remontent au déluge; c'est une antiquité assez respectable. Il ne paroît cependant pas très-certain que les Égyptiens aient emprunté leur jeu de tarots aux Chinois. Quoi qu'il en soit, voici la route que Gebelin fait tenir à ce jeu pour arriver jusqu'à nous.

« Dans les premiers siècles de l'Église, dit-il, les Égyptiens étoient très-répandus à Rome; ils y avoient porté les cérémonies et le culte d'Isis, par conséquent le jeu dont il s'agit. Ce jeu, intéressant par lui-même, fut borné à l'Italie, jusqu'à ce que les liaisons des Allemands avec les Italiens le firent connoître de cette seconde nation, et jusqu'à ce que celles des comtes de Provence avec l'Italie, et surtout le séjour de la cour de Rome à Avignon, le naturalisèrent en Provence et à Avignon. S'il ne vint pas jusqu'à Paris, il faut l'attribuer à la bizarrerie de ses figures et au volume de ses cartes, qui n'étoient pas de nature à plaire à la vivacité des dames françaises; aussi fut-on obligé, comme nous le verrons bientôt, de réduire excessivement ce jeu en leur faveur. »

Nous ne ferons qu'une observation sur ce que vient d'exposer Court de Gebelin. Si, comme il le prétend, ce jeu avoit été connu des anciens, et avoit ainsi traversé le moyen âge, on en trouveroit quelque mention dans les auteurs des différens siècles, qui ont parlé des jeux;

dans les SS. pères et dans les conciles, qui en ont proscrit nominativement un certain nombre; dans les livres orientaux; dans les chroniques, etc. : mais, comme on n'en parle nulle part, il est présumable qu'il n'existoit pas, du moins chez les Romains et chez leurs successeurs immédiats.

L'auteur parle aussi de l'analogie qu'il y avoit entre les tournois et le jeu de tarots. Dans les tournois, les chevaliers étoient divisés en quatre et même en cinq bandes, relatives aux quatre couleurs des tarots et à la masse des atous (1).

Passant aux cartes espagnoles, Court de Gebelin les regarde comme un diminutif du jeu de tarots; en effet, il suffit de voir leurs couleurs, leurs figures, leurs dénominations, pour être convaincu qu'elles ont été formées sur ce jeu. Le jeu espagnol est divisé en quatre couleurs, qui portent les mêmes noms que dans les tarots, tels que SPADILLE ou épée, BASTE ou bâton, COPA ou coupe, et DINERO ou denier. Il n'y a pas de dames; chaque couleur a un roi, un chevalier, un valet, et neuf basses cartes; chaque carte a les figures de sa couleur, c'est-à-dire, ou des épées, ou des bâtons, ou des coupes, ou des deniers. Les cartes elles-mêmes sont appelées NAYPES (2); les atous,

---

(1) L'auteur cite le dernier divertissement de ce genre qu'on ait vu en France, et qui fut donné en 1662, par Louis XIV, entre les Tuileries et le Louvre, dans cette grande place qui en a conservé le nom de Carrousel. Il étoit composé de cinq quadrilles : le roi étoit à la tête des Romains; son frère, chef de la maison d'Orléans, à la tête des Persans; le prince de Condé commandoit les Turcs; le duc d'Enghien, son fils, les Indiens; le duc de Guise, les Américains. Trois reines y assistèrent sous un dais, la reine-mère, la reine régnante et la reine d'Angleterre, veuve de Charles I.er Le comte de Sault, fils du duc de Lesdiguières, remporta le prix, et le reçut des mains de la reine-mère.

(2) Court de Gebelin dérive ce nom de l'oriental NAP, qui signifie prendre, tenir; mot à mot les tenans. Nous avons vu que Bullet lui

ou plutôt, les figures de la couleur sont appelées dans ce jeu matadors, c'est-à-dire, assommeurs. Ce mot est passé dans notre langue.

« D'après ces données, dit Court de Gebelin, il n'est personne qui ne s'aperçoive sans peine que les cartes françaises ne sont elles-mêmes qu'une imitation des cartes espagnoles, et qu'elles sont ainsi l'imitation d'une imitation, par conséquent une institution bien dégénérée, loin d'être une invention originale et première, comme l'ont cru mal à propos nos savans....... » L'auteur combat ouvertement ceux qui placent l'origine de nos cartes sous Charles VI et même sous Charles V, puisque S. Bernard (lisez Bernardin) de Sienne, contemporain de ce dernier roi, les condamnoit en chaire. Il falloit qu'elles fussent alors très-répandues; et ce n'est pas au moment de leur invention qu'elles auroient pu être aussi connues, aussi multipliées et aussi dangereuses. Court de Gebelin passe ensuite à la critique de nos cartes, qui ne présentent, dit-il, nulle vue, nul génie, nul ensemble. Il est fâché qu'il y ait 13 cartes par couleur, au lieu de 14; il blâme aussi les noms donnés aux rois, aux reines et aux valets. Il voit dans les noms des reines une allégorie relative aux quatre manières dont une dame s'attire les hommages des hommes: Rachel désigne la beauté; Judith, la force; Pallas, la sagesse; et Argine, la naissance. Il en étoit là, dit-il, de sa dissertation, lorsque le petit ouvrage de l'abbé Rive sur les cartes à jouer, lui est tombé sous la main. Il se félicite de voir ce savant de son avis, puisqu'il soutient, 1.° que nos cartes françaises sont antérieures à Charles

---

donne une autre étymologie et le fait venir du basque sapa, plat, uni. Le dictionnaire de la langue castellane le tire du nom de l'inventeur *Nicolao Pepin*, dont les deux initiales sont N. P. Rive donne la préférence à cette opinion sur celle de Bullet.

VI ; 2.° qu'elles sont une imitation des cartes espagnoles. Il cite les preuves de l'abbé Rive, et enfin, termine sa dissertation par dire que, d'après ce qu'il a exposé, il ose se flatter qu'on n'avancera plus comme démontrées ces propositions : que les cartes n'existent que depuis Charles VI ; que les Italiens sont le dernier peuple qui les ait adoptées ; que les figures du jeu de tarots sont extravagantes ; qu'il est ridicule de chercher l'origine des cartes dans les divers états de la vie civile ; que ces jeux sont l'image de la vie paisible, tandis que celui des échecs est l'image de la guerre ; que le jeu des échecs est plus ancien que celui des cartes.

Ainsi finit la dissertation de Court de Gebelin. Celle de M. le C. de M.... qui la suit, n'ayant guère de rapport qu'à la divination par les cartes des tarots, nous n'en parlerons point, puisque cela est étranger à notre objet. Cependant, pour amuser le lecteur et varier un peu la matière, au milieu de dissertations assez arides, nous allons rapporter l'article V, intitulé : *Comparaison des attributs mythologiques des tarots avec les valeurs qu'on assigne aux cartes modernes pour la divination.*

« Nos diseurs de bonne fortune (dit M. le C. de M....), ne sachant pas lire les hiéroglyphes, en ont soustrait tous les tableaux, et changé jusqu'aux noms de coupe, de bâton, de denier et d'épée, dont ils ne connoissoient ni l'étymologie ni l'expression ; ils ont substitué ceux de cœur, de carreau, de trèfle et de pique ; mais ils ont retenu certaines tournures et plusieurs expressions consacrées par l'usage, qui laissent entrevoir l'origine de leur divination. Selon eux,

» Les cœurs (les coupes), annoncent le bonheur ;
» Les trèfles (les deniers), la fortune ;
» Les piques (les épées), le malheur ;

» Les carreaux (les bâtons), l'indifférence et la campagne.

» Le neuf de pique est une carte funeste.

» Celui de cœur, la carte du soleil; il est aisé d'y reconnoître le grand neuf, celui des coupes : de même que le petit neuf dans le neuf de trèfle, qu'ils regardent aussi comme une carte heureuse.

» Les as annoncent des lettres, des nouvelles : en effet, qui est plus à même d'apporter des nouvelles que le *borgne* (le soleil), qui parcourt, voit et éclaire tout l'univers?

» L'as de pique et le huit de cœur présagent la victoire; l'as couronné la pronostique de même, et d'autant plus heureuse qu'il est accompagné des coupes ou des signes fortunés.

» Les cœurs, et plus particulièrement le dix, dévoilent les événemens qui doivent arriver à la ville. La coupe, symbole du sacerdoce, semble destinée à exprimer Memphis et le séjour des pontifes.

» L'as de cœur et la dame de carreau annoncent une tendresse heureuse et fidèle. L'as de coupe exprime un bonheur unique, qu'on possède seul; la dame de carreau indique une femme qui vit à la campagne, ou comme à la campagne : et dans quel lieu peut-on espérer plus de vérité et d'innocence qu'au village?

» Le neuf de trèfle et la dame de cœur marquent la jalousie. Quoique le neuf de denier soit une carte fortunée, cependant une grande passion, même heureuse, pour une dame vivant dans le grand monde, ne laisse pas toujours son amant sans inquiétudes, etc., etc. On trouveroit encore une infinité de similitudes qu'il est inutile de chercher : n'en voilà déjà que trop. »

Je suis de l'avis de l'auteur, et, pour me servir de ses propres expressions, *n'en voilà déjà que trop* de cette citation et pour le fonds et pour la forme; car le style de M. de M.... répond aux chimères qui font la base de son mémoire.

BREITKOPF.

(Né le 25 novembre 1719. — Mort le 28 novembre 1794.)

Versuch den Ursprung der Spielkarten, die Einfuchrung des Leinenpapieres, und den Anfang der holzschneidekunst in Europa zu erforschen; von Joh. Gottl. Imman. Breitkopf. Erster Theil, welcher die Spielkarten und das Leiuenpapier enthalt. Mit vierzehn Kupfertafeln. (Essai sur l'origine des cartes à jouer, l'introduction du papier de linge, et les commencemens de la gravure sur bois (1), en Europe. Par Jean Gottlob Emmanuel Breitkopf. Première partie, qui renferme les jeux de cartes et le papier de linge, avec 14 planches. *Leipsig, chez J.-G.-E. Breitkopf, 1784, in-4.° de 136 pages, fig.*

La dissertation sur l'origine des cartes à jouer occupe, dans ce volume, les pages 7 à 44; et une addition aux notes se trouve depuis la page 113 à la 118; le reste est

---

(1) La partie qui concerne la gravure en bois, n'a été publiée qu'après la mort de Breitkopf. Elle a paru sous le titre de *Matériaux pour servir à l'histoire de la gravure sur bois*, publiés par J.-C.-F. Roch. 1801, in-4.° Elle complète l'ouvrage dont le titre est détaillé ci-dessus.

consacré à l'origine du papier de linge et aux tables. Nous ne parlerons ici que de ce qui regarde les cartes à jouer, selon le système de Breitkopf.

Son ouvrage est rempli de recherches curieuses ; il y a beaucoup d'érudition, mais cette érudition est quelquefois diffuse.

L'auteur établit d'abord que l'origine des cartes à jouer est antérieure aux premiers essais de la gravure en bois ; puis il passe en revue les différentes nations chez lesquelles on trouve d'anciens monumens relatifs aux cartes. Il commence par l'Allemagne, et cite un livre intitulé : *Das guldin spiel* (le jeu d'or), imprimé au XV.ᵉ siècle, où il est question des cartes déjà connues en 1300 (1).

Quant à la France, il rejette l'édit de saint Louis, donné en 1254, où différens jeux sont proscrits ; mais les cartes n'y sont pas mentionnées, quoique le bonhomme Papillon ait cru les y apercevoir. C'est en 1361 qu'on en trouve les premiers vestiges dans l'histoire de Provence. On voit que dans ce pays on appela les valets, du nom d'un fameux chef de voleurs, très-redouté (*tuchim*), qui causa beaucoup de dommages, tant dans cette province que dans le comtat Venaissin. Une chronique du temps de Charles V (celle de Petit Jehan de Saintré), prouve encore plus positivement que les cartes étoient connues en France vers ce temps (de 1364 à 1367). En Italie, il existe un monument plus ancien, cité par Tiraboschi (*storia della litter. Ital.*, tom. VI, part. II, p. 402.) : c'est un manuscrit de Pipozzo di Sandro, de l'an 1299, où il est parlé du jeu de cartes, en propres termes (2). Les Anglois primeroient les Italiens, si le

---

(1) Voyez ci-dessus, à l'article Baron de Heineken, la note p. 217.

(2) Zani, comme nous le verrons à l'article de M. Singer, présente une forte objection contre le passage de ce manuscrit. Cette objection

synode de Worcester, proscrivant en 1240, le *jeu du roi et de la reine*, avoit entendu par cette expression, le jeu de cartes, comme le dit Ducange, sans cependant l'affirmer positivement (1). Mais il paroît certain qu'il n'étoit question dans cette défense que du jeu des échecs ou de quelqu'autre jeu inconnu. Les Espagnols, sur lesquels Breitkopf rapporte l'opinion de Rive, auroient connu les cartes qu'ils nomment *naipes*, dès 1332, d'après les statuts de l'ordre de l'Union (ou de la Bande), où elles sont défendues par Alphonse XI, roi de Castille; mais nous avons vu plus haut que le passage d'Antoine de Guevare, relatif à ces statuts, et le seul où il soit question de cartes, prête beaucoup à la discussion, n'étant mentionné que dans une traduction française de Guterry. « On ne doit pas néanmoins en conclure, dit Breitkopf,
» que les cartes n'aient pas été en usage plus tôt en
» Espagne, puisqu'elles ont été portées de ce pays en
» Italie en 1267 ou 1282, et, comme on l'a démontré plus
» haut, elles étoient déjà connues dans l'Italie en 1299. »
Je ne vois pas sur quoi l'auteur se fonde pour assurer que les cartes ont été portées d'Espagne en Italie, en 1267 ou en 1282. Un peu plus loin il ajoute : « Il est
» certain que la défense des cartes et d'autres jeux, a
» été faite par Jean I.er, roi de Castille, en 1387, et par
» Ferdinand V, qui monta sur le trône en 1374. Ce-

---

dérive du silence de Pétrarque, qui, postérieur à Pipozzo, a fait une énumération de jeux, sans y nommer les cartes.

(1) Voici les expressions du concile ou plutôt du synode : *Synodus Wigorniensis*, ann. 1240, cap. 38. « *Prohibemus etiam clericis, ne intersint ludis inhonestis, vel choreis, vel ludant ad aleas vel taxillos: nec sustineant ludos fieri de rege et regina, nec arietes levari, nec palestras publicas fieri.* » Et, sur ce passage, Ducange, Gloss. tom. II, p. 154, dit : « *Videtur innui ludus quem vulgo chartarum dicimus, siquidem*
» *eâ œtate notus fuerit.* »

» pendant, continue-t-il, il est vraisemblable que les
» Espagnols ont connu ce jeu bien longtemps avant
» qu'Alphonse eût établi l'ordre de l'Union, non que
» l'invention vînt d'eux, mais parce qu'ils l'ont reçue
» de leurs voisins (1). »

C'est ici que Breitkopf commence à développer ses conjectures sur l'introduction des cartes en Europe, par les Arabes, qui peut-être les tenoient de l'Inde. Il parle d'abord du nom espagnol *naipe*, donné aux cartes, qu'il soupçonne tiré de l'arabe, puis du nom italien *naibi*, qu'il dérive de l'hébreu, et qui signifie sorcellerie, divination, prédiction. « Il y a encore, dit-il, une plus grande
» vraisemblance de la dérivation arabe, quand on compare
» le jeu de cartes avec celui des échecs, qui, probable-
» ment, nous a été apporté par ces peuples : le nom de
» SSU-ARICK, *cent soucis*, que les Arabes ont donné à ce
» jeu, est une expression aussi orientale que *naipes*. »

L'auteur prétend que l'histoire démontre clairement comment le jeu de cartes est venu des Arabes chez les Espagnols, chez les Italiens et chez les Français. « Lorsque les Sarrasins, dit-il, se furent répandus dans l'Asie et dans l'Afrique, ils essayèrent, vers le milieu du VII.ᵉ siècle, d'aller sur mer. En 652, ils entreprirent une invasion dans la Sicile, en firent entièrement la conquête, et l'occupèrent jusqu'en 832. Ils vinrent en

---

(1) On connoît postérieurement un édit ou plutôt les *Statuta Sabaudiæ*, publiés en 1470, par Amédée VIII, duc de Savoie, où se trouve une distinction des jeux permis et des jeux défendus dans ses états. Mais on ne pourra jamais, dit-il, jouer d'argent, à moins qu'il ne soit employé à des collations ou rafraîchissemens (cela étoit renouvelé du droit romain, car il y est dit : *Quod in convivio, rescendi causâ ponitur, in eam rem alea permittitur*. Digest. *de aleat. leg.* 4.) : quant aux cartes, elles sont défendues; cependant on les permet aux femmes et aux hommes qui joueront avec elles, à condition qu'on ne jouera que des épingles ou des aiguilles : *Dum fiat tantùm cum spinulis*.

Espagne en 710, pénétrèrent en 731 en France par le Languedoc jusqu'à Arles, et se maintinrent dans la partie méridionale de l'Espagne jusqu'en 1492. C'est en 842 qu'ils vinrent de la Sicile dans la Calabre; peu d'années après, ils allèrent jusqu'à Rome, se répandirent dans la Toscane, et se maintinrent jusqu'au X.ᵉ siècle dans différentes contrées de l'Italie, où ils étoient si puissans, que le pape et d'autres princes d'Italie eurent recours à leur assistance dans leurs guerres réciproques. Au commencement du X.ᵉ siècle, une partie s'établit sur les côtes du Piémont, et pénétra jusqu'aux montagnes du Valais; et pour n'en être pas inquiété, on leur accorda, vers le milieu de ce siècle, une place dans ces montagnes. »

D'après un si long voisinage et des relations de société entre ces Arabes et les peuples dont nous venons de parler, il paroît vraisemblable que les Espagnols, les Italiens et les Français ont reçu directement les cartes de ces Orientaux, et il est inutile de supposer qu'ils se les sont transmises de l'un à l'autre. Comme l'on croit que les Arabes ont reçu le jeu des échecs des Indiens par la Perse, on peut aussi conjecturer qu'ils ont reçu les cartes d'une autre nation, et alors ils n'en seroient pas les inventeurs.

Dans les écrivains latins et grecs qui ont parlé des jeux, on ne trouve rien qui ait rapport aux cartes. C'est en vain qu'on a cité saint Cyprien, évêque de Carthage, mort en 258 : son traité des spectacles et des jeux de hasard ne fait nulle mention du jeu de cartes (1).

---

(1) Mais en descendant beaucoup plus bas, nous trouvons que Papia ou Papias le Lombard, grammairien grec, qui florissoit vers 1034, et que l'on regarde comme auteur du premier dictionnaire, se sert de cette expression : *Nappa etiam dicitur vel forma ludorum.*

Breitkopf passe ensuite aux cartes dont parle Court de Gebelin, et qui ne sont que le jeu des tarots, encore en usage en Allemagne, en Suisse (et dans une partie de la Franche-Comté). D'après le système (plus ingénieux que solide) de Gebelin, ces cartes n'étoient autre chose qu'une allégorie exprimée dans l'ancien langage figuré des Égyptiens, et qui étoit d'accord avec leur constitution, leur philosophie et leur religion; ou c'étoit un livre qui renfermoit l'histoire du commencement du monde ou des trois premiers âges, et qui venoit de Mercure. Les quatre couleurs représentoient les quatre états de l'ordre politique; et il tire la preuve de cette origine égyptienne, de ce que tout le fondement de ce jeu se décompose de différentes manières en nombre sept, nombre sacré chez les Égyptiens. Il s'appuie de plus sur un monument chinois de la plus haute antiquité, et sur ce que, depuis l'émigration des Égyptiens et des Bohémiens en Europe, on a connu chez nous l'usage de tirer les cartes et d'en faire comme une base de leur divination ou comme un oracle infaillible. Enfin il explique le nom de tarot, qui provient de l'ancien langage oriental, TA et ROC, *chemin royal*, par une description allégorique; et dans l'explication historique de A-ROSCH, avec l'article T, il trouve *Mercure* (1). Quelque vraisemblable que puisse paroître à certains lecteurs tout cet échafaudage d'érudition allégorique, Breitkopf n'en est pas moins d'avis que les tarots pourroient fort bien n'être

---

M. Éloi Johanneau, dans ses *Mélanges d'origines étymologiques et de questions grammaticales*, applique ce passage aux cartes à jouer; et il se pourroit très-bien que cette conjecture ne fût pas sans fondement.

(1) Breitkopf confond ici les deux étymologies que nous avons consignées à l'article COURT DE GEBELIN, p. 232, et à la note, p. 233.

qu'un jeu d'agrément pour délasser l'esprit, et qu'alors il étoit inutile d'aller lui chercher une origine aussi ancienne et aussi ingénieuse. Je partage son opinion. Notre auteur allemand pense que le jeu de tarots avec ses nombreuses figures n'a pas dû être composé subitement tel qu'il est maintenant (1). Différens siècles et différens peuples ont pu y apporter des modifications; et l'invention des portraits n'a eu lieu que dans un temps plus rapproché de nous. Ce qu'on peut conjecturer, dit-il, de l'origine orientale de ce jeu, qui a été apporté par les Arabes en Europe, ce sont les quatre couleurs, épée, coupe, denier et bâton; leur division en roi, cavalier et valet, a tant de conformité avec la disposition du jeu des échecs en roi, chevalier et valet, qu'on ne peut pas y méconnoître l'original dont le jeu de cartes est une copie. Les parties doublées ont été posées pour base à quatre au lieu de deux. Alors il est assez vraisemblable, continue l'auteur, que le jeu de cartes, ainsi que celui des échecs, a passé des Indiens aux Arabes, et cela est d'autant plus plausible que les Égyptiens étoient originairement des Indiens chassés de leur pays; et après avoir traversé l'Asie septentrionale et l'Afrique, où ils auront connu les cartes, ils les auront introduites avec eux en Europe. Mais ces cartes auront éprouvé de grands changemens et beaucoup de modifications chez les différens peuples modernes.

Breitkopf auroit pu terminer ici sa dissertation sur l'origine du jeu de cartes; mais il a cru devoir rechercher encore comment une nation l'a reçu d'une autre, et, par certains changemens, en a fait une nouvelle espèce de cartes. Il parle d'abord de l'Italie, parce que le mo-

---

(1) On trouve dans la première des sept planches qui ornent l'ouvrage de Breitkopf, pages 20 et 21, les figures gravées des 21 atous du jeu de tarots, et celle du Fou.

numeut le plus ancien, celui de Pipozzo di Sandro, de 1299, est italien. Le premier jeu dont on fit usage dans ce pays, et que l'on joua avec des cartes venues des Arabes, sans être entièrement oriental, est sans doute, dit-il, celui qu'on appeloit *trappola*. Il est, ainsi que le tarot, composé de quatre couleurs, épée, coupe, denier, bâton, qui formoient ensemble 36 figures. On le regarde comme le plus ancien jeu de l'Italie, et d'après le témoignage de Garzoni, il est prouvé que le *tarocco*, ainsi nouvellement appelé, en dérive. Ce qui confirme son ancienneté (du trappola), continue l'auteur, ce sont les cartes de cette espèce, encore en usage dans certains pays de l'Allemagne (1), et qui démontrent que

---

(1) Ce jeu du trappola, dit Breitkopf dans une note, est encore en usage parmi les paysans de la Silésie, et consiste en trente-six cartes dont les noms mutilés trahissent l'origine italienne ; le *reh*, le *caroll*, le *fantell*, l'*as* ou *mille*, le *du* (qui se prononce *tou*), les couleurs ont absolument les noms italiens.

M. Singer a donné, dans ses *Recherches*, dont nous parlerons plus bas, le *fac-simile* de 6 cartes du trappola, tirées de la collection de M. Douce.

Dans l'ouvrage de Breitkopf, p. 32, on trouve une planche, n.° 2, contenant les figures de neuf cartes, ayant chacune 4 po. 6 lig. de hauteur, et 2 po. 4 lig. de largeur ; au bas de la planche est ce... inscription : *Deutsche Piquet-Karten aus den XV Jahrhunderte mit Trappola Blattern*. Ces cartes sont remplies de dessins figurés, assez bizarres. Les trois du premier rang appartiennent à l'*épée* : la première du second rang regarde encore l'*épée*, mais les deux autres tiennent à la *coupe*. La première du troisième rang représente sur un drapeau une *grenade* (au lieu d'un *denier*), et les deux derniers sont des *bâtons*.

La planche suivante, n.° 3, est divisée en trois compartimens : le premier a pour titre, *Trappolier-Karte*, et représente quatre cartes semblables aux tarots ; ce sont des sept, ayant à chaque carte l'une des inscriptions suivantes : *Spade* (épée), *Coppe* (coupe), *Denari* (denier), et *Bastoni* (bâton). Le second compartiment, intitulé *Piquet-Karte*, offre quatre sept, *pique*, *cœur*, *trèfle* et *carreau*, semblables aux nôtres. Le troisième, *Deutsche-Karte*, a aussi quatre cartes représentant des sept, *Schellen* (sonnettes, ce sont 7 grelots) ; *Herzen*

ce jeu, le plus ancien de l'Europe, a passé les limites de l'Italie, et qu'on le jouoit avant qu'on eût inventé d'autres jeux nationaux.

On ne sait pas précisément où le jeu des tarots a vu le jour, quoiqu'il n'y ait aucun doute sur son origine italienne (je l'aurois cru sorti de l'Allemagne).

La description du jeu de cartes peintes, pour lequel

---

oder *Roth* (cœur ou rouge, ce sont 7 cœurs), *Grün* . ce sont 7 feuilles d'arbres), et *Eichein oder Eckern* (glands, qui sont au nombre de sept).

La troisième planche, n.° 4, représente en quatre compartimens, une princesse et trois princes, dont les costumes sont ornés de sonnettes ou grelots. La princesse est *Wulphilde*, épouse du comte Rodolphe, qui vivoit en 1138. Les seconde et troisième figures représentent Henri VI, empereur en 1190, mort en 1197; et la quatrième est Othon IV, empereur, successeur de Henri VI, en 1198, mort en 1218. Comme les grelots ont été un ornement en usage parmi les princes et les grands d'Allemagne, depuis le XI.° siècle jusqu'au XIII.°, et que les grelots sont représentés sur les cartes, cela donneroit à penser que ce jeu a été connu en Allemagne depuis ces époques reculées. On lit au bas de cette planche n.° 4 : *Alte deutsche fursti. Schellen Tracht.*

La dernière planche relative aux cartes d'Europe, n.° 5, représente des cartes allemandes en usage au XVII.° siècle; on y voit quatre cartes de 3 po. 6 l. chacune de hauteur, sur 2 po. 5 l. de largeur. Ce sont des sept, figurant chacun un arbre avec ses racines. Dans l'une des cartes il y a 7 grenades, dans l'autre 7 fleurs, dans la troisième 7 feuilles et dans la quatrième 7 glands. Outre ces quatre grandes cartes, on en voit dans la même planche quatre petites qui sont placées du haut en bas entre les quatre grandes. Elles n'ont que 18 lig. de haut sur un pouce de large. Il y a de petites figures qui accompagnent leur signe distinctif; la première est un 6 de cœur; la seconde représente un chevalier avec une feuille ou pique, à l'angle droit supérieur; la troisième est un 3 de feuilles ou pique; et la quatrième est un 4 de glands.

Les deux dernières planches, 6 et 7, sont consacrées aux cartes chinoises. La première est doublée; elle renferme d'un côté 15 cartes, qui sont remplies de caractères chinois, et vis-à-vis, 9 cartes *id.* La seconde planche, également doublée, offre, au milieu, des Chinois jouant aux cartes, puis, de chaque côté, des espèces de tables ou de jeux, parmi lesquels on reconnoît un domino.

Philippe Marie Visconti, duc de Milan, en 1430, a payé 1500 pièces d'or, ne décide rien à cet égard; et l'on ignore si ces cartes appartiennent au trappola ou au tarocco (1). On voit encore une peinture du trappola dans une miniature d'un livre de prières d'Alphonse III, duc de Ferrare, qui date de 1500. Et le tarocco est représenté dans une peinture à fresque, de Nicolo Dell'abbate, à l'institut de Bologne; on y voit quatre soldats qui jouent à ce jeu; cette peinture a été exécutée entre 1540 et 1550.

Breitkopf, toujours incertain sur l'antériorité du trappola ou des tarots, dit qu'on pourroit conclure des différentes figures des tarots, que ce jeu date des guerres civiles entre les Guelfes et les Gibelins; mais comme ces guerres ont duré depuis le commencement du XIIe siècle jusqu'à la fin du XVIe, l'espace de quatre siècles est trop considérable pour se décider à cet égard; cependant, dit l'auteur, il y a des probabilités pour en fixer l'origine au XIVe siècle.

Par la suite, les anciennes couleurs d'épée, de coupe, de denier et de bâton, ont été changées en pique, cœur, trèfle et carreau. Dans quel temps ce changement a-t-il eu lieu? il doit être bien antérieur au temps où Garzoni parle des cartes fines. On croit qu'il a pu s'opérer en

---

(1) Voici ce qu'on lit à ce sujet dans la vie de ce prince, par Petr. Candidus Decembrius, pp. 986—1019, du XXe vol. *Rer. ital. script.* cap. XI, *De variis ludendi modis*, p. 1014 : « *Variis ludendi modis ab adolescentia usus est..... Plerumque eo ludi genere, qui ex imaginibus depictis fit, in quo præcipuè delectatus est adeò, ut integrum eorum ludum mille et quinquagentis aureis emerit, auctore, vel in primis,* MARTIANO TRABOSENSI *ejus secretario, qui Deorum imagines subjectasque his animalium figuras, et avium miro ingenio, summaque industriâ perfecit.* » D'après ces dernières expressions, il est impossible de déterminer à quelle espèce de cartes appartiennent celles dont il est ici question.

France et que de là il est passé en Italie; quoique par d'autres raisons on puisse l'attribuer aux Italiens.

Nous avons vu que dès 1361, les cartes étoient connues dans les provinces méridionales de France; qu'en 1393, on en peignit pour Charles VI; que sous Charles VII, on inventa le piquet, dont les ballets ou tournois, pour lesquels ce prince étoit passionné, donnèrent l'idée (1). Mais, selon Breitkopf, l'origine des nouvelles figures des cartes vient d'une autre cause. Fidèle à son système oriental, voici comment il cherche à démontrer que la disposition du jeu prouve qu'il tire son origine des cartes arabes ou du trappola, dans lesquelles on ne remplit que la lacune des nombres 3, 4, 5, 6.

Le plan militaire du jeu de cartes, dit-il, et sa ressemblance avec le jeu des échecs étant évidens, on en peut facilement tirer un rapprochement sur l'origine du changement dans les figures et dans les couleurs. Commençons

---

(1) On se rappelle que ce roi, pendant son exil, montra un jour à la Hire les apprêts d'un ballet, et lui demanda ce qu'il en pensoit : « Ma foi, sire, répondit la Hire, je pense qu'on ne sauroit perdre plus gaîment un royaume. »

Quant au costume singulier qu'on a donné aux figures des cartes françaises, il vient, dit Breitkopf, de l'usage qu'avoit la haute noblesse, sous Charles VII, de faire peindre ses armoiries sur ses habits.

L'origine des armoiries remonte jusqu'aux Croisades. Les chevaliers les firent peindre d'abord sur leurs écus. Elles ne servoient alors qu'à la guerre, mais l'usage en passa ensuite dans la vie civile. Depuis le règne de S. Louis jusqu'à Charles VII, les seigneurs et les dames portèrent la représentation de leurs armoiries peintes ou brodées sur leurs habits.

M. de la Mesangère, dans son curieux *Dictionnaire des Proverbes français*, 3.ᵉ édition, Paris, 1823, in-8.°, dit, p. 565, « que les cartes ont éprouvé différens changemens, et que, pour s'en convaincre, on peut consulter au cabinet des estampes de la bibliothèque du roi, à Paris, deux volumes *in-fol.*, qui ne contiennent que des cartes à jouer. » Nous avons à regretter que notre séjour en province ne nous ait pas permis de consulter ce monument, qui sans doute nous eût procuré quelques lumières sur les changemens successifs des cartes à jouer.

par les figures. Comme dans un jeu de soldats et de guerre, les dames ne doivent pas figurer, c'est à la galanterie française que l'on est redevable de les y trouver.

Le jeu des échecs consistoit anciennement dans les figures suivantes, avec leurs noms orientaux-persans :

1	Der Kœnig.	— Schach.	— Le Roi.
2	Général.	— Pherz.	— Le Général.
3	Eléphant.	— Phil.	— L'Eléphant.
4	Keuter.	— Aspen-suar.	— Le Cavalier.
5	Dromedar.	— Ruch.	— Le Dromadaire.
6	Fuszknechte.	— Beydal.	— Le Pion.

Dans le jeu de cartes, on n'a pris que la moitié des portraits et les personnages les plus nécessaires ; puis on a substitué des feuilles coloriées au nombre de pions du jeu d'échecs, savoir : 1.° le Roi, 2.° le Cavalier, 3.° le Valet, 4.° les feuilles coloriées.

Lorsque le jeu d'échecs parvint en France avec les noms persans, on en traduisit une partie en français, une autre partie prit un son français, et par-là les figures furent entièrement changées. On traduisit *Schach*, par Roi ; *Pherz* ou général, par *Fercia*, *Fierce*, *Fierge*, *Vierge*, *Dame* (puis Reine) ; l'Eléphant, *Phil*, par Fol (Fou) ; le Cavalier, *Aspen-suar*, par Cavalier ; le Dromadaire, *Ruch*, par Tour ; le Valet de pied, *Beydal*, par Pion.

Dans le jeu d'échecs, le Général fut changé en Dame chez les Français ; et dans le jeu de cartes, qui n'avoit que trois personnages, le Cavalier devint Dame, et c'est ainsi qu'il s'y trouve Roi, Dame et Valet.

Les Espagnols, qui n'avoient pas moins de galanterie pour les dames, firent de même dans leur jeu national (1),

---

(1) Je possède un jeu de cartes espagnol, de fabrique très-moderne, où il ne se trouve que Roi, Cavalier, Valet et point de Dames. Les quatre couleurs sont épée, denier, coupe, bâton, comme aux tarots.

mais les Italiens ne voulurent rien changer : ils augmentèrent d'une figure leur jeu national des tarots, de sorte qu'ils ont quatre personnages, le Roi, la Reine, le Cavalier et le Fou. Quant aux Allemands, fidèles à l'ancien original, ils ont conservé toute l'idée militaire, et on y trouve le roi, le supérieur et l'inférieur, le général, le haut et le bas officier, et en outre les simples soldats.

Breitkopf, après avoir ainsi présenté le rapport des pièces du jeu d'échecs avec les personnages et les couleurs des cartes qui en dérivent, dit que les cartes du jeu de piquet ne sont autres que les anciennes cartes orientales ou celle du trappola chez les Italiens, ainsi qu'elles avoient été conservées dans les premières cartes italiennes des tarots. Il cite une planche gravée sur cuivre de la fin du XV.ᵉ siècle, ou du commencement du XVI.ᵉ, de fabrique allemande sans doute, qui subsiste encore, et qui montre en cartes de cette espèce, le piquet entier, Roi, Dame, Valet et dix feuilles coloriées avec ses anciennes couleurs orientales ou du trappola; il y a 52 feuilles ou cartes, etc.

L'auteur passe ensuite au changement des couleurs, c'est-à-dire, d'épée, coupe, denier, bâton, en pique, cœur, trèfle et carreau, et chez les Allemands, en sonnettes, rouge (cœur), vert et gland. Il tâche de démontrer que toutes ces dénominations signifient, chez les différentes nations, la noblesse, le clergé, la bourgeoisie et le peuple (1). Il est incertain si les Français ont les

---

(1) C'est l'opinion des premiers écrivains dont nous avons ci-devant parlé. L'auteur d'un *Choix de curiosités tirées des trésors de la nature*, etc., trad. de l'anglais, 1822, in-12, partage aussi cette opinion; mais il a de plus quelques détails qui nous engagent à rapporter le passage de son livre relatif à cet objet, quoique nous ne soyons pas toujours de son avis :

« Quant aux dessins des cartes, dit-il, l'inventeur se proposa, par

premiers changé les couleurs, ou s'ils ont imité les
Espagnols ; mais il croit que les cartes ont passé d'Italie
en Allemagne vers 1300 ; cela est prouvé, dit-il, par un
ancien livre (le *Jeu d'Or*, Voy. ci-dessus page 217 et
ailleurs), et l'histoire vient à l'appui de cette assertion.
Les troupes allemandes n'étoient pas venues en Italie
depuis 60 ans ; l'empereur Henri VII y arriva avec son
armée en 1310, et, deux ans après, s'avança jusqu'à
Rome. Il est à peu près certain que ce jeu, qui avoit
été apporté en Italie par des militaires et qui étoit conservé dans les armées, a été appris par les soldats allemands et transporté en Allemagne. Une preuve incon-

---

les quatre couleurs, ainsi appelées par les Français, de représenter les quatre différens états ou classes d'hommes dans le royaume. Par les coupes (*cœur*), on entend les gens de chœur, hommes de chœur ou ecclésiastiques ; et c'est pourquoi les Espagnols, qui ont pris des Français l'usage des cartes, appellent les cœurs, *copas* ou calices. On représente la noblesse ou l'état du royaume par des pointes de lances ou de piques, et notre ignorance de la signification ou de la ressemblance de la figure nous a engagés à les appeler *piques*. Les Espagnols se servent, au lieu du mot *pique*, de celui de *spadas* (épée), qui a le même sens. On désigne par *carreau* la classe des citoyens, négocians ou marchands. Les Espagnols ont une monnaie, *diveros* (deniers), qui y répond ; et les Hollandais rendent le mot français *carreau*, par *stieneen*, pierre ou diamant, à cause de la forme. *Trèfle*, la feuille de trèfle ou luzerne fait allusion aux cultivateurs ou paysans. D'où lui vient le nom de trèfle ? c'est ce qu'on ne peut pas expliquer, à moins qu'en empruntant le jeu des Espagnols qui ont *bastos* (bâtons ou massue), nous ne donnions la signification espagnole à la figure française.

« Les quatre rois, *David*, *Alexandre*, *César* et *Charles*, représentent les quatre célèbres monarchies des Juifs, des Grecs, des Romains et des Francs sous Charlemagne.

» Les quatre reines, *Argine*, *Esther*, *Judith* et *Pallas*, sont l'emblème de la naissance, de la piété, de la force et de la sagesse, qualités qui caractérisent chacun de ces personnages. »

Les quatre valets, *Hector*, *Hogier*, *La Hire* (le quatrième n'est pas nommé), désignent des chevaliers qui accompagnent les rois et les reines, etc.

testable de cette translation, et de l'uniformité des jeux de cartes de même espèce chez les deux nations, c'est que vers le milieu du XV.ᵉ siècle, l'Allemagne fournissoit l'Italie de cartes de ses fabriques, en envoyoit à Venise et jusqu'en Sicile (1).

Les Allemands, comme les autres peuples, ont admis un jeu propre à leur nation; ce jeu se nomme en français lansquenet, mot qui signifie soldat. Il est le plus ancien que l'on connoisse, et prouve qu'il a été inventé et joué d'abord par des militaires; ce jeu a bientôt franchi les bornes de l'Allemagne; il est aussi l'un des plus anciens connus en France. C'étoit un jeu de hasard extrêmement simple, ayant quelqu'analogie avec le jeu de dés en usage parmi les soldats. Mais quand a-t-il été inventé ? voici quelques conjectures à cet égard. Vers la fin du XIV.ᵉ siècle, parurent dans les provinces de la Haute-Allemagne une foule de pauvres chansonniers du peuple, qui ne vivoient que de leur pillage sur les malheureux paysans, et qui probablement s'étoient enfuis des armées impériales, après la dévastation des villes et l'incendie des villages. On les appeloit *tireurs-de-sang*, à raison de leurs brigandages. Lorsqu'ils attaquèrent les grands appauvris, ou la basse noblesse, ils prirent le nom de *Landsknecht*, que les soldats avoient déjà porté. L'empereur Maximilien les avoit apparemment attirés à sa croisade en Italie et surtout dans les Pays-Bas. A la fin de cette

---

(1) Nous ferons observer ici à l'auteur, qu'il étoit plus naturel que l'Italie, si elle étoit la première en possession des cartes, en fournît l'Allemagne, plutôt que d'en recevoir de ce pays. Il est vrai qu'il pourroit nous répondre, que les Allemands plus industrieux que les Italiens, ayant les premiers trouvé l'art du moulage par le moyen de la gravure en bois, ont été beaucoup plus expéditifs dans la fabrication des cartes que les Italiens; et qu'alors il n'est pas surprenant s'ils en expédioient des cargaisons pour Venise, la Sicile, etc.

croisade, ils retournèrent en Allemagne, et prirent leur marche par les provinces de France. On peut donc croire avec assez de fondement que le jeu dit lansquenet, date du commencement du XV.ᵉ siècle, parce que, déjà avant cette époque, les soldats portoient le nom de *landsknecht*, et il a été renouvelé lors de l'invasion des brigands dont nous venons de parler, et qui furent enfin exterminés. Mais leur nom s'est conservé au-delà du XVI.ᵉ siècle.

Breitkopf termine sa dissertation par des conjectures sur la matière substantielle des cartes à jouer et sur leur fabrique, soit sous le rapport de la peinture, soit sous le rapport de l'impression par le moyen de la gravure en bois. Selon toute apparence, on les peignoit pour les grands, et on les imprimoit pour le peuple. Nous voyons qu'on en a peint pour Charles VI, en 1392 ; le prix de cette peinture a coûté 56 sols parisis. On en a peint également pour Visconti, duc de Milan, en 1430 ; et il a été payé pour cette peinture, à son secrétaire, 1500 pièces d'or, d'environ 18 sous $\frac{2}{3}$, somme considérable que le peintre français avoit reçue pour un jeu. Quant à l'impression, elle ne pourroit guère précéder 1423, date d'une des premières gravures sur bois (le saint Christophe portant l'enfant Jésus). Mais sans doute qu'un grand nombre d'essais informes, exigeant beaucoup moins de talent que pour une estampe, avoient déjà vu le jour depuis longtemps, et les modèles ou planches pour les cartes à jouer étoient de ce nombre. Rien ne répugne à le croire, puisque les cartes étoient déjà assez communes vers ce temps, et qu'elles n'eussent point été à la portée du peuple, s'il avoit fallu en payer les frais de peinture. Breitkopf pense que les Égyptiens ont eu connoissance de la gravure en bois, et il base son opinion d'après les morceaux d'étoffes peintes et bigarrées qu'on trouve autour de leurs momies, et qui sans doute ont été imprimées. Alors ils auroient pu faire des cartes par le même procédé; et les Orientaux les auroient imités. (Cette dernière conjecture nous paroît hors de toute probabilité.)

Il y a moins à douter, dit Breitkopf, que les Arabes aient fait leurs cartes de papier, mais de papier de coton, qui étoit si fort et si uni, qu'on pouvoit déjà s'en servir comme de carton (1); et même dans ces temps, les Européens donnoient à ce papier le nom de parchemin. Ensuite et peu de temps après, on a trouvé en Europe, lors de l'emploi du papier de chiffons, l'art de coller ensemble plusieurs feuilles de ce papier, et de là est venu le nom de cartes, tiré du mot carton. On peut même présumer du passage déjà cité de Pipozzo di Sandro, que cela étoit ordinaire dès 1299. Breitkopf finit par dire que l'art de la gravure en bois et l'origine du papier de lin tenant beaucoup à l'histoire des cartes à jouer, il parlera de ces deux objets, étrangers à notre sujet spécial dans les deux parties qui suivront celle dont nous venons de parler. Nous terminerons donc l'analyse de son travail sur les cartes; mais nous rapporterons sa dernière réflexion qui est fort juste : il dit que la plupart des arts se lient ensemble dans leur origine, et en produisent de nouveaux; qu'on ne connoît ceux qui y ont coopéré

---

(1) Les cartes n'ont pas toujours été peintes sur des feuilles de carton, ni même fabriquées de cette matière. Breitkopf dit lui-même qu'il a eu entre les mains un jeu de piquet de feuilles d'argent, sur lesquelles les figures étoient gravées et dorées. A en juger par le dessin, elles avoient été faites au XVIe siècle, par un artiste des Pays-Bas. Garcilasso de la Vega, dans son *Histoire de la conquête de la Floride* (en espagnol), Madrid, 1723, in-fol. et (en français), Amsterdam, 1737, 2 vol, in-4.°, nous apprend que les soldats de cette expédition (en 1534) jouoient avec des cartes de cuir. Il y avoit aussi des cartes d'ivoire, comme nous le verrons plus bas, à l'article de M. Singer.

que lorsque ces arts sont parvenus à un certain degré
de perfection, mais que ceux qui ont fait les premiers
essais, restent inconnus; et c'est ce qui est applicable
aux inventeurs des cartes à jouer.

En général, le système de Breitkopf tend à démontrer
que les cartes nous viennent des Orientaux, mais qu'elles
ont éprouvé beaucoup de changemens et de modifications en Europe dans leurs formes, leur nombre et leurs
dénominations, selon les temps et selon le goût des
peuples qui en ont fait usage. On n'en trouve point de
traces en Italie avant 1299; elles sont répandues en Allemagne dès 1380, et y étoient déjà connues en 1300; on
les a vues en Espagne dès 1332, et en France avant
1361. Tout cela porte sur des monumens plus ou moins
certains.

JANSEN.

(Né en 1741. — Mort le 17 mai 1812.)

Essai sur l'origine de la gravure en bois et en
taille-douce, et sur la connoissance des estampes
des XV.ᵉ et XVI.ᵉ siècles; où il est parlé aussi de
l'origine des cartes à jouer et des cartes géogra-
phiques, etc. (par M. Henri Jansen), *Paris,
Schoell*, 1808, 2 *vol. in-8.°* avec 20 *pl.*

Dans cet ouvrage curieux, qui cependant n'est guère
composé que d'extraits traduits de différens auteurs
allemands, hollandais, anglais, etc., sur les objets
détaillés dans le titre, la partie qui regarde les cartes

à jouer, est au premier volume, depuis la page 84 jusqu'à la 105.°

L'auteur dit d'abord que l'histoire de l'origine de la gravure sur bois en Europe, peut se partager en deux époques, savoir : 1.° de 1350 ou 1360, c'est-à-dire depuis l'invention des cartes à jouer en Allemagne, jusqu'en 1423, où paroît la première image gravée [le *S. Christophe*] (1), qui tient au commencement de la véritable gravure en bois; et 2.° depuis 1423 jusqu'au temps d'Albert-Durer (né en 1471, mort en 1528).

Partant de là, il assure que les cartiers allemands ont été les premiers graveurs sur bois en Europe; c'est l'avis de Prosper Marchand, de M. de Heineken, de de Murr, etc. D'autres croient qu'elles ont été peintes à la main, et se fondent sur le jeu peint pour Charles VI, dont nous avons déjà parlé; mais cela ne prouve pas que toutes les cartes étoient peintes. Quoi qu'il en soit, leur invention, selon M. Jansen, est due aux Allemands; presque tous les écrivains, dit-il, sont d'accord à ce sujet, excepté Menestrier, Bullet, Schœpflin, Fabricius, Fournier, Saint-Foix, Daniel, Duhamel et l'Encyclopédie, qui les attribuent à la France. M. de Vigny, dans le *Journal économique*, mars 1758, p. 16, en regarde Laurent Coster comme l'auteur : opinion que l'on peut ranger à côté de celle qui donne ce Coster pour inventeur de l'imprimerie; et le baron de Heineken pense que c'est à Ulm qu'elles ont vu le jour, ainsi que les moules pour les imprimer (2).

_____

(1) Voyez sur cette gravure, la note qui est ci-après, p. 268.

(2) « Suivant M. Neubronner, administrateur à Ulm (vers 1806), les archives de cette ville contiennent un ancien manuscrit sur vélin, appelé le *Livre-Rouge* (parce que les initiales sont de cette couleur) où il y a une défense de jouer aux cartes, datée de 1397. »

Elles ont été en usage en Allemagne avant 1376; et même d'après le *Das guldin spiel* (le Jeu d'Or), livre imprimé à Augsbourg en 1472, *in-fol.*, on voit, titre V, que le jeu de cartes a commencé à prendre cours en Allemagne en 1300. M. de Murr pense que cette époque est trop reculée de 50 ans; et suivant M. de Heineken, il est impossible de déterminer au juste le temps de leur invention.

M. Jansen parle ici des quatre couleurs des cartes allemandes, les *Schellen* (grelots), le *Roth* ou *Herzen* (rouge ou cœur), le *Grün* (verd) et les *Eicheln* (glands), comme symboles de la noblesse, du clergé, des cultivateurs et des valets, symboles qui se retrouvent dans les cartes françaises; il dit aussi, d'après M. de Heineken, que le *lansquenet* est probablement le plus ancien jeu dont on s'amusoit d'abord; ce qui prouve que le jeu de cartes étoit originairement un jeu militaire. Il fut introduit en France, dit-il, sous Charles VI, en 1392.

Les ouvriers employés en Allemagne, continue l'auteur, se nommoient *formschneider* (tailleurs de moules), nom qu'ils ont conservé jusqu'à ce jour; ils formoient un corps de métier. Il en étoit de même de ceux qui peignoient les cartes, qu'on appeloit *briefmaler* (peintres de cartes). Ces cartiers commençoient donc par graver leurs figures sur des planches de bois, pour s'épargner la peine de faire le dessin de chaque carte en particulier, et les colorioient ensuite à la main. C'est exactement de cette manière qu'ont été exécutées les figures de l'*Apocalypse* (dont M. de Heineken rapporte six éditions, avec fig., dans son *Idée générale d'une collection d'estampes*, pp. 354—373). Ces tailleurs de moules ne donnoient aucune ombre à leurs figures, ou quand ils en donnoient, les tailles de ces ombres étoient aussi fortes que le contour même. On trouve la figure et l'opération d'un tailleur de formes, et celles d'un peintre de cartes, dans un ouvrage allemand, intitulé : *Description de tous les états, de tous les arts et de tous les métiers*, etc., par Jean le Saxon, publié en 1564, et imprimé en latin sous le titre de *Panoplia*, in-12.

Il faut, dit M. Jansen, que les cartes à jouer des Allemands aient eu au XV.ᵉ siècle, un grand débit en Europe, surtout en Italie, où fut inventé, selon M. de Murr, le jeu de cartes connu sous le nom de *trappola* (1), qui a donné l'idée du jeu des tarots (2), car on trouve

---

(1) « Selon le *Dictionnaire de la Crusca*, le mot TRAPPOLA signifie *cosa ingennese, insidia, una sorta di rete*; et TRAPPOLATORE est la même chose que *ingannatore, giuntatore* (trompeur, fripon). D'autres font dériver ce mot de *trappe*, piège. M. de Murr cite, dans son *Journal zur Kunstgeschichte*, tom. II, p. 200, une très-ancienne carte de *trappola*, que possédoit M. Silberrad de Nuremberg. Ces cartes ont, dit-il, cinq pouces de hauteur sur deux pouces et un quart de largeur. Le baron de Heineken rapporte, dans *Neue Bibliothek der schönen Wissenschaften*, etc., tom. XX, p. 240, qu'il y a un jeu de cartes de trappola complet dans la collection d'estampes de la bibliothèque du château du comte de Gersdorf, à Baruth, à un mille de Budissen. Ce jeu est composé de 42 cartes, dont 10 de *spade*, épées, qui indiquent la noblesse ; 12 de *coppe*, coupes, qui représentent le clergé ; 12 de *denari*, pièces d'argent, emblème du tiers état ; et 10 de *bastoni*, bâtons, pour les serfs ou cultivateurs. Ces cartes ne sont pas d'Israël von Mecheln, ajoute M. de Heineken, mais semblent être d'un maître dont il y a beaucoup de fleurs et d'animaux sur des feuilles séparées dans la même collection. »

Nous avons parlé, au précédent article BREITKOPF, des planches qui ornent son ouvrage et dans lesquelles il est question du trappola.

(2) Voyez *Piazza universale di tutte le professioni del mondo, di Tomaso Garzoni* (a), Venezia, 1589, in-4.° Il est dit dans le *Discor.* LXIX, p. 564., « Alcuni altri son giuochi da taverne, come la mora, la piastrelle, le chiavi, e le carte, o communi o tarocchi di *nuova inventione*, secundo il Volterrano (b); ove si vedono denari, coppe spade, bastoni, dieci, nove, otto, sette, sei, cinque, quattro, tre, due, l'asso, il Re, la Reina, il Cavallo, il Fante, il Mondo, la Gius-

(a) Th. Garzoni, né en 1549, est mort en 1589. Il y a une édition de sa *Piazza universale*, de Venise, 1605, in-4.°; le passage en question y est p. 416.

(b) Raphaël Massee, dit Volterran, né en 1450, est mort à Volterre en 1521.

dans les *Lettere pittoriche*, tom. V, p. 321, une requête des cartiers, présentée le 11 octobre 1441, au sénat de Venise, par laquelle ils se plaignent du tort que faisoient à leur commerce les entreprises journalières des marchands de cartes étrangers. (Nous en avons parlé à l'article du baron de Heineken, ainsi que d'une ancienne chronique d'Ulm, par laquelle il paroît que les Allemands envoyoient en Italie, en Sicile et dans d'autres lieux, une grande quantité de cartes à jouer, qu'ils donnoient en échange contre des épiceries et autres marchandises.)

En Italie, il est question pour la première fois des cartes à jouer, dans un ancien manuscrit de Pipozzo di Sandro, de l'année 1299, dont nous avons parlé à l'article Breitkopf. Nous avons aussi mentionné à l'article Rive, la *Chronica dell Giovani Morelli*, qui prouve que dès 1393, les cartes étoient connues en Italie sous le nom de *naibi*. Il est vrai que la chronique donne ici le nom de *naibi* à un jeu d'enfans de ce temps-là, et

---

tizia, l'Angelo, il Sole, la Luna, la Stella, il Fuoco, il Diavolo, la Morte, l'Impicciato, il Vecchio, la Ruota, la Fortezza, l'Amore, il Carro, la Temperanza, il Papa, la Papessa, l'Imperatrice, l'Imperatore, il Pagatello, il Matto; et non le carte fine, i cuori, i fiori, et le picche; dove che si giuocha a tarocchi, a primiera, a trionfitti, a trappola, a flusso, a la bassetta, e altri simili..... Nous voyons par ce passage que les tarots étoient de nouvelle invention, du temps de Volateran; mais la date de l'origine de ce nouveau jeu n'en est pas moins incertaine; peut-être n'étoient-ce que des figures ou certaines modifications du jeu qui étoient nouvelles. Nous avons parlé ailleurs de la peinture à fresque faite à Boulogne en 1440 ou 1450, où l'on voit quatre soldats jouer aux tarots. C'est probablement vers la fin du XV.ᵉ siècle qu'on remplaça le grand nombre de figures du jeu de tarots, par les quatre couleurs, *pique, cœur, trèfle et carreau*; et ces noms passèrent de France en Italie. V. à l'article Court de Gébelin, son système sur l'origine égyptienne des tarots; et à l'article Breitkopf, l'opinion où ce savant prétend que ce jeu a été composé en différens siècles par différens peuples, dans des temps beaucoup plus modernes.

que le Dictionnaire de la Crusca en fait de même; mais dans la vie de S. Bernard (*lisez* Bernardin) de Sienne(1), par Bernabeus (V. les *Bollandistes*, tom. V, de mai, p. 281), on loue ce saint d'avoir tellement ému le cœur des Chinois (*lisez* Siennois), qu'ils brûlèrent *naibes, taxillos, tesseras et instrumenta insuper lignea, super quæ avare irreligiosi ludi fiebant* (2). S. Bernardin mourut en 1450 (*lisez* 1444). Il est certain qu'ici *naibi* (les cartes) ne sont pas regardées comme destinées à des jeux d'enfans.

M. Jansen dit que, comme en Espagne on nomme les cartes *naipes*, l'abbé Rive pense que d'Italie elles ont passé en Espagne. Ce n'est nullement là l'opinion de Rive, qui soutient précisément le contraire, en présentant l'Espagne comme le berceau des cartes, puisque, d'après les *Epîtres dorées* de Guévara, elles y étoient déjà connues avant 1332, un édit d'Alphonse XI les ayant proscrites cette même année. V. l'article Rive.

Passant à la France, l'auteur rapporte que des écri-

---

(1) Il est difficile de faire des fautes aussi graves que celles qui sont accumulées dans ce passage, concernant le prédicateur de Sienne. D'abord il ne s'appelle pas Bernard, mais Bernardin; il n'est point question des Chinois, mais des Siennois. S. Bernardin n'est pas mort en 1450, mais le 20 mai 1444, âgé de 64 ans; il a été canonisé en 1450. Nous le disons avec peine, l'ouvrage de M. Jansen a été imprimé trop précipitamment. Il y a beaucoup de fautes typographiques, et d'autres qui sont encore plus graves.

(2) Voici le passage entier, tel qu'il est dans les Bollandistes : *Ludi vero taxillorum non solum suo jussu deleti fuere, sed coram gubernatore hujus reipublicæ naibes, taxillos, tesseras, et instrumenta insuper lignea, super quæ avare irreligiosi ludi fiebant, combustos esse præcepit.* L'article de S. Bernardin de Sienne, est au 20 mai, dans les *Acta Sanctorum*; il va de la page 257 à la 305.ᵉ, et les *Analecta*, jusqu'à la page 318.

Dans les *Recherches des Recherches*, etc., de Pasquier, p. 721, il est question d'un religieux Augustin « qui, sous Charles VII (vers le temps de S. Bernardin), fit, dit l'auteur, des changemens merveilleux dans Paris, par ses prédications; à sa voix, on alluma des feux dans plusieurs quartiers; chacun à l'envi courut y jeter *cartes, billes et billards.* »

vains, pour chercher l'origine de l'usage des cartes dans ce royaume, ont eu recours à la *Chronique de Provence*, par César de Nostradamus, parce qu'il y est parlé, sous l'année 1361, du nom de *Tuchins*, qu'on donnoit aux valets du jeu de cartes à cause de la haine que les Provençaux avoient pour certains bandits qui désoloient alors le pays; mais ces écrivains ont négligé d'observer que c'est au temps où écrivoit C. de Nostradamus, c'est-à-dire en 1631, qu'il faut rapporter cette haine que les Provençaux conservoient contre les *Tuchins*. D'autres auteurs citent des édits de Charles VI, du 23 mai 1369, de S. Louis, de décembre 1254, et même un de 1256 du même roi. Mais dans tous ces édits qui proscrivent nominativement plusieurs jeux, ainsi que nous l'avons déjà fait observer, les cartes ne sont point nommées. Le lansquenet, que l'on croit déjà connu sous Charles VI, est probablement le plus ancien de nos jeux de cartes; on sait qu'il a passé d'Allemagne en France, mais on ignore dans quelle année.

Il est un monument très-précieux sur lequel M. Jansen s'exprime en ces termes : « Grâces à M. Van-Praet, conservateur des livres de la bibliothèque royale à Paris, si estimable par ses grandes connoissances littéraires et bibliographiques, et par son extrême obligeance à les communiquer, nous pouvons du moins faire remonter l'usage des cartes à jouer jusqu'en 1341 (et même auparavant). Voici ce qu'on trouve au folio 95 d'un manuscrit provenant de M. Lancelot (1), intitulé : *Renart le contrefait*, qu'il a bien voulu nous indiquer :

---

(1) Je possède un exemplaire assez précieux du Catalogue de la bibliothèque de M. Lancelot, de l'Académie royale des Belles-Lettres, né d'un fabricant de chandelles, à Paris, le 15 octobre 1675, mort le 18 novembre 1740. Cet exemplaire a appartenu à Jamet, qui l'a

Si comme fols et folles sont
Qui pour gaigner au bord.. vont ;
Jouent aux dés, aux *cartes*, aux tables,
Qui a Dieu ne sont délectables.

reçu, le 13 mai 1741, de la sœur de M. Lancelot. Outre les prix de vente et quelques notes, on y trouve à la fin 74 pages manuscrites, renfermant des pièces curieuses, savoir : 1.º la liste des 204 manuscrits et des 528 porte-feuilles d'analectes légués par M. Lancelot à la bibliothèque du Roi. Cette liste est rédigée par lui-même. 2.º Des anecdotes le concernant, puis son testament. 3.º L'ordre du Roi du 17 novembre 1740, pour faire déposer aux archives, des papiers concernant la Lorraine. Cela a valu à Mlle Lancelot 6000 liv. comptant et une pension de 300 liv. 4.º Plusieurs lettres de différens particuliers entre autres une de l'abbé Terrasson sur la mort de M. Lancelot. Il crie beaucoup contre les legs qu'on fait à la bibliothèque du Roi, qu'il appelle *le gouffre*. 5.º Une espéce de chronique de la vie des défunts, etc.

Parmi les manuscrits cités dans la liste rédigée par M. Lancelot, il y en a deux concernant notre roman du *Renard*; voici leurs titres:

« Roman du Renard, par Jacquemars Giclée, composé à Lille en
» 1288. Manuscrit du temps, sur vélin, avec des miniatures. *In-fol.*
» (en vers). »

« Autre roman du Renard, ou plutôt continuation de ce roman.
» Manuscrit sur papier, fait vers l'an 1330, en langue picarde. *In-fol.*
» (en vers). »

Il est présumable que c'est ce dernier qui est cité dans notre ouvrage, d'après M. Van Praet, malgré ces mots *en langue picarde*. M. Le Grand d'Aussy a parlé de trois romans du *Renard*, dans la *Notice des manuscrits*, etc., que nous mentionnons plus bas.

Je trouve, dans un des articles du testament de M. Lancelot, le passage suivant : « Mme Guérin, ci-devant veuve Coustellier, m'a
» confié quelques ouvrages ou recueils commencés par feu son mari,
» sur nos *anciens poètes français*, etc., il faudra les lui restituer. On
» en trouvera l'état dans un petit registre enfermé dans un tiroir de
» mon bureau. » M. Jamet a mis en note, sur ces recueils de M. Guérin : « Entre autres, un manuscrit très-curieux intitulé : *Dictionnaire de la langue romance*, trois vol. *in-fol.* »

Je trouve encore à la fin des notes manuscrites de mon catalogue, le passage suivant : « Une anecdote peu connue, c'est que M. Lancelot
» est éditeur et presqu'auteur des *Mémoires pour servir à l'histoire du*
» *Dauphiné* (par J.-P. du Bourg-Chenu, marquis de Valbonnays).
» Paris, 1711, *in-fol.* et Genève (Paris), 1722, 2 vol. *in-fol.* M. Lan-
» celot avoit été longtemps à mettre en ordre les archives de cette
» province. »

Voilà donc les cartes bien connues en France au moment où ce roman de *Renart le contrefait* a été composé. Son auteur anonyme, mais qui paroît être de Champagne, nous apprend, *folio* 83, le temps où il l'a commencé (en 1328), et le temps où il l'a fini (en 1341). Voici comment il s'exprime :

>Celui qui ce roman escript
>Et qui le fist sans faire faire,
>Et sans prendre aultre exemplaire,
>Tant y pensa et jour et nuict,
>En l'an mil iiij cent xxviij,
>En anafant y mist sa cure
>Et continua l'escripture.
>Plus de xiij ans y mist au faire
>Aincoit qu'il le pense parfaire
>Bien poet veoir la manière.

Ce passage fixe l'entière confection de ce roman en 1341, l'auteur y rapporte des faits antérieurs à cette date; il parle de Philippe de Valois comme vivant encore. « Il n'y a rien de surprenant, puisque ce prince, monté sur le trône en 1328, est mort en 1350. J'ajouterai à ce que vient de dire M. Jansen, que M. Le Grand d'Aussy n'a point cité les deux passages ci-dessus dans la notice analytique qu'il a donnée de ce roman, et qui se trouve au cinquième tome des *Notices et Extraits des manuscrits de la bibliothèque du Roi*, Paris, an VII (1799), *in-4.°*, pp. 330—357. Il rapporte plusieurs morceaux en vers qui ne présentent pas un intérêt aussi grand que celui où il est question des cartes à jouer; malgré cela, son analyse est curieuse sous le rapport de la peinture des mœurs du temps.

M. Jansen parle ensuite du costume singulier donné aux figures des cartes françaises, et qui vient de l'usage où étoit la haute noblesse de faire peindre ses armoiries sur ses habits. Nous en avons dit un mot ailleurs. Il explique en six lignes les noms des figures des cartes, et ne fait que répéter ce qu'en ont dit les Menestrier, les Daniel, etc. Il en est de même pour les emblêmes des quatre couleurs.

Quant à l'Angleterre, il parle du synode de Worcester, qui défendit, en 1240, le jeu *du Roi et de la Reine*. Ducange, *Gloss. tom.* II, *part.* II, *pag.* 134, pense qu'il s'agit du jeu de cartes; mais Breitkopf, comme nous l'avons dit, n'y voit que le jeu d'échecs ou quelqu'autre jeu inconnu. Quoi qu'il en soit, il est certain qu'avant le XVII.ᵉ siècle, il n'y a pas eu de fabriques de cartes en Angleterre; car dans le *Naval history of great Britain, from the earliest times of the rising of the parliament.* (London, 1779, in-8.°), il est dit que, sous le règne de la reine Elizabeth (de 1558 à 1603), le gouvernement, entre autres monopoles, s'étoit réservé celui des cartes à jouer, qui venoient de l'étranger.

M. Jansen finit ce qui regarde les cartes, dans son ouvrage, par dire qu'indépendamment des moules (formes), les cartiers allemands se servoient aussi de patrons découpés pour enluminer les cartes. Il leur falloit même plusieurs de ces patrons pour donner aux figures leurs différentes couleurs. C'est-là ce qui, selon M. de Murr, a produit l'enluminure des images, telle qu'on la trouve dans quelques anciens livres d'Allemagne; et presque toutes ces images sont de la grandeur des anciennes cartes à jouer d'Allemagne.

L'ouvrage de M. Jansen présente beaucoup de détails curieux sur la gravure en bois, sur l'origine des cartes, sur l'origine du papier de lin; mais presque tout ce qu'il en dit est tiré de l'ouvrage de Breitkopf, dont nous avons parlé ci-devant. M. Brunet en avoit déjà fait l'observation dans son *Manuel du Libraire*, à l'article BREITKOPF, tom. IV, p. 435, n.° 16753.

M. OTTLEY.

An inquiry into the origin and early history of engraving, upon copper and in wood; with an account of engravers and their works, from the invention of chalcography by Maso Finiguerra to the time of Marc-Antonio Raimondi; by William Young Ottley. (Recherches sur l'origine et l'histoire des premiers temps de la gravure sur cuivre et en bois; avec la liste raisonnée des graveurs et de leurs œuvres, depuis l'invention de la chalcographie (gravure en taille-douce), par Maso Finiguerra, jusqu'au temps de Marc-Antoine Raimondi; par William Young Ottley.) *Londres, J. et Arthur Arch, 1816, 2 vol. gr. in-4.°, fig.*

Nous citons ce bel ouvrage, parce que l'auteur, traitant de l'histoire de la gravure en bois, y a parlé des cartes à jouer. Quoiqu'il ne s'étende pas beaucoup sur ce dernier objet, et qu'il ne nous apprenne rien de bien nouveau, nous le mentionnons afin d'éviter le reproche d'omission qu'on auroit pu nous faire, si nous l'eussions passé sous silence.

Nous dirons d'abord que ce livre est exécuté avec beaucoup de luxe; il est enrichi de belles gravures remarquables par leur exactitude. Son prix est de 10 liv. st., on en a tiré cinquante exemplaires avec les premières épreuves des planches. L'ouvrage est divisé en neuf chapitres; les trois premiers traitent de l'histoire de la gravure en bois, dont l'auteur attribue l'origine aux

Chinois, et qu'il fait parvenir en Europe par le moyen des Vénitiens, qui étoient alors en relation de commerce avec ce peuple (chez lequel tant d'arts précieux ont vu le jour sans y faire de progrès). Les chapitres quatrième et cinquième sont consacrés à l'histoire primitive de la gravure en taille-douce, dont il fait encore honneur aux Italiens; c'est l'orfèvre Maso Finiguerra qui découvrit ce bel art à Florence, vers 1445, etc. Les quatre derniers chapitres offrent des détails intéressans sur les anciens graveurs italiens, depuis Finiguerra jusqu'à M. A. Raimondi, et sur les anciens maîtres allemands jusqu'à Albert Durer inclusivement. Il donne le catalogue des estampes de chaque artiste mentionné dans son ouvrage.

Arrivons aux cartes à jouer dont M. Ottley parle dans son histoire de la gravure en bois. Les uns ont pensé qu'antérieures à ce genre de gravure, les cartes avoient mis sur la voie pour le découvrir. D'autres ont soutenu que l'usage de la gravure pour les images des saints a précédé l'application de cet art aux cartes. M. Ottley partage cette dernière opinion, quoique cependant il admette la mention que fait des cartes Pipozzo di Sandro, dans son *Trattato del governo della famiglia*, écrit en 1299, et dont nous avons déjà parlé plusieurs fois. Cela ne nous paroît cependant pas probable, car si les cartes ont été connues à la fin du XIII.ᵉ siècle, et que la gravure en bois ne l'ait été (pour les images) que vers les commencemens du XV.ᵉ, il est bien présumable que dans ce long intervalle, on aura trouvé le moyen de rendre les cartes plus communes et plus à la portée du peuple, en se servant de moules, moyen plus expéditif et plus économique que la plume et le pinceau. Les moules des cartes à jouer auroient donc précédé les planches en bois pour les images, dont la première est le *S. Christophe* de 1423 (1). Il est vrai que c'est la première image ayant une date, et qu'il peut en exister quelques-unes antérieures, ne portant aucune date. Mais il paroît certain qu'on pourroit à peine les faire remonter jusqu'à 1400.

M. Ottley ne discute pas la question de savoir quel est le peuple qui, le premier, a connu les cartes; cependant il ne doute point que l'Italie soit leur berceau; et il s'appuie sur le décret de Venise, rendu en 1441, sur la demande des cartiers de cette ville, et qui prohibe dans ses états, l'introduction des gravures et des cartes à

---

(1) Cette gravure précieuse pour l'histoire de l'art, a été trouvée par M. de Heineken, dans la bibliothèque des Chartreux à Butheim près de Memmingen; elle représente l'enfant Jésus que S. Christophe porte sur ses épaules à travers la mer. M. de Heineken en donne la description dans son *Idée générale d'une collection d'estampes*, page 250; M. de Murr en a donné une copie dans le deuxième volume de son *Journal des beaux-arts*, écrit en allemand, et M. Jansen en a aussi enrichi son *Essai sur l'origine de la gravure en bois et en taille-douce*. V. la planche IV; elle est in-fol., 10 po. 6 lig. de hauteur, sur 7 po. 5 lig. de largeur. On lit au bas, en caractères gothiques, de 3 lig. de haut, gravés grossièrement, et dans l'ordre suivant :

Christofori faciem die quacumq. tueris ÷ | Millesimo CCCC°
Illa nempe die morte mala non morieris ÷ | XX° tertio :

A la vue de cette planche, on peut juger que les commencemens de l'art de graver sur bois doivent remonter beaucoup plus haut. Il est vrai que dans le *Journal encyclopédique* de 1783, on a donné une notice sur une gravure en bois de 1385, et qu'elle a été reproduite dans les *Miscellaneen artistischen Inhalts*, de M. Meusel; mais les connoisseurs regardent cette date comme très-problématique.

La gravure originale du *S. Christophe*, ainsi qu'une autre de l'*Annonciation*, également précieuse par son ancienneté, ont passé de la Chartreuse de Butheim dans le cabinet de lord Spencer. M. Ottley pense que ces deux pièces ont été exécutées en Italie; et examinant les inscriptions gravées qui s'y trouvent, il conclut que l'art de graver des caractères avec des planches de bois n'a été inventé ni par Guttemberg, ni par Fust, ni par Coster. Cela paroît certain. Mais si l'on fait une distinction entre les caractères en bois gravés isolément, et les mots suivis, gravés sur une planche, la question ne sera plus si facile à résoudre.

jouer fabriquées chez l'étranger. Nous avons déjà eu plusieurs fois occasion de citer ce décret, qui ne nous paroît pas plus favorable à la cause des Italiens qu'à celle des Allemands.

En général, ce que M. Ottley dit sur les cartes, ne nous offre aucun renseignement nouveau; mais il faut aussi convenir que ce n'étoit point le principal objet des recherches consignées dans son beau travail; c'est un simple accessoire à l'histoire de la gravure en bois.

Nous finirons cet article par dire que l'on trouve dans l'intéressant et utile *Manuel du Libraire*, etc., par M. Brunet, tom. II, pp. 595—97, une bonne analyse de l'ouvrage de M. Ottley. Elle nous a été très-utile, car nous ne connoissons ce grand et bel ouvrage que par ce que nous en ont dit quelques amateurs, et par l'analyse en question.

M. SINGER.

Researches into the history of playing cards; with illustrations of the origin of printing and engraving of wood, by Samuel-Weller Singer. (Recherches sur l'histoire des cartes à jouer, avec des éclaircissemens sur l'origine de la typographie et de l'art de la gravure en bois, par Samuel-Weller Singer.) *Londres, de l'imprimerie de T. Bensley, chez Rob. Triphook*, 1816, *in-4.° de* xvi—372 *pages, et* 19 *planches détachées et grand nombre de figures en bois imprimées avec le texte.*

Ce superbe ouvrage n'a été tiré qu'à 250 exemplaires, tous placés par souscription à 5 liv. st.; on croit qu'il y en a quelques-uns sur grand papier.

J'ai vu un très-bel exemplaire de ce livre curieux dans le riche cabinet de M. D..... de L......, amateur distingué de tout ce que la littérature et la typographie produisent de plus intéressant et de plus beau. Mais n'ayant pu rester chez lui que pendant quelques heures, trop courtes pour admirer toutes ses richesses bibliographiques, j'ai mis à contribution sa complaisance, en le priant de me faire connoître l'ouvrage de M. Singer par quelques notes. Il a bien voulu s'en occuper; il me les a adressées; et je vais en faire usage, pénétré de reconnoissance pour son extrême obligeance.

« L'aspect du volume de M. Singer est séduisant; l'exécution typographique en est parfaite; les vignettes et lettres initiales qui servent d'ornemens sont du meilleur goût, et les nombreux *fac-simile* d'anciennes gravures en bois et au burin, les reproduisent avec une perfection étonnante, qui fait le plus grand honneur aux deux artistes *Byfield* et *Swaine*. En un mot, l'imprimeur et l'éditeur ont parfaitement secondé l'auteur de ces recherches, savant bibliographe, connoisseur et ami éclairé des arts.

» Ce luxe et ces gravures ne sont pas cependant la cause principale de l'intérêt qu'offre ce beau livre, quoi qu'en dise le modeste auteur dans sa préface.

» Il a divisé son ouvrage en trois parties : la première est consacrée à l'origine des cartes; la seconde à l'histoire de la typographie et de la xylographie dans leurs rapports avec l'histoire des cartes; et la troisième traite des principaux jeux de cartes.

» L'auteur a profité, pour la première partie, des travaux de Bullet et de l'abbé Rive, et il reproduit presqu'en entier l'ouvrage de Breitkopf. La langue allemande est encore si peu répandue en Angleterre et en France, que les recherches du savant imprimeur allemand y sont à peu près inconnues. M. Singer a donc rendu un vrai service aux amateurs. Au reste, il ne dissimule pas les obligations qu'il a au travail de Breitkopf, et il y ajoute ses propres recherches. »

Nous ne répéterons plus les principaux faits que M. Singer a empruntés à ses prédécesseurs sur l'origine des cartes; nous nous contenterons de mentionner ses observations particulières sur quelques-uns de ces faits.

« Il rapporte, par exemple (pag. 10 de son ouvrage), la découverte de M. Van-Praet dans le vieux roman du *Renard le contrefait* (voyez ci-dessus l'article JANSEN); et à ce sujet il fait connoître une nouvelle découverte de son ami, le savant et respectable M. Douce (1), qui a

---

(1) « M. Douce jouit de la plus grande considération parmi ses compatriotes; il la doit à ses profondes connoissances dans les antiquités, l'histoire du moyen âge surtout, et celle des arts; chacun sait avec quel empressement au-dessus de tout éloge, il aide de ses lumières et des trésors de sa bibliothèque et de ses collections, les auteurs qui ont recours à lui. On lui doit quelques mémoires insérés dans le recueil intitulé : *Archæologia*, et un ouvrage très-curieux en 2 vol. in-8. sur Shakespeare. »

J'ajouterai que la belle collection d'estampes de M. Douce est mentionnée honorablement dans le *Compte rendu à S. Exc. le ministre de l'intérieur, du voyage fait en Angleterre, par M. Duchesne aîné, pour y examiner diverses collections d'estampes publiques ou particulières,* Paris, 1824, in-8.° de 30 pages; c'est à l'occasion d'un graveur anonyme de 1466, dont M. Duchesne commence à parler, p. 6 de sa brochure, et où il dit qu'il a trouvé dans le Musée britannique, des pièces très-curieuses de l'école d'Allemagne, par un ancien maître dont le nom est inconnu et dont les gravures portent souvent la date de 1466. Ensuite, p. 17, parlant de la collection d'estampes formée par M. Francis Douce, à Kensington, et qui est d'un très-beau choix, il s'exprime ainsi : « J'y ai trouvé des pièces rares de plusieurs vieux maîtres, « entre autres quinze lettres de l'alphabet grotesque du *Maître de* « 1466, que personne n'a encore décrit ni publié au complet, et de

remarqué, dans un manuscrit du XIV.ᵉ siècle, une miniature représentant un prince jouant aux cartes avec trois de ses courtisans. M. Singer donne une copie exacte du trait de cette miniature. Les figures sont celles du jeu appelé *trappola*, les cartes actuelles n'étant pas alors connues.

» Tiraboschi cite le manuscrit de Pipozzo di Sandro, écrit en 1299, dans lequel les cartes sont nommées; ce qui assigneroit une époque très-reculée à l'introduction des cartes en Italie. Mais Zani, dans ses *Materiali per servire alla storia delle origine dell' incisione in rame, in legno*, etc., 1802, p. 160, présente contre cette opinion une forte objection. Il remarque que Pétrarque, dans le premier dialogue de son traité *De remediis utriusque fortunæ*, fait une énumération des jeux, parmi lesquels il auroit certainement compris les cartes, si elles eussent alors existé. Comme il n'en a pas parlé, Zani conclut qu'elles n'étoient pas encore en usage en Italie. (Pétrarque est mort en 1374).

» Bullet prétend que les Anglais doivent aux Français la connoissance des cartes. La raison qu'il en donne

---

« Bartsch avoit regardé plusieurs lettres comme indéchiffrables ; tandis que par mes recherches, je suis parvenu à découvrir vingt-trois lettres de cet alphabet extraordinaire. M. Douce possède aussi la suite de l'*Ars moriendi* du même maître, qui manque à la bibliothèque du Roi, et qui n'est pas décrit par Bartsch. »

M. Duchesne, p. 18, parle d'une chose qui touche de plus près à l'objet que nous traitons : « J'ai vu, non sans étonnement, dit-il, dans le cabinet de M. Thomas Wilson, quatorze cartes à jouer, gravées par un anonyme en 1466 (c'est le maître en question). Dans aucun ouvrage sur la gravure ancienne, il n'est question de ce jeu de cartes dont j'avois soupçonné l'existence par trois cartes qui en font partie et qui se trouvent à la bibliothèque du roi à Paris. » Il eût été à désirer que M. Duchesne eût donné la description de ces cartes; mais la nature de son travail ne lui permettoit pas de grands développemens.

(voyez ci-dev. p. 213) ne paroît pas fondée à M. Singer (p. 11); car Chaucer (mort en 1400) emploie le mot *knave* dans le même sens que celui de valet.

» On pourroit supposer que les croisés du XII.ᵉ siècle ont, à leur retour, rapporté avec eux la connoissance des cartes; mais elles ne sont désignées dans aucun des statuts qui défendent les jeux dont ils font l'énumération; il ne paroît pas même qu'elles aient été connues en 1400, puisque Chaucer, mort cette année, n'eût pas manqué de les mettre au rang des amusemens qu'il cite. Mais elles paroissent quelque temps avant 1464; car dans les rôles du Parlement, pour cette année, les cartes sont comprises au nombre des objets dont l'importation est défendue.

» L'analogie des cartes avec le jeu d'échecs est frappante (V. M. Singer, p. 16); c'est ce qu'a développé M. Christie, dans son ouvrage intitulé : *Inquiry into the ancient greek game*, etc. (Recherches sur l'ancien jeu grec, dont l'invention est attribuée à Palamèdes.) *London, Bulmer*, 1801, gr. in-4.º, fig.

» L'origine des cartes est vraisemblablement asiatique, selon M. Singer, p. 17, mais nous manquons de témoignages positifs qui prouvent l'exactitude de cette hypothèse. Nous les trouverions sans doute dans les écrivains orientaux; et nous devons regretter que le savant Hyde ne nous ait pas donné son *Historia chartiludii*, ouvrage qu'il promet dans son *Historia schachiludii*, et sur lequel on n'a rien trouvé dans ses manuscrits.

» Les cartes étoient en usage en France, au moins à la cour et chez les seigneurs, avant le règne de Charles VII, sous lequel le P. Menestrier place leur invention. Il paroîtroit que ce fut alors qu'elles subirent les changemens qui les rendirent telles qu'on les voit aujourd'hui.

« Les Allemands ont extrêmement varié la forme et les figures de leurs cartes; leurs anciens maîtres en ont gravé en bois et au burin. Bartsch (*peintre-graveur*, vol. X, p. 70 et suiv.), en décrit quelques-unes; et M. Singer donne le *fac-simile* d'un assez grand nombre. Un jeu conservé dans la collection de M. Douce, est divisé en cinq suites au lieu de quatre. Ces cinq suites ou couleurs sont appelées par M. Singer, *hares* (lièvres), *parrots* (perroquets), ... (œillets), *roses* (roses) et *colombines* (dont nous ne connoissons pas le nom français), mais c'est celui d'une plante ou d'un arbre. Ces différentes figures sont renfermées dans un rond au milieu de chaque carte.

» M. Singer (p. 57) donne les noms des cartes, des figures, etc., dans les principales langues de l'Europe. Il remarque à cette occasion que le *paquet* de cartes est appelé par les Italiens *paio di carte*, ou simplement un *paio* (voyez le *Dictionnaire de la Crusca*). Les anciens auteurs anglais disent *a paire* ou *a pair of cards*. On n'a pas donné d'explication satisfaisante de cette dénomination; on a dit qu'elle venoit de ce que deux paquets étoient en usage pour certains jeux; mais le mot *paio* ou *pair* est employé quand il ne s'agit évidemment que d'un seul paquet. Il est vrai que nous disons bien nous-mêmes une *paire d'Heures*, pour signifier un seul livre de prières, renfermant l'office du matin et du soir.

» Nos cartes modernes ont quelque ressemblance avec les figures grotesques des cartes des Chinois (qui sont très-adonnés au jeu). Leur devrions-nous la connoissance des cartes? Zani, dans son ouvrage *de Origine dell'incisione*, etc., précité, rapporte, p. 192, que l'abbé de Tressan lui a dit que ce fut un Vénitien qui, le premier, apporta en Europe des cartes de la Chine, et que Venise fut la première ville où on les connut. (Cela reutreroit dans le système de M. Ottley. V. son article.) Zani ne put obtenir de l'abbé de Tressan d'autres renseignemens. Il ne pense pas que ce Vénitien soit Nicolo Polo, ou son fils, le célèbre Marco Polo, parce que Tiraboschi, qui avoit lu sa relation dans plusieurs manuscrits et dans les éditions qui en ont été faites, n'eût pas manqué de remarquer ce fait, s'il l'avoit trouvé mentionné quelque part. L'abbé de Tressan se proposoit de donner un mémoire sur les cartes à jouer.

« M. Singer termine la première partie de son ouvrage par dire quelque chose de l'application que l'on a faite des cartes à jouer à l'art de la divination. Il pense même que cet usage est une nouvelle indication de l'origine orientale des cartes. — L'ouvrage de Franç. Marcolini, intitulé *le Sorti* (Venezia, 1540 et 1550), offre le moyen de répondre à cinquante questions par le moyen des cartes. Ce livre très-rare est remarquable par les excellentes gravures en bois dont il est orné. »

Nous ne nous étendrons pas sur la seconde partie de l'ouvrage de M. Singer, relative à l'origine de la xylographie et de l'imprimerie, dont les commencemens sont si obscurs. Il suffira de dire (pour nous renfermer dans les limites de notre travail), que l'auteur, p. 106, pense qu'il est extrêmement probable que l'art de la xylographie, employé d'abord pour multiplier d'informes images de saints, fut saisi par les fabricans de cartes comme un moyen d'abréger leur besogne. Aussi les cartes dûrent-elles se répandre d'autant plus rapidement qu'elles se vendirent moins cher.

Quant à l'origine de l'imprimerie, M. Singer (p. 110—170), pèse avec impartialité toutes les questions agitées dans le grand procès entre Guttemberg et L. Coster; mais à la fin, la balance penche en faveur de Guttemberg. (Et c'est assez l'avis de tous ceux qui se sont occupés de l'histoire de l'imprimerie, hors de Harlem.)

M. Singer traite enfin (p. 213) de l'application que l'on a faite des cartes à l'instruction des enfans et à l'enseignement particulier de quelques sciences. — Le premier fut Th. Murner, dont la *Logica memoralis, chartiludium*, etc., fut imprimée à Strasbourg, en 1509, in-4.° (V. *Prosp.* MARCHAND, *Dict. hist.*). Erasme s'est moqué de cette méthode.

Dans la troisième partie, M. Singer donne des renseignemens sur les jeux suivans: Lansquenet, Trappola, Tarocco, Minchiate, Primero, Mawe, Loadam, Noddy, Macke, Gleek, Post and pair, Bankrout, All fours, Ombre, Quadrille, Reversis, Bassett, Cent or Mount sant, Trump, Whist, Piquet.

Ici se termine le beau volume de M. Singer; mais ce que nous en avons dit ne regarde guère que le texte; il y a en outre une partie très-curieuse et qui n'est pas moins intéressante pour juger des progrès de la fabrication des cartes à jouer, de leur état, de leurs changemens et de leurs modifications dans les différens siècles et chez les différens peuples; cette partie est celle des gravures. Nous allons en donner la description, d'après M. Dur.. de Lanç.., qui n'a mis aucune borne à sa complaisance, dans le service que nous avons pris la liberté de lui demander.

Le volume est orné de 19 planches détachées et de beaucoup de vignettes en bois imprimées avec le texte.

PLANCHE Ire C'est un *fac-simile* d'une ancienne gravure d'Israël de Mecheln, faite vers la fin du XVe siècle. Elle représente un homme et une femme jouant aux cartes. (Cette pièce est curieuse pour le costume, les détails de l'ameublement, etc. L'homme porte des souliers à la poulaine; ce qui indique une condition élevée).

Planche II. On y voit des cartes orientales, peintes sur ivoire (de la collection de M. Douce). Elles sont exécutées avec un art infini. Ces cartes modernes, en usage chez les Indous, paroissent être au nombre de 96 et divisées en sept suites ou couleurs. Chaque couleur consiste en dix cartes marquées de 1 à 10, et deux figures représentant un roi et un visir (celui-ci à cheval). Ces sept suites ne produisent que 84 cartes; mais il y en a encore douze autres à figures, qui probablement correspondent aux *tarots* en usage chez les Européens (1).

M. Douce possède encore un autre jeu de cartes peintes sur ivoire, rehaussées d'or. Mais elles sont rondes, tandis que les premières forment un carré long.

Planche III. Ce sont des cartes rondes attribuées à Martin Schœn. (Elles sont mentionnées dans notre analyse ci-dessus; il y en a cinq séries, appelées *lièvres*, *perroquets*, *roses*, etc.)

Planches IV à XI. Elles offrent des *fac-simile* d'un jeu complet d'anciennes cartes allemandes, gravées en bois, et qui sont au nombre de 48. Elles proviennent du cabinet de Gough (célèbre antiquaire); elles ont passé en 1816, chez M. Triphook, libraire à Londres. Ces cartes avoient servi à former le carton de la couverture d'un vieux livre imprimé avant 1500. Elles ont été présentées (ou du moins les dessins qui en furent faits), à la Société des antiquaires, en 1763. Ce jeu consiste en quatre couleurs qui n'ont ni *as* ni *reines*. Les seules figures sont le *roi*, le *chevalier* et le *valet*. Les quatre couleurs sont les *grelots*, les *cœurs*, les *feuilles* et les *glands*. Les *deux* portent la marque du fabricant, *deux marteaux croisés*. Ces

---

(1) Il n'est pas certain que ces douze cartes appartiennent au même jeu que les 84 précédentes. Peut-être se seront-elles trouvé mêlées avec, ou sont-elles supplémentaires. Cela n'est pas expliqué dans l'ouvrage.

cartes, fort grossièrement dessinées, sont enluminées par les mêmes procédés que ceux qu'emploient maintenant les cartiers.

Planche XII. C'est le *fac-simile* de six cartes de trappola, prises dans la collection de M. Douce. Elles proviennent, comme les précédentes, de la couverture d'un ancien livre; mais elles ne paroissent pas remonter au-delà du milieu du XVI.ᵉ siècle. Le jeu consiste aussi en 48 cartes, dont, pour chaque couleur, dix cartes numériques, marquées de 1 à 10, et deux figures seulement, *re*, le roi, et *cacallo*, le chevalier. Breitkopf donne aussi la figure de ces cartes dans la planche 3 de son ouvrage. Nous en avons parlé ci-dessus, pag. 256, note.

Planches XIII et XIV. On y donne le *fac-simile* de deux anciennes gravures italiennes, attribuées à Finiguerra, et qu'on a lieu de regarder comme faisant partie d'un jeu de tarots. Ces deux pièces appartiennent à une suite connue des amateurs de gravures, sous le nom de *Giuoco di tarocchi*. Il y a cinquante gravures divisées en cinq classes, et représentant les ordres ou rangs de la société, les sciences, les vertus, les arts libéraux et mécaniques. Chaque pièce est marquée d'une des cinq lettres A, B, C, D, E, et du nombre qu'elle occupe dans la série des 50. Le nom du sujet est placé au-dessous. C'est ainsi que l'une des deux pièces représentées par le *fac-simile*, porte au bas PAPA X, et l'autre RHETORICA XXIII. Zani attribue ces gravures à un artiste vénitien ou padouan. Mais M. Ottley donne de bonnes raisons pour faire penser qu'elles sont très-probablement l'ouvrage d'un artiste florentin. Ces figures ont 6 po. 6 lig. environ de hauteur, sur 3 po. 6 lig. de largeur. Cette dimension n'est pas le principal motif qui porte M. Singer à ne pas les regarder comme des cartes à jouer; elles sont numérotées de 1 à 50, ce qui ne sauroit s'accorder avec l'opinion que ces numéros indiquent la valeur numérique de chacune d'elles.

Planche XV. Elle renferme d'anciennes cartes anglaises, faites probablement sous le règne de Jacques I.*

Planche XVI. On y voit le *fac-simile* d'une portion de la gravure exécutée par un anonyme, en 1500, et connue sous la dénomination du *grand bal.* (V. Bartsch.) Cette portion (de 4 po. 6 lig. de haut., sur environ 4 po. de larg.), le tiers de toute la pièce, dont elle occupe le milieu, représente le duc et la duchesse de Bavière jouant aux cartes. Ils se servent de craie pour marquer le jeu. La seule carte offerte aux yeux du spectateur, est le *cinq* de cœur.

Planches XVII, XVIII, XIX. Ce sont des cartes de tarots au nombre de 24, expliquées par Court de Gebelin.

Voilà ce que renferment les 19 planches détachées, dans l'ouvrage de M. Singer. Passons aux gravures imprimées avec le texte, et indiquons-les dans l'ordre des pages où elles se trouvent.

Pages 42 et 43 : Anciennes cartes allemandes, au nombre de quatre, dont l'une porte la marque de *Erhard Schœn*.

Pages 59, 60, 61, 62 : cartes chinoises.

Page 68 : *fac-simile* de la miniature d'un manuscrit du XIV.* siècle, représentant un roi et trois courtisans jouant au *trappola* (il en est question ci-dessus, p. 273).

Page 179 : figure en bois représentant l'enlumineur, *faiseur d'images*, tirée du *Panoplia omnium mechanicar. artium*, de Schopper, imprimé à *Franckfort*, 1508, in-12.

Pages 181 et suiv. : *fac-simile* de treize figures en bois tirées du rare volume intitulé : *Charta lusoria tetrastichis illustrata*, etc. Norimberg, 1588, in-4.° C'est un recueil de cartes, qu'on seroit tenté de regarder comme cartes de fantaisie; elles sont gravées par Jost Ammon, ou du moins d'après ses dessins. Chaque figure est accompagnée de quatre vers latins et de vers allemands, exprimant des pensées morales, des réflexions, etc. Les quatre couleurs sont les *livres*, les *tympans d'imprimeurs*, les *pots à vin*, et les *coupes à boire*. Le *quatre* de la première suite représente un bibliomane, sujet pris du *Navis s ultifera*. Bartsh ne parle pas de ces figures; mais de Murr en indique le recueil dans sa *Bibliothèque de peinture, sculpture*, etc., tom. II. p. 470.

Page 206 : *fac-simile* (gravé au burin) de l'enveloppe des cartes dont la planche III (voyez ci-dessus) offre des *specimen*. On y voit trois couronnes, emblème de la ville de Cologne, et ces mots *Salve. Felix. Colonia.* Il est présumable que l'artiste qui les a faites, étoit de Cologne.

Page 210 et suiv.: *fac-simile* de quatre cartes allemandes. La première, le *valet de cœur*, représente un barbier; la seconde, le *valet de trèfle* (ou feuilles), est un écrivain ou scribe. (Voyez ci-dessus planches de IV à XI).

Page 215 : *fac-simile* de la *dame de pique*, tirée du jeu inventé par Gubitz, célèbre graveur en bois de Berlin, qui existe peut-être encore.

Page 235 : *fac-simile* d'une gravure en bois, d'Antoine de Worms, représentant des lansquenets jouant aux cartes. Cette gravure porte la date de 1529.

Page 275 : *fac-simile* d'une gravure en bois, tirée de la *Danse des Morts (Imagines mortis)*, Lyon, 1538, pet. in-8.° Elle représente un joueur aux cartes, surpris par la Mort(1).

---

(1) Je ne connois que deux Danses de Morts imprimées à Lyon, en 1538, l'une *petit in-4.*' et l'autre *in-8.°*, sous des titres français que j'ai rapportés, pp. 55—56 du présent vol. La gravure en question doit être d'après Holbein. Car dans le *Triomphe de la Mort*, de cet artiste, qu'a gravé Mechel, on voit, sous le n.° 13, trois joueurs aux

Ici se terminent les indications sur les gravures qui ornent le livre de M. Singer, et tout ce que j'avois à dire de l'ouvrage, d'après les secours que m'a fournis M. D..... D. L......; à moins que je n'y ajoute le jugement qu'en a porté M. Renouard, dans le riche Catalogue de sa bibliothèque, *tom.* IV, p. 193 : « Ouvrage curieux,
» dit-il ; l'auteur très-soigneux de donner la représen-
» tation d'anciennes cartes à jouer, n'auroit-il pas dû
» songer un peu plus à faire connoître les diverses
» familles des cartes modernes, qui deviendront des
» antiquités à leur tour, et que d'ailleurs, vu les impôts
» qui en contrarient la circulation, on ne connoît guère
» que dans les pays où elles sont respectivement en
» usage? Cet auteur, qui a tout recherché, n'a proba-
» blement pas tout rencontré, car s'il l'eût seulement
» entrevue, auroit-il laissé échapper l'explication morale
» du jeu cartes par le soldat Bras-de-fer, l'une des pièces
» les plus notables de la bibliothèque à deux sols? »
Cela est très-probable, car moi-même je me suis volontairement rendu coupable de cette terrible omission, quoique je connoisse l'ouvrage et qu'il soit cité très-honorablement par Breitkopf dans une de ses notes, p. 33, avec les *Mémoires* de l'Académie des Inscriptions, les *Mémoires* de Trevoux, les *Essais* de Saint-Foix, le *Dictionnaire* des gens du monde, les *Mélanges* de Paul-

---

cartes : la partie est interrompue ; l'un tire à lui de l'argent ; l'autre se meurt, la Mort lui serre le gosier et le Diable le tire par les cheveux ; le troisième étend le bras droit vers le Diable. Des cartes sont sur la table, on y reconnoit un *cinq* de trèfle. D'autres cartes sont à bas ; l'une est déchirée. Plus loin est un *deux* de carreau, puis un *as* de trèfle, etc. Cela fait présumer que dès le commencement du XVI.ᵉ siècle, les cartes avoient les mêmes couleurs et figures que celles dont nous nous servons maintenant. V. encore dans notre vol., à la p. 43, le n.° XLI.

my, etc. On voit figurer, au milieu de ces grands ouvrages, l'admirable *Explication morale du jeu de cartes, anecdote curieuse et intéressante, sous le nom de Louis Bras-de-fer, engagé au service du roi* (1); Bruxelles et Paris, in-12. J'espère que cette citation me sauvera du reproche fait à M. Singer, et que cependant ceux qui ont lu ce précieux opuscule, me sauront gré de n'en rien dire de plus.

Les recherches de M. Singer étant le dernier ouvrage spécial qui ait paru sur les cartes à jouer, c'est par lui que nous terminons nos analyses des livres de ce genre et des dissertations qui y ont rapport, parvenues à notre connoissance (2).

---

(1) La célèbre Sibylle, moderne, Mlle Le Normand, a publié, dans ses *Souvenirs prophétiques*, Paris, 1814, in-8.°, pp. 340—356, la même anecdote, mais son héros se nomme *Richard Midaleton* : c'est un véritable encyclopédiste, qui, dans l'explication qu'il donne du nombre de points que porte chaque carte, fait un long étalage d'érudition théologique, astronomique, historique, etc.; ce qui ne l'empêche pas d'être condamné à trois mois de cachot par son colonel, pour avoir porté à l'église un jeu de cartes en guise de livre de prières. Il est vrai qu'à cause de son érudition, il est ensuite fait lieutenant. On ne voit pas à quel propos Mlle Le Normand a placé ce morceau fastidieux de 16 pages in-8.° parmi ses notes.

(2) Le *Dictionnaire des Beaux Arts*, par M. Millin, *Paris*, 1806, trois vol. in-8.°, contient un article sur les cartes à jouer, qui n'a pu être classé dans nos analyses, mais qui cependant mérite d'être cité, non pour ce qu'il dit de l'histoire des cartes, cela se trouve partout; mais pour la mention qu'il fait d'un très-ancien jeu de cartes, que je n'ai vu rapporté dans aucun des ouvrages dont j'ai fait l'analyse.

Après avoir exposé, tom. Ier, p. 201, que les Français fixent l'origine des cartes sous le règne de Charles V; que les Allemands soutiennent que l'époque de cette invention remonte chez eux beaucoup plus haut; que Tiraboschi l'a trouvée en Italie dès 1299; enfin que la première indication des cartes *imprimées* est dans le décret du sénat de Venise de 1441 (déjà plusieurs fois cité par nous), M. Millin conclut que l'art de faire les cartes doit être antérieur à 1441, et qu'on peut le placer au commencement du XVe siècle; sans doute qu'il ne parle ici que de cartes moulées et imprimées : car pour celles qui n'étoient ni gravées ni imprimées, mais dessinées à la plume et

Que conclure de toutes les recherches exposées ci-dessus? que l'origine des cartes à jouer est encore, comme celle de la Danse des Morts, totalement inconnue, et qu'il est présumable qu'on ne la découvrira jamais. Mais n'y auroit-il pas un moyen, sinon d'y parvenir, car la chose paroît à peu près impossible, du moins d'en approcher le plus près que l'on puisse espérer?

---

peintes en miniature, elles étoient beaucoup plus anciennes, puisque Tiraboschi, cité par lui-même, fait mention de cartes (qui ne pouvoient être que de cette espèce) dès 1299. Quoi qu'il en soit, j'arrive à l'ancien jeu de cartes, mentionné par M. Millin.

« Le Marchese Girolamo, à Venise, dit-il, conserve dans son cabinet, des cartes à jouer de ces temps reculés (vers le commencement du XV.ᵉ siècle); elles sont plus grandes que les cartes à jouer ordinaires d'aujourd'hui; elles sont très-épaisses, et ressemblent au papier de coton des anciens manuscrits : les figures y sont imprimées dans un champ d'or. On y voit trois rois, deux dames, deux valets dont l'un à cheval; chaque figure a un bâton, ou une épée, ou une pièce de monnoie. Le dessin approche beaucoup de celui de Jacobello del Fiore; le travail paroît être de l'impression, et les couleurs appliquées au moyen d'une espèce de moule découpé. Ce sont les plus anciens monumens de ce genre. »

M. Millin parle encore d'un autre jeu de cartes ancien, à l'article de la gravure au burin, en Italie, tom. I, p. 756; « .... Lorsqu'on se servoit du rouleau ou de la presse imparfaite, pour imprimer d'une manière plus nette et plus sûre, dit-il, on fixa la planche dans un cadre de bois avec quatre petits clous. On fit l'essai de différentes couleurs; mais sur toutes on préféra l'azur ou bleu céleste, qui domine dans la plupart des anciennes estampes. Telles sont les cinquante cartes vulgairement appelées le Jeu de Mantegna. Bien qu'elles ne portent pas de nom, les connoisseurs, d'après plusieurs remarques, les attribuent à André Mantegna (graveur au burin, mort en 1517). Celle qui représentoit le doge est souscrite *il Doxe*; et sur d'autres on lit, *artixan, famejo*, ou quelques mots semblables du dialecte vénitien. On trouve dans plus d'un recueil, des estampes semblables à celles du jeu, mais elles sont beaucoup plus petites et d'un travail tout différent. Il y en a une dont le frontispice porte un lion vénitien, et pour marque, les deux lettres C E réunies. »

nous le pensons, et nous allons exposer nos idées
à cet égard. D'abord suivre un ordre beaucoup
plus méthodique que celui qu'ont observé les
auteurs que nous avons analysés, est la première
loi qu'on devroit s'imposer. Par suite de cet esprit
de méthode, il faudroit commencer par réunir
tous les documens écrits qui ont rapport aux
cartes et les classer par ordre chronologique ;
ensuite en faire de même pour tous les monumens peints ou gravés que l'on regarde comme
cartes anciennes. On objectera peut-être qu'il
en est peu qui portent des dates ; mais en examinant de près la substance qui compose ces
vieilles cartes, la manière dont elles sont peintes
ou gravées, la forme des caractères de l'écriture
qui s'y trouve, les figures qu'elles représentent,
leurs différentes espèces de familles ; la filiation,
si j'ose m'exprimer ainsi, qui existe entre elles ;
il me semble qu'on pourroit établir une sorte de
classification qui ne s'éloigneroit pas beaucoup
de l'ordre chronologique. Mais pour cela, il
seroit essentiel d'avoir sous les yeux ou les originaux ou des calques bien faits de toutes les
cartes ou espèces de cartes, de quelque genre
que ce soit, qui ont échappé à la destruction
pendant les XIV.*, XV.*, XVI.* et XVII.* siècles.

Après avoir ainsi disposé tous les documens
écrits et les monumens peints ou gravés, et les
avoir rapprochés les uns des autres, on tâcheroit

de distinguer ce qui appartient à tel ou tel peuple, puis à telle ou telle espèce de jeu, comme le trappola, les tarots, les cartes proprement dites, ayant toujours soin de conserver l'ordre chronologique. Par ce moyen, on découvriroit nécessairement parmi tant de documens et de monumens, ceux qui sont à peu près les premiers, et l'on descendroit de divisions en sous-divisions jusqu'aux familles distribuées chez les différens peuples et établies d'une manière à peu près fixe au commencement du XVIII.ᵉ siècle, époque où dès lors les cartes n'ont plus guère changé de formes. Mais il seroit bon de joindre encore aux collections ci-dessus, le calque de toutes les cartes actuellement en usage chez les diverses nations; cela en compléteroit l'histoire générale, et pourroit être utile tant pour le passé que pour l'avenir.

Tout ce que nous venons d'exposer, ne regarde pour ainsi dire que le matériel des cartes, et offre des données à peu près certaines sur leur existence dans tel ou tel temps; mais si l'on veut remonter plus haut, il faut aborder le champ des conjectures où il est si facile de s'égarer, comme l'ont fait plusieurs des auteurs dont nous avons parlé. Il me paroît que la plupart d'entre eux ont beaucoup trop restreint l'intervalle du temps qui a dû s'écouler entre les premiers actes publics qui ont proscrit les cartes, et le temps présumé de leur origine. Il est certain qu'une invention quelconque, pour se faire connoître, se propager, devenir un abus, et provoquer la sévérité des lois, doit exiger un temps assez considérable. Il est vrai que le jeu a un attrait qui a dû le faire répandre plus rapidement; malgré cela, on peut présumer qu'il s'est bien écoulé environ un siècle avant que les premières cartes, qui alors n'étoient que peintes (1), attirassent l'œil des gouvernemens, ou même fussent mentionnées par les écrivains; ainsi quand on place leur origine au moment qu'elles ont été proscrites, ou peu auparavant, c'est une erreur manifeste. Partant de cette base, on fera remonter l'invention des cartes plus haut qu'on ne l'a fait jusqu'alors; et je crois que si l'on se trompe, cette erreur sera moins grande que celle qui a fait ou qui feroit tomber dans un excès contraire.

Nous aurions désiré donner une histoire générale des cartes à jouer d'après le plan que nous venons de tracer; c'est dans le XII.e ou XIII.e siècle que nous aurions tâché de découvrir l'emplacement de leur berceau; ensuite nous aurions essayé de faire passer au creuset d'une

---

(1) La preuve en est que dans les canons prohibitifs des conciles synodaux, antérieurs à l'imprimerie en lettres et en taille-douce, on appelle les cartes *pagillæ pictæ*, petites feuilles peintes.

saine critique, les titres à cette invention, qu'une érudition trop souvent systématique, prête tantôt aux Chinois, aux Égyptiens, aux Arabes, tantôt aux Vénitiens, aux Espagnols, aux Allemands ou aux Français; enfin, nous avançant pas à pas toujours appuyés sur des autorités non suspectes, nous serions peut-être parvenus, en éclaircissant la question, à distribuer à chacun, sur la route chronologique que nous aurions adoptée, ce qui lui est légitiment dû. Mais cette entreprise est beaucoup plus grande qu'on ne se l'imagineroit peut-être. Ce n'est pas que les documens écrits nous eussent manqué ; avec de la patience et le goût des recherches, on trouve beaucoup. Mais la difficulté seroit de se procurer tous les monumens peints ou gravés, nécessaires pour appuyer le texte historique, et satisfaire la curiosité du lecteur. La réunion de tant de morceaux rares et précieux ne peut avoir lieu qu'à l'aide d'une correspondance très-étendue et même de frais considérables; nous sommes donc obligé d'y renoncer.

Nous avons dit plus haut que la forme des cartes n'avoit pas changé depuis le commencement du XVIII.e siècle, du moins en France. Cependant on a essayé plusieurs fois de leur donner une physionomie moderne, plus appropriée au temps et aux circonstances. Par exemple, en 1793, 94, 95, les noms et les figures des *rois*, *dames* et *valets*, choquoient trop les oreilles et les yeux de nos républicains ombrageux, pour qu'ils ne les fissent pas disparoître; aussi les ont-ils remplacés par des emblèmes et des figures parfaitement en harmonie avec le système de la république une, indivisible et impérissable. Les rois sont devenus des *Génies*; les dames des *Libertés*, et les valets des *Égalités*; dénominations très-ingénieuses. Comme, sans doute, il n'existe plus de ces cartes, le lecteur ne sera peut-être pas fâché d'en voir la description; un JEU RÉPUBLICAIN est une pièce caractéristique du temps. Voici en quoi il consistoit:

Au lieu du roi de cœur: GÉNIE DE LA GUERRE (titre écrit au bas de la carte). Ce Génie ailé est assis sur un affut de canon; il tient de la main droite un glaive avec une couronne de laurier, et de la gauche un bouclier autour duquel est écrit: *pour la république française*; à droite on lit verticalement le mot *force*. (Cette espèce de devise remplace le nom *Charlemagne* dans l'ancien roi de cœur). Une bombe, une mèche allumée, un tas de boulets sont aux pieds du Génie. On lit sur l'affut: *Par brevet d'invention. Naume et Dugonce, au Génie de la Rép. franç.*

Dame de cœur: LIBERTÉ DES CULTES. C'est une femme assise, très-mal costumée, et les jambes nues. Elle tient une pique surmontée d'un bonnet rouge; une banderole est attachée à cette pique, on y lit: *Dieu seul*. La devise verticale est *fraternité*. On voit entre les jambes de cette femme le *Thalmud*, le *Coran* qui sont debout, et l'*Evangile* qui est couché à terre, pressé par le genou de la femme.

Valet de cœur : Égalité des devoirs. C'est un soldat assis sur un tambour, ayant son fusil entre les jambes. De la main gauche il tient un papier sur lequel on lit : *Pour la patrie*. Devise verticale : *Sécurité*.

Roi de pique : Génie des arts. C'est Apollon, coiffé d'un bonnet rouge. Il tient d'une main sa statue du Belvédère, et de l'autre la lyre. Devise verticale : *Goût* ; au bas, des emblèmes de peinture, sculpture, etc.

Dame de pique : Liberté de la presse. Femme tenant d'une main une plume, et de l'autre soutenant, avec un bâton surmonté d'un bonnet rouge, un pupitre sur lequel un rouleau déployé offre les mots *morale, religion, philosophie, physique, politique, histoire*. Devise verticale : *Lumière* ; au bas, des masques, des rouleaux, etc.

Valet de pique : Égalité de rangs. C'est un homme dans un costume qui convient mieux encore aux massacreurs de septembre qu'à ceux qu'on appeloit alors sans-culottes. Il est représenté en sabots, coiffé d'un bonnet rouge, en chemise, dont les manches sont retroussées jusqu'au coude. Ses culottes sont débraillées sur ses genoux et ses jambes nues ; il est assis sur une pierre brisée où l'on lit : *Démolition de la Bastille*. 10 Août 1792. Il s'appuie sur son fusil. Devise verticale : *Puissance*. Il foule aux pieds une bande inscrite *Noblesse*, et des écussons, parmi lesquels on remarque en premier ordre les armes de France.

Roi de trèfle : Génie de la paix. Il tient de la droite un faisceau et une branche d'olivier, et de la gauche un rouleau où est écrit : *Lois*. Devise verticale : *Prospérité*.

Dame de trèfle : Liberté du mariage. Cette femme tient une pique surmontée du bonnet rouge, avec une inscription attachée à la pique ; on y lit : *Divorce*. Devise verticale : *Pudeur*. La statue de Vénus accroupie et toute nue, est placée sur une colonne, sans doute comme symbole de la pudeur.

Valet de trèfle : Égalité de droits. Un juge dans un costume tricolore, tient d'une main une balance, et de l'autre un rouleau où se lit : *La loi pour tous.* Devise verticale : *Justice.* Il foule aux pieds un serpent ou dragon, dont les replis tortueux figurent la chicane.

Roi de carreau : Génie du commerce. Il est assis sur un ballot ficelé, sur lequel on lit : *P. B. d'inv. J. D. à Paris.* Il tient d'une main une bourse, et de l'autre le caducée et une branche d'olivier. Devise verticale : *Richesse.* Au bas, une ancre, une proue de vaisseau, un porte-feuille, etc.

Dame de carreau : Liberté des professions. Cette femme, comme les trois autres, a une pique surmontée du bonnet rouge. Elle tient une corne d'abondance, avec un rouleau où est écrit : *Patentes.* Devise verticale : *Industrie.*

Valet de carreau : Égalité de couleurs. C'est un nègre appuyé sur son fusil; il est assis. On lit entre ses jambes : *Café.* Devise verticale : *Courage.* A côté de lui est un pain de sucre, un joug brisé, des fers épars sur la terre, avec les colliers ouverts, etc.

Telles sont les figures du jeu républicain. Les autres cartes numériques sont semblables aux anciennes, à part les as, qui sont placés au milieu de quatre faisceaux formant une losange, avec ces mots : *La. Loi. Rép. Franç.,* le tout en bleu. Il est inutile de dire que ces cartes ridicules n'ont pas même eu la vogue du moment.

Je crois que sous l'empire, on avoit aussi essayé de nouvelles cartes; elles ont eu le sort des précédentes. En général, la longue habitude de se servir des anciennes cartes, toutes bizarres et même défectueuses qu'en soient les figures, les maintiendra toujours. Nous en avons la preuve dans le nouveau changement qu'a essayé M. Houbigant en 1818, et qui n'a pas eu de succès, quoique ses figures soient très-bien dessinées, et que ses personnages, mieux choisis, mieux accouplés, soient plus conformes à la vérité historique.

J'ai vu chez M. Amanton, mon confrère à l'Académie de Dijon, un de ces nouveaux jeux, enluminé avec beaucoup de soin; la tranche est dorée, et les costumes, très-bien coloriés, sont rehaussés d'or et d'argent. Voici un extrait de la notice que M. Amanton m'a communiquée à ce sujet.

« Une ordonnance royale de mai 1818, a donné à la régie des contributions indirectes, l'autorisation de distribuer aux fabricans de cartes, les feuilles d'un nouveau moulage, inventé par M. Houbigant, concurremment avec celles du moule ordinaire. L'inventeur a appelé ces nouveaux dessins, CARTES ROYALES. Elles consistent dans les figures suivantes :

Roi de pique : CHARLEMAGNE (né le 26 février 742; couronné empereur le 25 décembre 800; mort le 28 janvier 814).

Dame de pique : HILDEGARDE (seconde épouse de Charlemagne; née en 756, morte le 30 avril 782).

Valet de pique : ROLAND (neveu supposé de Charlemagne, célébré dans les anciens romans, tué, dit-on, à la bataille de Roncevaux, en 778).

Roi de carreau : LOUIS IX (né le 25 avril 1215, roi de France le 8 novembre 1226, mort devant Tunis le 25 août 1270, canonisé le 11 août 1297).

Dame de carreau : BLANCHE DE CASTILLE (femme de Louis VIII, mère de S. Louis; morte en 1252).

Valet de carreau : SIRE DE JOINVILLE (seigneur de la cour de Louis IX, son biographe; né vers 1228, mort en 1318).

Roi de trèfle : FRANÇOIS Ier (né le 12 septembre 1494, roi de France le 1.er janvier 1515, mort le 31 mars 1546).

Dame de trèfle : MARGUERITE DE VALOIS (reine de Navarre, sœur de François Ier; née en 1492, morte le 2 décembre 1549).

Valet de trèfle : BAYARD (guerrier distingué sous Louis XII et François Ier; né en 1476, mort le 30 avril 1524).

Roi de cœur : HENRI IV (né le 13 décembre 1553, roi de Navarre le 10 juin 1572, roi de France le 1.er août 1589; assassiné le 14 mai 1610, par l'exécrable Ravaillac).

Dame de cœur : JEANNE D'ALBRET (mère de Henri IV, morte le 10 juin 1572).

Valet de cœur : SULLY (le ministre et l'ami de Henri IV; né en 1559, mort le 21 décembre 1641).

» Dans ce jeu, les portraits des rois sont très-ressemblans, les costumes du temps bien observés; et même les noms des personnages sont écrits en caractères de l'écriture en usage dans le siècle où ils ont vécu. Malgré la perfection du travail, ces jolis dessins n'ont pu l'emporter sur ces anciennes images informes, qui rappellent l'enfance de l'art; tant la force de l'habitude est tyrannique. »

Il existe encore des cartes de fantaisie, amusantes, singulières et parfois satyriques; nous allons citer quelques jeux de cette espèce.

Le premier qui nous tombe sous la main est renfermé dans un étui, ayant pour inscription : *Extra-feine* TAROK-KARTE *mit turkischen nationaltrachten.* Leipzig, *in industrie comtoir.* C'est un jeu de tarots composé de 78 cartes supérieurement gravées et enluminées. Les 21 atous et les quatre figures tenant lieu de roi, dame, chevalier et valet de chaque couleur, *cœur, pique, trèfle* et *carreau,* représentent des personnages turcs, grecs ou arabes. Le fou est remplacé par un arlequin. Les cartes numériques de 1 à 10, sont de simples *cœurs, piques,* etc., comme dans les cartes françaises. Ces dessins ont 4 pouces de hauteur, sur 2 pouces de largeur.

Le second jeu de cartes de fantaisie que nous allons citer, est celui dont parle, dans une lettre écrite de Spa, en 1763, M.™ la comtesse de Basserwitz, attachée à la cour de Meklenbourg-Strelitz. Elle dit, dans cette lettre, que ce jeu a été introduit à Spa, par le général Isembourg, et que le prince Louis de Wolfenbuttel en étoit enthousiasmé. « Cinquante cartes environ, dit-

» elle, composent ce jeu ; chacune d'elles porte
» un mot différent ; et après qu'on les a battues
» et mêlées, on en distribue 8 à chaque personne,
» qui est obligée de composer, en employant
» les mots écrits sur les cartes qu'elle a, une
» histoire ou tout au moins une phrase qui pré-
» sente un sens terminé. Je vais en citer un
» exemple. J'eus, la dernière soirée, les mots
» suivans : *modestie, crème de tartre, adresse,*
» *jaloux, mari, bal, bon sens, petit-maître, barbe.*
» Voici l'histoire : un *petit-maître*, dans un *bal*,
» mit la plus grande *adresse* à rendre un certain
» *mari jaloux* ; mais comme le mari avoit du
» *bon sens*, et la femme de la *modestie*, tout ce
» qu'il eut pour sa peine, ce fut une *barbe*
» bien savonnée avec de la *crème de tartre*. Quand
» chacun a dit son histoire, nous jouons tour
» à tour avec le reste des cartes, en donnant
» pareillement un sens aux mots qu'elles pré-
» sentent ; et cela amène presque toujours des
» saillies originales, qui animent et égaient la
» conversation, etc. » Ce jeu ne convient guère
qu'à une société de gens d'esprit ; car on y court
plus de chances pour l'esprit que pour la bourse.

Nous citerons en troisième ordre, le *Jeu du Solitaire du Mont-Sauvage*, composé de 30 cartes très-bien gravées et enluminées, représentant des personnages, la plupart historiques, du XV.e siècle. Ce jeu consiste dans une montagne escarpée, où se trouve un petit ermitage, et au sommet, une croix. Dix chemins conduisent au-dessus de la montagne, mais chacun de ces chemins est divisé en six stations qu'il faut franchir pour arriver à l'ermitage. Et cela n'est pas facile, car des 30 cartes que l'on distribue entre les joueurs, onze font avancer d'une station; ce sont celles qui représentent les personnages suivans : Charles VII, Dunois, le P. Anselme, le comte de Norindall, le duc de Bourbon, le duc de Nemours, Herstall, le page, Conrad, Marceline, Saint-Maur. Quatre autres personnages font avancer de deux stations; ce sont Elodie, le Solitaire, le Fantôme sanglant et Charles-le-Téméraire. Mais les quinze autres font reculer d'une station; ce sont Philippe, Louis XI, le duc de Lorraine, le duc de Bretagne, le comte du Maine, le comte d'Armagnac, le prieur de Palzo, le duc de Calabre, sir Albert, la comtesse d'Imbert, Irena, la Mère Ursule, Edouard, roi d'Angleterre, Marguerite d'York et Réné. On voit que les chances pour reculer sont égales à celles pour avancer, mais que celles-ci ont l'avantage de quatre doubles stations. Voici comment ce jeu s'exécute. Le nombre des joueurs peut monter jusqu'à dix, nombre égal à celui des routes qui conduisent au Mont-Sauvage. Un des joueurs bat les cartes, fait couper, et les distribue à la ronde, une à une et découvertes. Pour se mettre en route, il faut recevoir une des quinze premières cartes citées plus haut, qui font avancer d'une ou deux stations; les 11 premières sont marquées d'un A, et les quatre suivantes d'un A 2. On ne peut commencer, ou, si l'on est en route, on recule d'une station, toutes les fois que l'on reçoit une des quinzes dernières cartes précitées, et qui sont marquées d'un R; et en même temps on paie un jeton au panier. Quand les cartes sont épuisées, sans qu'aucun joueur soit arrivé au Mont-Sauvage, on recommence jusqu'à ce qu'on y soit parvenu, et alors on emporte le panier.

Le *Jeu de cartes en tableaux*, exécuté à Tubingen, chez Cotta, est fort ingénieux. Quant aux dessins, les 52 cartes, fort bien gravées, forment chacune un petit tableau; les points des cartes numériques depuis 1 à 10, dans chacune des quatre couleurs, sont disposés de la manière la plus pittoresque, tout en conservant leur position et leur couleur. Mais pour les rois, dames et valets, l'auteur a pris tous ses personnages dans la tragédie de *Jeanne d'Arc*, par Schiller, et a conservé à peu près les costumes du temps. Ainsi, pour le cœur : le roi est *Charles VII*; la dame, *Isabeau de Barière*; le valet, *La Hire*. Pour le pique : le roi est *Talbot*, mourant; la dame, *Jeanne d'Arc*; le valet, *Lionel* enlevant l'épée de Jeanne d'Arc. Pour le carreau : le roi est *Philippe de Bourgogne*; la dame, *Agnès Sorel*; le valet, *Raimond*, villageois. Enfin pour le trèfle: le roi est *René d'Anjou* (la couronne de Sicile à ses pieds); la dame est *Louison*, sœur de Jeanne d'Arc; et le valet, *Montgomeri*, à genoux et pleurant. Les sujets des autres cartes sont de fantaisie; cependant celui du 4 de trèfle est tiré d'une romance de Burger, intitulée *Léonore*, et célèbre en Allemagne. Il représente la Mort casquée et cuirassée, à cheval, et menaçant d'un dard une femme qui est en croupe par derrière et qui tombe en défaillance. La scène se passe dans un cimetière; une fosse est sur le premier plan; un squelette se traîne près de cette fosse. Les quatre points-trèfles sont au centre de quatre croix de ce cimetière. On prétend que les jolis dessins qui ornent ces cartes, ont presque tous été composés par une dame.

C'est sans doute ce recueil qui a donné lieu à un jeu de cartes très-malin, publié à Paris il y a sept à huit ans, sous le titre de *Cartes à rire*; ce doit être, autant que je puis me le rappeler, sous le ministère de M. D. C... On attribue ce jeu à M. A....., C. A. D. C. D. D. O. Toutes les cartes, soit à personnages, soit numériques, présentent des dessins charmans, des figures ingénieusement groupées, des attitudes très-plaisantes. Mais l'esprit satyrique y est poussé à l'excès; et ce n'est point avec de pareilles caricatures qu'on parviendra à rétablir l'union parmi les Français.

Le jeu de Tubingen a probablement aussi donné l'idée de ces *Cartes bouffonnes* qui ont paru chez Gide, à Paris, quelques années après le jeu précédent. Ces cartes sont au nombre de 52; les figures en sont très-bien dessinées, et les points offrent la plus bizarre réunion de personnages, de costumes, d'attitudes, d'occupations, de cérémonies, de jeux, de meubles et de monumens.

Nous ne devons pas oublier ici le jeu des *Cartes musiciennes, ou de* 1000 *et* 1 *walses.* Ce sont les 32 cartes du jeu de piquet, portant chacune deux mesures de musique, avec lesquelles on peut composer plusieurs milliers de walses.

Pour les obtenir, il suffit de ranger 8 cartes sur le pupitre, sans avoir égard aux couleurs : il faut seulement faire attention que les cartes soient toujours placées dans leur ordre naturel; c'est-à-dire, *roi, dame, valet, as, dix, neuf, huit* et *sept.* Les quatre premières font la première reprise, et les quatre autres la seconde.

Nous pourrions citer encore beaucoup d'autres jeux amusans, tels que celui des *portraits* ou *jeu de société*, 1815, 120 cartes; celui des *hommes illustres anciens et modernes*, 1822, 100 cartes; celui du *prix* ou *le Roma perfectionné,* jeu logographique, 1818, 27 cartes, etc., etc. Mais cette liste deviendroit aussi fastidieuse que celle des jeux de cartes destinés à prédire l'avenir, comme le *petit oracle des dames*, en 42 cartes; le *véritable Eteilla*, en 33 cartes, etc., etc.

Quant aux jeux de cartes instructifs, on en connoît beaucoup; nous avons sous les yeux *le boston de Flore*, 1820, 52 cartes, plusieurs petits jeux alphabétiques, etc.; mais la collection la plus recherchée dans ce genre, est celle de M. de J..., qui renferme dans des étuis séparés, les parties suivantes : géographie; chronologie; histoire sainte; histoire du nouveau Testament; mythologie; histoire ancienne; histoire romaine; histoire des empereurs; histoire d'Angleterre; histoire de France; histoire naturelle des animaux; musique; lecture, et encyclopédie. Chaque partie, avec gravures ou portraits, peut s'acquérir séparément. Cette collection se trouve chez M. Renouard, rue de Tournon, n.° 6.

Nous ne nous étendrons pas davantage sur ces sortes de cartes, qui ne sont qu'un accessoire à notre principal sujet, que nous croyons devoir terminer par la nomenclature des jeux de cartes, tant anciens que modernes, les plus connus.

On sait que le matériel des cartes consiste en trois espèces de jeux : jeu entier, jeu d'hombre, jeu de piquet.

Le jeu entier est composé de 52 cartes, savoir: 12 figures (4 rois, 4 dames, 4 valets); puis 40 cartes basses (4 dix, 4 neuf, 4 huit, 4 sept,

4 six, 4 cinq, 4 quatre, 4 trois, 4 deux et 4 un ou as). Ce qui fait en tout 220 points, dont sont marquées ces 40 cartes.

Le jeu d'hombre est composé de 40 cartes, les mêmes que celles du jeu entier, à l'exception des 4 dix, des 4 neuf et des 4 huit, qu'on en retranche.

Le jeu de piquet n'a que 32 cartes, composées des 4 as, 4 rois, 4 dames, 4 valets, 4 dix, 4 neuf, 4 huit et 4 sept.

Cependant il faut dire que les différens jeux dont nous allons donner la nomenclature varient beaucoup sur le nombre de cartes qu'on y emploie, comme on va le voir; car, en les disposant par ordre alphabétique, nous avons soin d'indiquer si pour chaque jeu on emploie des cartes entières (52), ou des cartes de piquet (32), ou toute autre quantité.

L'AMBIGU, 40 cartes, les figures étant retranchées. — Le BACCARA espagnol; j'ignore le nombre des cartes. — La BASSETTE, 52. — La BELLE, FLUX et TRENTE-UN, 52. — La BÊTE, 32. — La BÊTE-OMBRÉE, 32. — Le BOSTON ou MARYLAND, 52. — La BOUILLOTE, 28, les 4 sept et toutes les cartes inférieures étant retranchés. — Le BRELAND, idem. — Le BRISCAND ou la BRISQUE, 32. — La BRUSQUEMBILLE, MARIAGE ou CINQ-CENTS, 32. — La COMÈTE, deux jeux entiers, chacun de 48, les as étant retranchés. — Le COMMERCE, 52. — MA COMMÈRE, ACCOMMODEZ-MOI, 52. — Le COUCOU ou le HÈRE, 52 ou 32, selon le nombre de joueurs. — Le CUL-BAS, 52. — La DUPE ou FLORENTINI, 52. — L'Écarté, 32. — L'Emprunt, 52, 44 ou 40, selon le nombre des joueurs. — La Ferme, 48, les 4 huit étant retranchés. — Le Gillet, 32. — La Guimbarde ou la Mariée, 52. — La Guinguette, 52. — Le Hoc, 52. — L'Hombre, 40. — L'Homme d'Auvergne, 32. — L'Impériale, 32. — Le Lansquenet, 52. — La Loterie, deux jeux de 52. — La Manille, 52. — Le Médiateur ou Quadrille, 40, les 4 dix, les 4 neuf et les 4 huit étant retranchés. — La Mouche, 32. — Le Nain-jaune ou Lindor, 52. — Le Pamphile, 32. — Le Papillon, 52. — Le Pharaon, 52. — Les Petits-paquets. — Le Piquet-médrille, 40, comme au Médiateur. — Le Piquet, 32. — Le Piquet-a-écrire, 32. — Le Piquet-normand, 32. — Le Quarante de roi, 32. — Le Quinze, deux jeux de 52. — Le Reversis, 48, les 4 dix étant retranchés. — Le Romestecq, 36, c'est-à-dire depuis les rois jusqu'aux six ; les as y sont compris. — Le Sixte, 32. — La Sizette, 36, comme au Romestecq. — Le Solitaire, 40, comme au Médiateur. — Les Tarots, 78. — La Tontine, 52. — Le Trappola, 36. — Le Treize, 52. — Le Trente-un ou Trente et quarante, six jeux entiers formant 312 cartes. — Le Tresette ou Trois sept, 40, comme au Médiateur. — La Triomphe, 32. — Le Tritrille, 40, comme au Solitaire. — Le Vingt-un, 52. — Le Vingt-quatre, 52. — Le Wisth ou Whisk, 52.

Tels sont les principaux jeux de cartes dont nous avons découvert les noms. Rabelais, dans son *Gargantua*, liv. I.ᵉʳ, ch. 22, nous en eût sans doute révélé beaucoup d'autres, car il fait une énumération de 215 sortes de jeux, auxquels « s'esbattoit son jeune héros, lorsqu'après s'estre laué les mains de vin frais, s'estre escuré les dents auec un pied de porc, et auoir deuisé joyeusement avecques ses gens, l'on desployoit deuant lui force chartes (cartes), force dez et renfort de tabliers (damiers) »; mais il est difficile de reconnoître dans ces 215 jeux, ceux qui appartiennent aux cartes. Il faut donc se contenter de ceux que nous avons exposés ci-dessus.

Nous avons remarqué dernièrement, dans un journal (le *Corsaire*), quelques réflexions sur les cartes, qui, sous le rapport moral, ne seront point déplacées à la fin de notre travail. Après avoir fait l'éloge d'une *profonde* dissertation de Saint-Foix (qui cependant n'est qu'un passage de ses *Essais* en trois ou quatre pages in-12, tiré de la dissertation du P. Daniel), l'auteur dit : « Dans l'histoire morale de l'Europe, les cartes occupent une place bien plus considérable qu'on ne croit. Sans entrer dans des considérations qui feroient la matière d'un gros chapitre, nous remarquerons seulement que les cartes ont dû nécessairement aider à l'extension de l'esprit de société. Nul autre jeu n'offre à lui seul autant de ressources à une réunion d'hommes désœuvrés, ou qui du moins cherchent quelques délassemens à leurs travaux. Le jeu d'échecs est une armée qui n'occupe que deux combattans; le jeu de cartes est une société de rois, de dames et d'écuyers qui peuvent appeler auprès d'eux un grand nombre de courtisans. En rapprochant les individus, les cartes ont pu servir à adoucir les mœurs, mais aussi elles ont dû les détériorer. Les jeux d'adresse, auxquels s'exerçoient les hommes dans le moyen âge de la monarchie, occupoient peu les femmes (1). Le jeu de cartes semble avoir été fait pour elles. Il a rapproché les deux sexes et prolongé les soirées. Dans les XVI.⁰, XVII.⁰ et XVIII.⁰ siècles, on poussa l'amour des cartes jusqu'à la fureur, et c'est alors que l'on peut voir jusqu'à quel point ce jeu, bien plus qu'un autre, avoit été fatal aux mœurs (2). Tandis que parmi le peuple,

---

(1) « Avant que les cartes fussent inventées, dit M. Dusaulx, les Françaises actives et laborieuses se dévouoient à l'éducation de leurs enfans. S'il restoit du temps, elles l'employoient à des travaux faciles, égayés par les chansons et par les jeux innocens de la famille rassemblée. » *De la Passion du jeu*, 2.⁰ partie, p. 70.

(2) On trouvera dans *l'Encyclopédie méthodique*, Dictionnaire des jeux, etc., *Paris*, 1792, *in-4.⁰*, pp. 118—138, un article intéressant sur les jeux (tiré de la *Passion du jeu*, par Dusaulx, *Paris*, 1779, *in-8.⁰*), et qui prouvera ce qu'avance ici l'auteur que nous citons. Il est dit dans cet article, « qu'avant la révolution, quand les états de certaines provinces étoient assemblés, on y jouoit un jeu terrible, et tel que l'endroit où il se tenoit, dans la province de Bretagne, s'appeloit l'*Enfer*. C'étoit une salle de l'hôtel des commissaires du roi. » J'ajouterai que l'on m'a assuré que le maréchal de R..... tenant une fois les

les diseuses de bonne avanture lisoient dans les cartes les arrêts du destin, et trompoient à bien moins de frais qu'autrefois la foiblesse crédule, les chevaliers d'industrie fondoient sur les cartes l'espérance de leur fortune. Un jeu que le hasard presque seul dirige, et dont les combinaisons exercent fort peu la pensée, devoit convenir à un sexe dont la mobilité se plaît aux coups inattendus de la vie, et qui ressent si vivement les effets sans trop s'occuper de rechercher les causes; aussi vit-on les femmes, même celles d'un haut rang, consumer à l'envi sur un tapis vert, leurs grâces, leurs attraits et même la fortune de leurs maris. Sous le rapport de la santé, il est certain qu'un jeu sédentaire comme le jeu de cartes ne peut qu'être fort nuisible, et il est inutile d'appuyer par des raisonnemens cette incontestable vérité. Les cartes en vogue jusqu'à la révolution furent totalement abandonnées pendant les terribles années de notre bouleverse-

---

états dans cette province, on y dépensoit par soirée, soixante mille francs, seulement pour les frais de cartes.

L'ouvrage de Dusaulx, sur la *Passion du jeu*, qui fut publié en 1779, ne produisit pas, à ce qu'il paroît, grand effet; car l'année suivante, 1780, un conseiller au parlement, M. Bergeret de Frouville, perdit, dans une séance de trente-six heures, dit-on, la somme de 27,000 louis (672,000 liv.)

ment politique. Le boston, le grave wisth, le sémillant reversis, n'étoient plus conservés que chez quelques bons bourgeois dont ils n'avoient jamais sans doute enflammé les passions, ou dans quelques vieilles maisons du Marais et du faubourg Saint-Germain. La bouillotte n'étoit guère connue que de quelques marchands; et même l'opinion publique flétrissoit ceux dont une ignoble avidité compromettoit la fortune. La mode avoit mis en faveur la conversation, les soirées musicales, les soirées dansantes. L'écarté a paru, et ce jeu niais et insipide a fait revivre parmi nous toutes les fureurs du gothique lansquenet. Plus de conversation, plus de danses; la sonate ou la romance du jour sont interrompues par le cri des joueurs; le bal est désert, ou n'est plus peuplé que de vieux amateurs, tandis que la jeunesse s'empresse autour des tables d'écarté. Les dames s'en plaignent vainement; la walse même ne retiendroit pas un amant auprès de sa maîtresse, quand il entend l'annonce d'un nouveau pari, dût-il avoir à regretter le lendemain et sa maîtresse et son argent. » Ce dernier tableau est de la plus exacte vérité; mais fera-t-il cesser l'abus qu'il signale? nous le désirons sans oser l'espérer.

Nous voilà parvenu au terme de nos notices analytiques de ce qui regarde l'origine et l'histoire des cartes à jouer. Nous avons tâché de faire connoître tout ce qui a été publié sur cette partie. Puisse ce foible essai engager quelqu'érudit à faire de nouvelles recherches, et à en joindre le résultat aux renseignemens que nous avons rapportés! Peut-être qu'en suivant le plan que nous avons indiqué, on parviendroit à avoir une histoire plus méthodique et plus complète d'un objet qui, par son importance dans la société, puisqu'il y occupe tant de monde, a mérité que les savans recherchassent son origine et ses progrès.

ADDITIONS.

DANSES DES MORTS.

Dans la cinquième partie de nos *Recherches sur les Danses des Morts* (V. ci-devant pp. 179—193), nous avons parlé de quelques gravures isolées, qui ont rapport, soit aux Danses en question, soit à la Mort personnifiée. Depuis que cette partie est imprimée, nous avons encore découvert quelques gravures que nous croyons pouvoir mentionner ici.

Il existe un ouvrage intitulé : *Emblèmes nouveaux esquels le cours de ce monde est dépeint et représenté, etc., en allemand, par André Fridéric, et en français, par Jacques de Zettre*. Francoforti, 1617, in-4.° avec 88 fig. Dans ce volume, qui est en français, chaque gravure est sur le verso du feuillet, avec un vers au-dessus qui en indique le sujet; un quatrain au bas, en italique, qui en donne l'explication; et vis-à-vis, au recto, une interprétation aussi en vers, mais en caractère romain, plus détaillée. La Mort figure dans quelques-unes de ces gravures, dont voici la notice :

XLVII.ᵉ Planche. Un chasseur est représenté debout, avec un bois de cerf sur la tête; il est accompagné d'un cerf, d'un renard, d'un lièvre et d'un chien. Une espèce de diable est près de lui, et sonne de la trompe; la Mort, sous la forme d'un squelette, le menace par derrière d'un coup de lance. Au-dessus, ce vers prosaïque sert de titre :

Par trop chasser on peut bien devenir sauvage.

LVIII.ᵉ Planche. Un homme nu, debout sur le globe, est percé de flèches comme un saint Sébastien. Trois personnages lui en décochent encore ; l'un a l'air d'un guerrier, l'autre est le diable, et le troisième est la Mort, toujours en squelette. Vers servant de titre :

La misère de l'homme est grande en cette vie.

LXVI.ᵉ Planche. On voit d'un côté plusieurs personnes à table ; la Mort, armée d'une flèche et d'un sablier, entre dans l'appartement par une fenêtre supérieure, derrière la table. Au milieu de la salle, un homme et une femme dansent ; un autre squelette, ayant également à la main une flèche et un sablier, danse à côté d'eux, sans qu'ils s'en aperçoivent. Vers indiquant la morale :

Les épicuriens sont plutôt pourceaux qu'hommes.

LXVII.ᵉ Planche. Une espèce de Bacchus, couronné de pampre, est à cheval sur un tonneau et boit à longs traits. Derrière est un diable qui se moque de lui ; à côté, une Vénus qui rit ; et la Mort à genoux et penchée au bas du tonneau, tire du vin par un robinet, dans une pinte. Morale tirée de cette allégorie :

Jamais bien n'apporta trop grande buverie.

LXXIII.ᵉ Planche. Un homme porte sur son dos un sac de blé qu'il a dérobé. La Mort est à cheval sur ce sac ; vis-à-vis du voleur est une grande gueule de démon, qui vomit, parmi des flammes, différens personnages: Morale du sujet :

> L'homme a d'avoir des biens désir insatiable.

LXXVII.ᵉ Planche. Un grand squelette qui écarte les jambes, tient de chaque main une tête de mort. A son cou est attachée une grande balance, dont le fléau descendant jusqu'à ses hanches, supporte, à chaque extrémité, surmontée d'un sablier, un bassin rempli de personnages. Un homme nu est debout entre les jambes du squelette et semble soutenir le fléau de la balance. Morale :

> La Mort tient entre tous une égale mesure.

LXXVIII.ᵉ Planche. Un globe transpercé de deux grosses flèches en croix, est placé sur la tête d'un squelette qui le soutient avec ses deux bras. Un satyre est debout sur ce globe. On lit au-dessus :

> L'aiguillon de la Mort est désormais rompu.

LXXIX.ᵉ Planche. Une vieille femme ayant un sablier sur la tête, file à la quenouille. La Mort tout près d'elle, tranche d'un coup de rasoir le fil qu'elle tire de sa quenouille. Morale :

> La vie humaine pend à un filet bien tendre.

LXXX.ᵉ Planche. La Mort portant par derrière un carquois rempli de flèches et un arc, est debout sonnant d'un cornet-à-bouquin. Elle a sur sa tête un vase en forme de ciboire, d'où s'échappe une fumée épaisse. On lit au-dessus :

> Transitoire et fragile est la vie de l'homme.

LXXXI.ᵉ Planche. Assemblée nombreuse de squelettes tous debout et armés de faulx. Une balance dont les bassins sont vides, est dans les airs. Ce vers sert de titre :

> En poids égal se tient des péchés la balance.

LXXXV.ᵉ Planche. Une longue suite de personnages de toute espèce défile en sautant ; à leur tête sont la Mort et un diable qui semblent conduire la bande, tandis qu'un autre squelette et un autre diable sont sur le côté, sonnant de la trompette pendant que le cortège défile. On lit au-dessus :

> La file des péchés est jà toute accomplie.

Telles sont dans ces emblêmes ceux qui ont le plus de rapport à notre sujet. Nous n'avons pu découvrir le nom du graveur. Son travail est passable pour le temps.

Nous avons trouvé une ancienne estampe de moyenne grandeur, qui porte à l'un des angles, *De Pas invenit*, et *I. Picart incidit*. Le burin en est très-fin ; elle doit être du XVI.ᵉ siècle ; sa grandeur est moyenne. Elle représente différens sujets. A gauche sur le devant, sont deux moines à genoux devant un prie-Dieu sur lequel est posé un livre qui supporte une tête de mort ; à droite, à côté, est un seigneur accompagné d'une dame et d'un guerrier qui porte une tête de mort sur sa main ; ce seigneur met le pied sur des fleurs jonchées à terre. Sur le second plan, on voit un superbe jardin où se promènent un cavalier et deux dames ; la Mort est à côté d'eux dans l'attitude d'un faucheur qui va les moissonner avec sa faulx.

Nous avons encore découvert cinq estampes à l'eau-forte, de forme ovale; haut. 6 po., larg. 4 po.

La première représente la Mort qui emporte un enfant. Un linge lui couvre la tête en guise de serre-tête; il est noué par derrière sur le cou, et le surplus du voile voltige en longs replis. On aperçoit dans le lointain une seconde Mort enlevant aussi un enfant.

La seconde estampe offre à peu près le même sujet; mais l'enfant est sur le dos de la Mort, au lieu d'être enlevé de force et porté à la renverse sur ses bras.

La troisième offre la Mort à cheval, allant au grand galop, et prête à sonner de la trompette. Plusieurs squelettes à pied paroissent jouer d'instrumens militaires. A gauche est une armée dans le lointain.

La quatrième est la Mort enlevant une jeune femme. Même répétition dans le lointain, mais l'attitude est différente.

La cinquième présente deux vieillards, un homme et une femme, courbés sous le poids de la misère; ils cheminent paisiblement, et la Mort semble sortir de terre et leur montre son sablier. Les attitudes de la Mort sont très-expressives dans ces cinq estampes. J'ignore le nom du graveur, mais elles ne sont pas anciennes.

Une estampe de Sadeler représente l'homme entre la chair et l'esprit, figurés l'un et l'autre par différens personnages allégoriques. La Mort est par derrière qui le menace avec sa lance. Cette estampe a 8 po. de larg, sur 6 de haut.

Ces différentes gravures se trouvent dans les porte-feuilles du cabinet d'estampes du Musée de Dijon. Nous y en avons encore remarqué deux de différens maîtres fort intéressantes, représentant un petit enfant appuyé sur une tête de mort et faisant avec de l'eau de savon des bulles qui s'élèvent dans l'air et disparoissent un instant après : charmante allégorie de la fragilité de la vie et de la frivolité des plaisirs de ce monde. Nous regrettons de n'avoir pas eu le temps de parcourir tous les porte-feuilles de ce riche cabinet; sans doute nous y aurions encore trouvé des objets curieux relatifs à notre travail.

CARTES A JOUER.

Nous avons rapporté dans notre *Analyse des Recherches sur les cartes à jouer* (p. 205—209), la *Dissertation sur l'origine du jeu de piquet* par le P. Daniel, mais nous avons oublié de dire que ce morceau tiré des *Mémoires de Trévoux*, a été réimprimé dans l'*Esprit du Mercure de France*, Paris, 1810, 3 *vol. in-8.°*, tom. II, p. 3—26. En avançant dans notre analyse un peu succincte, que le P. Daniel n'avoit pas déterminé l'époque

de l'invention des cartes à jouer, mais seulement celle du jeu de piquet, nous avons commis une erreur que nous nous empressons de réparer. L'auteur, à la vérité, dit dans le commencement de sa dissertation : « Je prétends montrer premiè-
» rement, que ce jeu (le piquet) est né en France;
» secondement, qu'il fut inventé sous le règne
» de Charles VII; troisièmement, que ce jeu est
» symbolique et qu'il renferme quantité d'in-
» structions pour le gouvernement et pour la
» guerre; quatrièmement, que c'est une allusion
» continuelle aux diverses situations où se trouva
» Charles VII durant son règne. » Il faut con-
venir que dans ce plan il n'est point question de l'invention des cartes à jouer, mais seulement du piquet. Cependant peu après, le P. Daniel s'appuyant de l'autorité du P. Menestrier, ne fait aucun doute que les cartes aient vu le jour pour la première fois en France l'an 1392; et il finit sa dissertation par le résumé suivant : « Pour
» rassembler en deux mots tout ce que j'ai dit,
» l'introduction du jeu de cartes en France sous
» Charles VI est fort bien prouvée. L'époque de
» l'institution du jeu de piquet sous Charles VII
» est appuyée sur ce que le seigneur de La Hire
» y fait un personnage. Ce jeu est évidemment
» instructif et moral : les maximes que j'en ai
» tirées pour le gouvernement et pour la guerre,
» suivent naturellement du système et de la

» pratique de ce jeu. L'application que j'en ai
» faite au règne de Charles VII paroit tout-à-
» fait naturelle; l'explication que j'ai donnée
» des quatre dames, cadre à merveilles avec l'his-
» toire de ce règne. Enfin, la comparaison de
» Charles VII avec David paroit assez bien jus-
» tifiée; mes conjectures sur la carte (le roi de
» pique David) qui représente ce prince, en
» un mot, toutes les parties de mon système
» s'appuient les unes sur les autres. »

On voit par ce résumé que le P. Daniel partage l'opinion du P. Menestrier, qui place l'origine des cartes sous Charles VI, opinion tout-à-fait erronée, puisque l'on a acquis, depuis ces deux auteurs, la preuve que les cartes existoient, même hors de France, avant 1392. Quant à l'origine du jeu de piquet, il seroit plus difficile d'en contester l'époque au P. Daniel, quoique son opinion soit souvent très-systématique, et qu'il soit plus que douteux que l'inventeur de ce jeu ait fait toutes les combinaisons morales, politiques et militaires, dont le gratifie notre savant jésuite.

DE SAINT-FOIX.
(Né le 25 février 1699. — Mort le 26 août 1776.)

L'article de Saint-Foix, relatif aux cartes à jouer, a été omis dans le corps de notre ouvrage, moins par oubli que par hésitation; car cet auteur, si original, n'a guère fait que marcher sur les traces du P. Daniel, et sa dissertation est très-peu étendue. [V. ses *Œuvres complètes*, Paris, 1777, 5 vol. in-12, tom. III (et 1.ᵉʳ des *Essais sur Paris*), pp. 315—321.] Cependant il débute par quelques réflexions et anecdotes qui sont à lui et qui méritent d'être rapportées.

Nous pensons qu'il est le premier, en France, qui ait parlé de la *Chronique* de Petit-Jehan de Saintré, comme faisant remonter l'origine des cartes au règne de Charles V; et ensuite il dit que Jacquemin Gringonneur en fut l'inventeur. Il n'a sans doute pas fait attention que c'est en 1367 qu'on félicita et récompensa Petit-Jehan de Saintré, de ce qu'il ne *jouoit pas aux cartes* comme ses camarades les pages de Charles V; ce qui annonce que les cartes étoient déjà très-connues à cette époque : et ce n'est que vers 1392 que Gringonneur fit trois jeux de cartes pour Charles VI. Est-il présumable que ce fabricant, qui travailloit aux cartes en 1392, les eût inventées avant 1367, époque où elles étoient déjà communes? non, certainement.

M. de Saint-Foix dit ensuite, d'après M. de Crouzaz, qu'on joue pour se débarrasser de la conversation des sots. « Il y a donc bien des sots, ajoute-t-il! Il y a aussi bien des excommuniés, car le concile de Mayence, tenu en 813, sépare de la communion des fidèles, les ecclésiastiques et les laïques qui joueront aux jeux de hasard. » M. de Saint-Foix auroit pu ajouter plusieurs autres conciles du même genre. Il dit encore que l'avidité du gain nous a rendus plus polis que nos ancêtres, qui ne jouoient jamais sur parole; et il cite en exemple le duc de Bourgogne, qui, en 1368, ayant perdu 60 fr. à la paume contre le duc de Bourbon, Guill. de Lion et Gui de la Trimouille, leur laissa, faute d'argent, sa ceinture en nantissement. Il la donna encore depuis en gage au comte d'Eu, pour 80 fr. perdus au même jeu.

L'auteur rapporte un ballet qui eut lieu en 1676, sur le théâtre de l'hôtel de Guenegaud, au milieu d'une comédie inédite de Thomas Corneille, intitulée *le Triomphe des Dames*, en cinq actes. Le *Ballet du jeu de piquet* étoit un des intermèdes. Les quatre valets parurent d'abord avec leurs hallebardes pour faire faire place; ensuite les rois arrivèrent successivement, donnant la main aux dames, dont la queue étoit portée par quatre esclaves : le premier de ces esclaves représentoit la paume; le second, le billard; le troisième, les dés; le quatrième, le trictrac. Les rois, les dames et les valets, après avoir formé par leurs danses des tierces et des quatorzes, après s'être rangés, tous les noirs d'un côté et les rouges de l'autre, finirent par une contredanse où toutes les couleurs étoient mêlées confusément et sans suite. Chaque acteur avoit sans doute le costume exact des personnages grotesques que nous voyons sur les cartes; mais il ne devoit pas paroître aussi bizarre dans ce temps-là. L'habillement français étoit encore assez singulier au commencement du règne de Louis XIV. M. de Saint-Foix pense que « l'intermède dont nous venons de parler n'étoit pas nouveau, et qu'il n'étoit que l'esquisse d'un grand ballet exécuté à la cour de Charles VII, et sur lequel on eut l'idée du jeu de piquet, qui certainement, dit-il, ne fut imaginé que vers la fin du règne de ce prince. » C'est ici que l'auteur, s'emparant de la dissertation du P. Daniel, ne fait plus qu'en donner une petite analyse, ou plutôt des citations en trois pages.

Nous voyons donc par cet extrait que M. de Saint-Foix fait remonter l'origine des cartes à jouer un peu plus haut que les PP. Menestrier et Daniel, mais qu'il n'a pas connu les véritables sources qui l'auroient convaincu qu'elles étoient antérieures à Charles V.

Quelquefois on trouve des renseignemens dans des ouvrages très-étrangers au sujet que l'on traite. Qui se douteroit, par exemple, que l'on eût quelque chose à apprendre sur l'histoire des cartes dans le singulier et rare poëme intitulé *la* Magdeleine *au désert de la Sainte-Baume en Pro-*

rence, poëme spirituel et chrétien, par le P. Pierre de S. Louis, religieux carme? Lyon, J. Grégoire, 1658, in-12 de 216 pages avec une fig. Cependant nous découvrons là que le mot *trèfle* n'étoit point encore en usage chez les Français en 1668 pour désigner l'une des quatre couleurs du jeu de cartes : on appeloit cette couleur les *fleurs*. Les valets portoient aussi le nom de *fous* (terme qui fait voir l'analogie des cartes avec les échecs, selon le système de Breitkopf, exposé précédemment). On ne disoit point non plus dans le même temps, *jouer* une carte, *jeter* une carte, mais COUCHER une carte. C'est ce que va nous prouver la citation suivante, que nous puisons dans ce poëme singulier, qui est en douze chants. On ne peut trop louer les sentimens pieux de l'auteur: d'ailleurs ils sont confirmés par les nombreuses et flatteuses approbations du général, du provincial, des docteurs de son ordre, et par les vers à sa louange qu'on lit à la fin du volume; mais il faut avouer que sa muse est d'une simplicité, d'une naïveté qui va jusqu'au trivial et parfois descend jusqu'au burlesque. C'est ce qui fait rechercher ce petit livre, et ce qui a sans doute engagé le célèbre La Monnoye à en donner une nouvelle édition dans son *Recueil de pièces choisies tant en prose qu'en vers*. La Haye, 1714, 2 vol. pet. in-8.°, tom. II, pp. 1—240. Voici la citation relative aux cartes, tirée du chant III, p. 42

de la première édition, et p. 66 du *Recueil* de
La Monnoye. Le poëte, après avoir gourmandé
les *demoiselles* et les *damoiseaux*, sur les distractions qu'ils se permettent dans le lieu saint pendant les offices (1), continue ainsi :

> Voilà quant à l'église ; allons à la maison,
> Pour voir après cela si ma rime a raison.

---

(1) Ces reproches méritent d'être cités; car ils sont
une espèce d'introduction à ce que l'auteur, passant
de l'église à la maison, et du livre de prières au *livre
des rois*, va dire sur les cartes. Il parle ainsi aux gens
distraits :

> Hélas! combien de fois avez-vous à la messe
> Fait voir vos vanités avec votre paresse?
> ....
> Amusant celui-ci, parlant à celle-là,
> Au scandale public de ceux qui vendent là,
> Et faisant dans l'église avecque votre tête
> Ce que sur le clocher faisoit la girouette,
> Qui va de tous cotez et se tourne à tous vents
> Ainsi que vous faisiez à tous les arrivants.
> ....
> Si vous avez tenu le livre des prières,
> Vous n'en avez jamais lu les pages entières,
> Sans faire parenthèse avec quelque douillet,
> Tournant en même temps la tête et le feuillet.
> Cependant l'oraison, pour n'avoir fait que rire,
> Ne s'achève pas là ; cela s'en va sans dire.
> Que direz-vous après à Dieu pour ce délit?
> Que direz-vous après que vous n'aurez rien dit?
> Que si vous avez dit ce n'étoit rien qui vaille,
> Faisant comme Caïn à Dieu *aussi de paille*.
> Voilà quant à l'église, etc.

M. de la Mésangère, qui, dans son *Dictionnaire des
Proverbes*, nous en a donné plusieurs sur le mot PAILLE,

Les livres que j'y voy de diverse peinture,
Sont les livres des rois, non pas de l'Escriture.
J'y remarque au dedans différentes couleurs,
Rouge aux carreaux, aux cœurs, noir aux piques, aux FLEURS;
Avecque ces beaux nots, je vois encore des DAMES,
De ces pauvres maris les ridicules femmes.
Battez, battez les bien, battez, battez les tous,
N'espargnez pas les rois, les dames, ni les FOUS.
Je ne sais pas pourtant si vous les ferez sages,
Ou si vous le serez en feuilletant ces pages.
Mesdames, jetez loin rois, dames et valets,
Sans perdre en ce beau jeu plus que vous ne valez;
Conservez votre argent pour quelque meilleur livre.
Bruslant ce défendu, si vous voulez mieux vivre,
Jetez, pour n'y tomber, les cartes dans le feu;
Et changez d'entretien aussi bien que de jeu.
Renoncez à carreaux, à cœurs, à FLEURS, à piques,
Suivant de point en point ces deux suivans distiques:
« Piquez-vous seulement de jouer au piquet,
« A celui que j'entends qui se fait sans caquet;
« J'entends que vous preniez parfois la discipline,
« Et qu'avec ce beau jeu vous fassiez bonne mine.
Mais ne me dites pas pour vous en excuser,
Que ce jeu trop cuisant ne peut vous amuser,
Que c'est le jeu d'un moine, et non le jeu des dames,
Que pour les hommes, bon, mais non pas pour les femmes;
Car je vous répondray que les femmes aussi
Peuvent pour leur salut fort bien jouer ainsi.
Témoin notre affligée et triste MAGDELAINE
Qui n'apprenoit ce jeu qu'avec beaucoup de peine,
Pendant qu'on la voyoit toute fondue en eau,
Pour le grand soy des cœurs, coucher sur le carreau,
Où ses piques n'étoient que d'épines piquantes,
Que son sang avoit fait vermeilles et sanglantes,
Après qu'elle eut changé toutes ses belles FLEURS
En de tristes soucis qu'elle arrosoit de pleurs.
Coucuez doncques coucuez sur la dame coucuée
Ces plaisirs où votre ame est si fort attachée;
Que si vous les perdez, jouant comme je dis,
Vous gagnerez la grâce avec le paradis.

---

a oublié celui *faire à Dieu barbe de paille*, c'est-à-dire mépriser Dieu, ne point écouter ses ordres, s'en moquer.

Nous demandons pardon au lecteur de cette citation un peu longue, mais elle nous a paru nécessaire pour faire voir que sous le règne de Louis XIV, où les cartes étoient excessivement communes, elles différoient encore un peu des nôtres, soit par la dénomination de quelques-unes d'entre elles, soit par quelques expressions employées dans le jeu.

Puisqu'il est ici question de poésie adaptée aux cartes d'une manière assez singulière, nous nous permettrons encore de citer un passage plaisant d'un poëme qui vient de paroître, et qui n'a rien de commun avec celui du P. Pierre de S. Louis, ni pour le fond ni pour la forme, et encore bien moins pour le talent poétique. Ce petit poëme nouveau a pour titre : *Les douze Heures de la nuit, esquisses en vers par M. Clovis Michaux*, Paris, 1825, in-8.° Cet ouvrage, que nous ne connoissons que par quelques fragmens très-bien écrits, est, comme son titre l'annonce, divisé en douze chants. Le onzième est consacré au jeu, et voici comment l'auteur y donne l'explication des figures de nos cartes :

> Là de Minerve, épouse par amalgame,
> Le roi David, peint en habit gaulois,
> Se fait servir par Ogier le Danois.
> Du vieux Jacob César a pris la femme,
> Et sur Hecron on le voit s'appuyer,
> Sur cet Hector le rempart de Pergame,
> Fier aujourd'hui du rôle d'écuyer.
> Pour Charlemagne, en habit plus moderne,
> Il s'est uni par un nœud solennel

A cette veuve ornement d'Israël,
Fumante encor du meurtre d'Holopherne.

La gaîté, dans ce morceau, répond à la facilité ; nous regrettons seulement que le quadrille ne soit pas complet : ALEXANDRE et ARGINE n'y figurent point. Peut-être sont-ils dans l'ouvrage ; mais le journal qui nous fournit ce joli fragment, ne cite que ces vers sur cet objet. Il fait un grand éloge du poëme entier, et dit que « l'auteur » n'appartient point à cette école, ou plutôt à » cette coterie, qui croit qu'il faut être outré » pour paroître fort, exagéré pour être grand, » bizarre pour être neuf. » Il justifie ce qu'il avance par d'autres citations très-agréables, versifiées avec une élégante simplicité.

Nous avons cité précédemment (pag. 250, *à la note*) un jeu de cartes espagnoles de fabrique moderne ; mais nous avons oublié de dire que les personnages représentés, seulement à mi-corps, sur ces cartes, sont doubles, c'est-à-dire que, de quelque manière qu'on tourne la carte dans sa hauteur, la figure du personnage est toujours au-dessus. Les dessins sont grossiers. Dès lors, nous avons vu un jeu de cartes allemand, exécuté à Francfort, dans le même genre, mais dont les personnages sont beaucoup mieux dessinés, mieux enluminés ; les costumes sont moins bizarres : plusieurs se rapprochent de notre temps, surtout les valets, qui sont en habit militaire allemand, quoiqu'armés de haches d'armes. Les figures ne sont accompagnées d'aucun nom. Il y a, comme dans les cartes françaises, roi, dame et valet de chaque couleur. Sans doute que plusieurs autres jeux ont été exécutés de la même manière.

———

Plus nous approchons du terme de notre travail, plus nous nous apercevons que les Danses des Morts qui, dans le principe, nous paroissoient un sujet de recherches assez stérile, sont cependant, soit par elles-mêmes, soit par leurs accessoires, une source de découvertes beaucoup plus féconde que nous ne le pensions. Voici encore la description de deux objets que nous ne pouvons passer sous silence, puisque la Mort, aussi inflexible la faulx à la main qu'infatigable au bal, y figure d'une manière pittoresque et digne de couronner la partie de notre ouvrage consacrée à ses tristes exploits. Commençons par le premier ouvrage, qui touche au berceau de l'imprimerie.

Il est parvenu, en 1792, à la bibliothèque du roi, un vol. petit *in-fol.*, contenant trois ouvrages allemands, imprimés à Bamberg, en 1462, par Albert Pfister, avec des estampes en bois. Les feuillets et les pages n'ont pas de chiffres; il n'y a ni signatures ni réclames; aucun des trois ouvrages n'a de frontispice, ni de titre pour en annoncer le sujet. Le premier a été appelé par Heincken, *Allégorie sur la Mort*; le second renferme quatre histoires, celle de Joseph, celle de Daniel, celle de Judith et celle d'Esther; le troisième est nommé *Bible des Pauvres*. Nous ne nous occuperons ici que du premier, qui a un rapport direct avec notre objet.

M. Camus, dans sa curieuse *Notice d'un livre imprimé à Bamberg, en* CIƆCCCCLXII, Paris, an VII, *gr. in-4.°*, fig., dit que le titre *Allégorie sur la Mort*, donné à ce livret, par Heincken, ne présente pas une idée juste de ce qu'il renferme; c'est un recueil de plaintes contre la Mort, et de réponses de la Mort aux accusations dirigées contre elle. Ce mince volume est de 24 feuillets, avec 5 estampes de la grandeur entière des pages. Les deux premières n'ont rien d'imprimé sur le verso du feuillet, et les trois autres ont au revers, des lignes d'impression plus ou moins nombreuses.

La première estampe, au premier feuillet, représente la Mort sur un trône; devant elle, un homme avec un enfant paroissent se plaindre que la Mort ait enlevé une femme que l'on voit enveloppée dans un linceul, sur une tombe.

La seconde estampe, au quatrième feuillet, représente également la Mort sur un trône, le même personnage qui lui adresse ses plaintes, et plusieurs autres individus qui se traînent tristement aux pieds de cette inflexible souveraine, pour y déposer les attributs de leur dignité. A leur tête est un pape fléchissant un genou en terre.

La troisième gravure, au dixième feuillet, a deux figures de la Mort : l'une, marchant à pied, fauche garçons et filles ; l'autre, à cheval, armée d'un arc et d'une flèche, poursuit des cavaliers qu'elle se dispose à percer.

Le sujet de la quatrième estampe, au dix-huitième feuillet, est divisée en deux parties, l'une supérieure et l'autre inférieure : la partie supérieure représente, comme dans les premières estampes, le plaignant en présence de la Mort assise sur son trône ; la partie inférieure offre à gauche un couvent, à la porte duquel sont deux religieux ; à droite, un jardin dans lequel on voit un arbre chargé de fruits, une femme qui couronne un enfant, et une autre femme qui converse avec un jeune homme. Dans l'espace, entre le couvent et le jardin, est une planche sur laquelle sont gravés divers signes.

La cinquième estampe, au vingt-deuxième feuillet, représente la Mort et le plaignant comparaissant devant Jésus-Christ assis sur un trône, entre deux anges, sous un ciel parsemé d'étoiles.

Tels sont les sujets des cinq estampes. L'ouvrage

est divisé en trente-quatre chapitres : les trente-deux premiers renferment alternativement les injures du plaignant contre la Mort, et les réponses de la Mort. Dans le trente-troisième chapitre, Dieu prononce la sentence entre les deux parties. Après quelques lieux communs sur la facilité avec laquelle on se plaint de tout, la sentence est énoncée en ces termes : « Le plaignant
» est jugé ; la Mort a gain de cause. De droit
» chaque homme doit sa vie à la Mort, son corps
» à la terre, son ame à nous. »

Le plaignant, voyant qu'il a perdu sa cause contre la Mort, prend le parti de prier Dieu pour l'ame de sa femme. C'est le sujet du trente-quatrième chapitre, dont le sommaire annonce que l'on a ici un modèle de prière. Ce modèle est fort original. L'auteur, après avoir appelé Dieu le Saint des Saints, lui donne, en véritable Allemand, le titre d'électeur qui préside au choix de tous les électeurs ; il l'appelle aussi la planète la plus puissante de toutes les planètes, celle dont l'influence a plus de force que l'influence de toutes les étoiles ; le maître d'hôtel de la cour céleste, le grand duc de l'armée céleste, etc. Le texte allemand est tel qu'on le parloit et qu'on l'écrivoit au XV.ᵉ siècle.

La Mort, comme on le voit, joue un rôle très-important dans cet ancien petit livret, qui, tenant au berceau de l'imprimerie, est l'un des plus précieux que l'on connoisse. Nous ne devions donc pas le passer sous silence.

Le second morceau que nous avons annoncé plus haut, *pag.* 325, est une grande estampe, qui mérite plus que toute autre, le titre de Danse des Morts, car il y a en effet dans le milieu une véritable Danse de plusieurs Morts et de plusieurs individus qui se tiennent par la main, et qui forment une ronde très-animée, ainsi qu'on le verra dans la description suivante.

Cette estampe a 25 po. 7 lig. de haut., sur 17 po. 9 lig. de larg.; et le tableau du milieu est de 12 po. 6 lig. en haut., sur 9 po. 10 lig. en larg. L'encadrement de ce tableau est composé de douze grands médaillons, qui, comme dans toutes les Danses dont nous avons parlé dans notre ouvrage, représentent la Mort s'emparant de sa victime en dansant. Mais les costumes des personnages ne sont pas les mêmes. Le premier médaillon à gauche, dans la partie supérieure, représente la Mort prenant le pape par la main et le faisant venir à elle. La tiare et la triple croix sont à terre. On lit au bas : *Nec infulæ parcit quidem Mors triplici*. La même pensée est rendue en allemand; le pape est en manteau. Deux flèches en sautoir séparent ce médaillon du suivant.

Le second médaillon représente la Mort et l'empereur. La couronne, le sceptre et le globe gissent à terre. La devise du bas est : *Mundo imperas, sed Mors tibi.* Ce médaillon est séparé du suivant par une tête de Mort qui, posant sur deux os croisés, supporte un sablier surmonté d'un cadran avec un balancier au-dessus.

Le troisième médaillon offre la Mort et un roi ; le sceptre et la couronne sont à leurs pieds. Au bas on lit : *Mors sceptra ligonibus æquat.* Deux flèches en sautoir sont parallèle aux deux que nous avons citées plus haut.

Le quatrième médaillon représente la Mort et un cardinal ; le chapeau est à terre. La devise porte : *Et purpuratos sacra Mors rapit patres.* Ces quatre médaillons forment la ligne du haut. En descendant à droite, on trouve :

Le cinquième médaillon, qui représente la Mort attirant en dansant un évêque dont la crosse et la mitre sont par terre. La devise est : *Et episcopalis mitra juris est mei.* Dessous ce médaillon est un cercueil couvert du drap funèbre avec quatre cierges allumés.

Le sixième médaillon représente la Mort et un duc ou général, dont la couronne ducale est à terre. On lit au bas : *Meum* (sic) *est in ipsos principatus principes.*

Le septième médaillon offre la Mort gambadant, et un comte, dont elle soulève vivement le bras. L'inscription porte : *Comites et ipsos comito inrisus comes.* Ce médaillon est séparé de son voisin à gauche par une croix.

Le huitième représente la Mort et un noble dont le casque et la lance gissent à terre. On lit au bas : *Nobilis haud quisquam Mortem effusit etiam.* Entre ce médaillon et le suivant, on voit une tête de Mort soutenue par un cordon, un vase plein d'eau bénite, dans lequel plonge le goupillon. Sur cette tête est posée une cassolette d'où s'élève une flamme. Cette allégorie répond à celle du haut, qui a un cadran et un sablier, entre le second et le troisième médaillon.

Le neuvième médaillon représente la Mort et un bourgeois, avec cette inscription au bas : *In civitatem Mortis omnes cogimur.* Une croix parallèle à celle qui est entre le septième et le huitième médaillon, se trouve ici entre le neuvième et le dixième.

Ce dixième présente la Mort et le paysan; un fléau à battre le blé est à terre. La devise est : *Contra rim Mortis non est medicamentum in hortis.* Ces quatre derniers médaillons forment la ligne du bas. En remontant à gauche, nous trouvons :

Le onzième, qui renferme trois personnages, la Mort, le soldat et le mendiant. La Mort entraîne ses deux acolytes qu'elle tient par la main, et leur dit dans la devise : *Non tua me virtus, non debilitas tua terret.* Au-dessus de ce médaillon on voit un brancard propre à porter une bière; une croix est debout au milieu; une bêche et une pioche sont vis-à-vis en sautoir, et attachées avec une corde qui circule entre les branches du brancard. Cette allégorie est parallèle à celle du cercueil que nous avons vu entre les cinquième et sixième médaillons.

Enfin, le douzième représente la Mort entre un fou et un enfant, qu'elle tient l'un et l'autre par la main. La devise est : *Insipiens sapiens ad Mortem æquo pede pergunt.* Au-dessus de ce médaillon se retrouve le n.º 1.ᵉʳ dont nous avons parlé.

On voit par la disposition de ces douze grands médaillons (ils ont chacun 4 po. 6 lig. de haut., sur 3 po. 9 lig. de larg.); on voit, dis-je, que les quatre premiers forment la ligne d'encadrement supérieure; quatre sont dans le bas, et deux intermédiaires sont placés verticalement à droite, et deux à gauche. Les costumes des personnages sont beaucoup plus modernes que dans les Danses dont nous avons parlé précédemment. Mais il est temps d'arriver au grand tableau du milieu, où se trouve la véritable Danse.

Dans la partie supérieure, on lit au milieu d'un cartouche :

Vulneris en nostri certam solamque medelam ;
En data divina præmia largâ manu.

Ce distique est aussi en allemand au-dessous du latin, et en général toutes les devises que nous avons rapportées sont en latin et en allemand. Les deux vers ci-dessus ont rapport à deux sujets que l'on voit aux deux angles de la partie supérieure du tableau. L'un, à gauche, est Jésus-Christ en croix ; au pied de la croix est une tête de mort ; un homme et une femme à genoux prient de chaque côté de la croix. L'autre, à droite, est le paradis. Jésus est assis sur l'arc-en-ciel ; les bienheureux sont au-dessous, en cercle, tenant des palmes et portés sur des nuages.

Dans le bas du tableau se trouve également un cartouche dans lequel on lit : *Per unius peccatum Mors intrarit in mundum.* Cette devise est répétée en allemand. Les deux sujets qui accompagnent ce cartouche sont, à droite, la désobéissance de nos premiers parens, et à gauche, l'enfer. Dans l'un, on voit Adam et Eve de chaque côté de l'arbre fatal chargé de fruits, ayant le serpent entrelacé dans les branches ; Adam montre une pomme qu'il tient, et Eve en présente une autre au serpent. Dans l'autre sujet, qui est l'enfer, les pécheurs sont au milieu des flammes, tourmentés par le diable.

Ces quatre sujets sont aux quatre angles du tableau, et ont à peu près 3 à 4 pouces d'étendue, mais sans encadrement particulier, et ils ne nuisent en rien à l'effet de la grande Danse qui occupe le milieu de la scène et dont voici le détail :

Au centre est un cercueil découvert, dans lequel on voit un squelette étendu. Les douze médaillons ci-dessus mentionnés ne nous ont présenté que des hommes figurant vis-à-vis la Mort; ici nous ne trouverons que des femmes. Elles sont au nombre de neuf, et forment, avec neuf Morts ou squelettes qui, entremêlés avec elles, les tiennent par la main; elles forment, dis-je, une grande ronde ou branle. Cette Danse, exécutée autour du cercueil, est fort animée. De petites croix, plantées sur de petits tertres, annoncent que la scène se passe sur un cimetière. Cependant, si l'on en juge par un petit mur circulaire, à hauteur d'appui, la Danse a lieu moitié dans le cimetière, et moitié hors du cimetière, sans que la chaîne des danseurs qui forment le cercle soit interrompue. Les neuf femmes qui exécutent ce rondeau, appartiennent aux neuf hommes des médaillons, qui seuls ont pu être mariés, c'est-à-dire qui ne sont ni le pape, ni le cardinal, ni l'évêque. On en juge par l'emplacement des femmes. L'un des squelettes dansans, le plus apparent, est accompagné à sa gauche, de l'impératrice qui commence la chaîne, et à sa droite, de la folle qui la termine. Les sept autres femmes suivent le même ordre que les hommes dans les médaillons. Un peu au-dessus de cette Danse, on aperçoit une église et un couvent.

Voilà en quoi consiste cette grande estampe, au bas de laquelle on lit, à gauche, *Ioh. Iacob*

Ridinger sculps.; et à droite, *Ioh. El. Ridinger excud. Aug.-Vindel.* Elie Ridinger est un graveur célèbre, qui naquit à Ulm, en 1695, et qui est mort à Augsbourg, en 1767. Il excelloit surtout à graver les animaux, les chasses, etc., mais c'étoit à l'eau-forte et à la pointe sèche. Cette estampe-ci est, quant à la gravure, l'ouvrage de son frère, qui lui étoit inférieur.

Il me reste à témoigner ma reconnoissance à M. de Charrey, mon confrère à l'académie de Dijon, amateur éclairé de tout ce qui tient aux beaux-arts, aux antiquités, à la numismatique et à l'entomologie; non-seulement il a bien voulu me communiquer l'estampe en question, mais il a exigé, de la manière la plus aimable, qu'elle ne sortît plus de mon porte-feuille.

Les additions précédentes nous ont paru nécessaires pour compléter notre travail sur les Danses des Morts et sur les cartes à jouer. Les premières, qui vont de la pag. 307 à la pag. 312, et celles que nous venons d'exposer, qui commencent à la pag. 323, doivent se placer à la suite de la cinquième partie, p. 193. Quant aux secondes, sur les cartes à jouer. ce qui appartient au P. Daniel doit suivre son article, p. 209; l'article SAINT-FOIX doit être après celui de Bullet, p. 214. La citation du P. de S. Louis n'a aucune place déterminée; elle tient à l'histoire des cartes en France. La notice sur la forme du jeu allemand de Francfort va avec celle du jeu espagnol dont il est question dans le même article. Au reste, la table des matières qui va suivre facilitera les recherches pour tous les objets compris soit dans le corps de l'ouvrage, soit dans les additions.

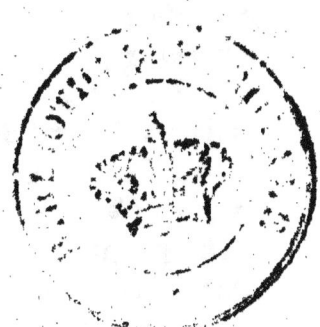

FIN.

TABLE DES MATIÈRES.

A.

Æmilius (Georgius), auteur d'inscriptions latines pour la Danse des Morts, cité p. 9, 57, 59.

Albert II, roi des Romains, p. 9.

Albert-Durer, célèbre graveur. Son *Manége*, ou *le Cheval de la Mort*, p. 186.

Aldegraff (Henri), graveur, cité p. 191.

Allégorie sur la Mort, p. 324.

Allemands (Les) inventeurs des cartes à jouer, selon M. Heineken, p. 215.

Alphonse XI, roi de Castille, prohibe les cartes à jouer vers 1332, p. 223, 261.

Amanton (M.), des académies de Dijon, Besançon, etc., cité p. 291.

Amédée VIII, duc de Savoie, permet différens jeux, pourvu que le gain que l'on fera soit employé en collations; et les cartes, à condition qu'on jouera seulement des épingles avec les dames, p. 242, *n*.

Ammon (Jost), graveur, cité p. 279.

Anciens (Les) ont-ils connu les Danses des Morts? p. xiij. — Ont-ils représenté la Mort sous la forme d'un squelette? p. xiv. — Ont-ils fait danser la Mort? p. xviij.

Antoine de Worms, graveur, cité p. 280.

Apocalypse (Figures très-anciennes de l'), p. 258.

Arabes (Les) introduisent les cartes à jouer en Europe, selon Breitkopf, p. 242.

Argine, dame de trèfle, anagramme de *Regina*, selon le P. Daniel, p. 208. — Étymologie celtique de ce nom, selon Bullet, p. 208, *n*.

Armoiries. Origine des costumes que l'on voit sur les cartes, p. 249, *n*.

Arts (Les) se lient ensemble dans leur origine, et en

produisent de nouveaux; leurs premiers inventeurs sont inconnus, p. 235, 238.

As dans le jeu de cartes. Ce mot expliqué par le P. Daniel, p. 208. — Par Bullet, p. 208, n.

Atous du jeu de tarots, expliqués par Court de Gebelin, p. 2 —231. — Autre explication ironique donnée par un anonyme, p. 231, 232, n.

B.

Bal (Le Grand-), gravure exécutée en 1500; fragment représentant le duc et la duchesse de Bavière jouant aux cartes, p. 279.

Bâle (Description de la ville de) par Æneas Sylvius, p. 11.

Baraste (M. de). Sa narration de la Danse des Morts de Paris, p. xxxiij.

Bartsca (M.), auteur allemand d'ouvrages estimés sur les peintres et graveurs, p. 272, n., 274, 279.

Basan père. Sa collection d'estampes citée p. 54.

Barbot (M.), de l'académie de Dijon, possesseur d'un riche cabinet. Livres d'Heures du XVI.ᵉ siècle, qui en font partie, p. 170, 173.

Barbotin de Condé, auteur d'une pièce de vers: *Les trois Morts et les trois Vifs*, p. 100.

Baverel (L'abbé), auteur de *Notices sur les Graveurs*, p. 148.

Bayard, grand capitaine, figure dans les nouvelles cartes royales, p. 293.

Bedfort (Le duc de). Notes chronologiques sur la naissance et la mort de ses parens, et de plusieurs princes et rois des XIV.ᵉ et XV.ᵉ siècles, inscrites sur le superbe *Breviarum ad usum Sarum*, p. 175 et 176, n.

Beham (Hans Sebalde), graveur. Ses ouvrages ou figures de la Mort, p. 190.

Bergeret de Frouville perd une somme considérable au jeu, p. 304, n.

Bernard (Le Petit) ou Salomon, graveur en bois, cité p. 191, 192.

Bernardin (S.) prêche avec tant de succès, que les Siennois brûlent tous les instrumens de jeu, p. 261. — Erreurs de M. Jansen à ce sujet, p. 261, n.

BETTINELLI (L'abbé Xavier). Son poëme sur les cartes à jouer, p. 219.

Biographie universelle (Passage de la) relatif à la Danse de village et à la Danse des Morts par Holbein, p. 16, 17, 18.

BLANCHE de Castille, mère de S. Louis, figure dans les nouvelles cartes royales, p. 292.

Bollandistes, cités au sujet de S. Bernardin, p. 261, n.

BOSCH ou Bus (Corneille), graveur, cité p. 191.

BORSOT (M.), amateur de recherches, etc., cité p. xxxvij.

BOZUZA (Notice sur l'origine de la famille du célèbre), p. 175.

BRAS-DE-FER (Le soldat). Son explication morale et fastidieuse du jeu de cartes, p. 281.

BREITKOPF, imprimeur et auteur allemand. Analyse de son Essai sur l'origine des cartes à jouer, p. 239—256, et *passim*.

Breviarum ad usum Sarum, superbe manuscrit enrichi de miniatures, avec des notes sur la naissance et la mort de plusieurs princes des XIV.ᵉ et XV.ᵉ siècles, p. 175.

Briefe, mot allemand qui signifie *lettres*; c'est ainsi que s'appellent les cartes à jouer en Allemagne, p. 218.

Briefmaler, nom allemand qui signifie *peintres de cartes*, p. 217, 258.

BRUNET (M.). Son *Manuel du Libraire* cité p. 10, n., p. 63, 181, 265, 269.

BRY (Théod. de), graveur. Son *Triomphe de la Mort*, p. 192.

BULLET (L'abbé), auteur de recherches savantes sur l'origine des cartes à jouer, cité p. 206, n.; p. 207, n.; p. 208, n. — Analyse de ses recherches, p. 209—214. — Il place l'origine des cartes vers 1373, p. 211. — Réfuté par M. Singer, relativement à la signification du mot *knave*, p. 213, 273.

BUONAROTI, antiquaire, cité p. xiv, n.

BUSINGEN (M. le chanoine), auteur de *Lucerne et ses environs*, p. xliij.

BYFIELD (M.), graveur anglais, cité p. 270.

C.

Cams (Arm.-Gast.), cité p. 324.

Capot, terme du jeu de piquet. Etymologie celtique de ce mot, selon Bullet, p. 207, n.

Carreaux, l'une des quatre couleurs du jeu de cartes. Leur explication par le P. Daniel, p. 206. — Par l'abbé Bullet, p. 206, n.

Caricatures anglaises. Leurs défauts, p. 181, 182.

Carrousel donné par Louis XIV en 1662, p. 235, n.

Cartes à jouer (Analyse de recherches sur les), p. 199 et suiv. — Avertissement sur cette analyse, p. lvj.

Cartes à jouer (Silence des conciles, des SS. pères, des princes et des auteurs de romans, sur les) jusqu'au XIV.º siècle, p. 210. — Leur origine doit avoir été très-antérieure aux édits, ordonnances et statuts qui les ont proscrites, p. 286.

Cartes à jouer. Mention par ordre chronologique des ouvrages où il en est question : dans les statuts du synode de Worcester, en 1240 (très-douteux), p. 241. — Dans un manuscrit de Pipozzo di Sandro, de 1299, p. 240, 255, 272. — Dans *le Jeu d'Or*, livre allemand, en 1300, p. 217. — Dans le *Roman du Renart le contrefait*, en 1328, p. 262, 244, 271. — Dans les statuts de l'ordre de la Bande, établi par Alphonse XI, roi de Castille, vers 1332, p. 225, 241. — Dans l'histoire de Petit-Jehan de Saintré, en 1367, p. 211, n. — Dans les statuts de Ferdinand V, roi de Castille, vers 1374, p. 241. — Dans un édit de Jean I.ᵉʳ, roi de Castille, en 1387, p. 210 et 241. — Dans un compte de Charles Poupart, en 1392, p. 205. — Dans une chronique de Giov. Morelli, de 1393, p. 222, 260. — Dans une ordonnance du prévôt des marchands de Paris, en 1397, p. 211. — Dans un synode de Langres, tenu en 1404, p. 211, etc., etc.

Cartes à jouer. Inventées par les Allemands, selon M. Heineken, p. 215, 222 ; et selon M. Jansen, p. 257. —

Par les Arabes, selon Breitkopf, p. 242. — Par les Asiatiques, vraisemblablement, selon M. Singer, p. 273. — Par les Égyptiens et peut-être par les Chinois, selon Court de Gebelin, p. 234. — Par les Espagnols, selon l'abbé Rive, p. 222. — Par les Français, selon le P. Menestrier, p. 203; le P. Daniel, p. 205; l'abbé Bullet, p. 211; le comte de Tressan, p. 221; et beaucoup d'autres, p. 257. — Par les Italiens, selon l'abbé de Longuerue, p. 222, n. — Par Laurent Coster, selon M. de Vigny, p. 257.

Cartes à jouer. Elles passent, selon l'abbé Bullet, de France en Espagne, p. 212; d'Espagne en Italie, p. 213; les Anglais les reçoivent des Français, p. 213. — Elles passent, selon Court de Gebelin, des Chinois aux Égyptiens, des Égyptiens aux Italiens, des Italiens en Allemagne et en Provence, p. 234. — Selon Breitkopf, elles viennent des Arabes, et de là passent aux Espagnols, des Espagnols aux Italiens, des Italiens aux Français, p. 242. — Les croisés du XII.ᵉ siècle ne les ont point apportées de l'Orient, p. 273. — Elles ne sont point connues en Angleterre avant 1400, mais elles le sont avant 1464, p. 273.

Cartes à jouer. Leur matière substantielle, p. 254; en papier de coton, p. 255; en papier de chiffons ou carton, p. 255. — Elles ont d'abord été peintes, p. 212; ensuite peintes pour les grands et imprimées pour le peuple, p. 254; remplacées par des feuilles d'arbre, p. 213; fabriquées en feuilles d'argent, avec les figures dorées, p. 255, n.; faites en cuir, p. 255; en ivoire et rehaussées d'or, p. 277.

Cartes à jouer. Leur commerce très-considérable au milieu du XV.ᵉ siècle, p. 217.

Cartes à jouer. Explication de leurs figures, par le P. Menestrier, p. 204. — Par le P. Daniel, p. 206, 207, 209. — Par l'abbé Bullet, p. 212. — Par Court de Gebelin, p. 236. — Par un anonyme, p. 251, 252, n.

Cartes à jouer. Inventées avant le règne de Charles VII. Elles ont pu, selon M. Singer, éprouver alors les changemens qui les ont rendues telles qu'on les voit aujourd'hui, p. 275.

Cartes allemandes. Les noms des couleurs prouvent, selon M. Heineken, que ces cartes sont les premières qui ont vu le jour, p. 215. — Elles ont extrêmement varié pour la forme et pour les figures, p. 274. — Jeu complet d'anciennes cartes allemandes gravées en bois, p. 277. — *Fac-simile* de plusieurs cartes allemandes, p. 280.

Cartes anglaises. On n'en a point fabriqué dans la Grande-Bretagne avant le XVII.ᵉ siècle, p. 265.

Cartes espagnoles. Elles sont, selon Court de Gebelin, un diminutif du jeu des tarots, p. 233. — Les cartes françaises, selon le même auteur, sont une imitation des cartes espagnoles, p. 238.

Cartes de fantaisie, p. 295—298; à rire, p. 297; instructives, p. 299; musiciennes, p. 298; républicaines, p. 288—290; royales, p. 291, 292; en tableaux, p. 296; de Francfort à figures doubles, sur chaque carte, p. 322.

Cartiers (Les) d'Allemagne sont les premiers graveurs en bois, p. 257.

Cartiers (Les) de Venise demandent, en 1444, au sénat le privilège exclusif de fabriquer des cartes, p. 217, 260, 268.

Catalogue de la bibliothèque de M. Lancelot (Détails sur le), p. 262, n.

Catalogue de la bibliothèque de M. Renouard, cité p. 63, 181, 281.

Catalogue des livres imprimés sur vélin, de la bibliothèque du Roi, cité p. 107, 108, 117, 168.

Catalogue des livres rares de la bibliothèque de M. le duc de la Vallière, cité p. 99, 102, 143, 225.

CATALUS (Dominiq. de), traducteur des Epîtres dorées d'Ant. de Guévare. Cette traduction est tronquée selon Rive, p. 223.

CÉSAR (Triomphes de) gravés sur les marges de la plupart des livres de prières au XVI.ᵉ siècle, p. 153, 154.

CHAMPOLLION-FIGEAC, auteur d'une bonne dissertation sur

la première édition connue de la Danse Macabre, avec rimes françaises, p. 93—97; cité p. ix, 18, 180, n.

Changemens survenus dans les figures et les couleurs des cartes, selon Breitkopf, p. 248, 253. — Selon M. Singer, p. 273. — Au temps de la république française, p. 287. — Depuis la restauration, p. 291.

Chanoines de la Sainte-Chapelle de Dijon. Singulier privilège dont ils jouissoient du temps des ducs de Bourgogne, p. xxxviij, n.

CHARLEMAGNE (L'empereur) figure dans les nouvelles cartes royales comme dans les anciennes, p. 291.

CHARLES V. Son édit de 1369 ne parle point nominativement de cartes à jouer, p. 210.

CHARLES VI. Cartes inventées sous son règne, selon plusieurs auteurs, p. 203 et suiv. (Elles sont antérieures.) — Le lansquenet introduit en France sous ce roi, p. 258.

CHARLES VII passionné pour les ballets; mot de La Hire à ce sujet, p. 249, n. — Le jeu de piquet inventé sous le règne de ce prince, p. 203.

CHARLES VIII donne, en 1459, la noblesse à la famille de Jeanne d'Arc, p. 102, n.

CHARLES X donne, en 1825, une pension à la veuve du dernier rejeton de la famille de Jeanne d'Arc, p. 103, n.

CHARMET (M. de), de l'académie de Dijon, cité p. 333.

Charta lusoria, recueil d'anciennes cartes à jouer, rare et curieux, p. 279.

Chartreuse de Dijon, fondée en 1383, p. xl.

CHAUCER, ancien auteur anglais, p. 273.

Chinois (Monument) relatif au déluge, p. 233. — Il pourroit, selon Court de Gebelin, avoir quelque rapport aux tarots, p. 234.

Chinoises (Cartes). On en voit représentées dans l'ouvrage de Breitkopf, p. 247, n. — Dans l'ouvrage de M. Singer, p. 279.

CHOVIN, graveur. Son nom se lit au bas de la plupart des gravures de la Danse de Bâle, par Mérian, p. 33, 43.

Christianisme (Le) rend la mort plus redoutable que le paganisme, p. xxiv.

CHATTO (M.), auteur anglais. Ses recherches sur les échecs, p. 273.
CHRISTOPHE (Image de S.) portant l'enfant Jésus, première gravure en bois connue avec une date, p. 254. — Sa description, p. 268, n. (*Note*. On trouvera dans la traduction du *Voyage bibliographique*, etc., de M. Dibdin en France, par MM. Licquet et Crapelet, *Paris*, 1825, 4 vol. in-8.°, *fig.*; on trouvera, disons-nous, des détails intéressans sur cette gravure et sur celle du même genre qui existe au cabinet des estampes, à Paris. V. le tom. III du *Voyage* en question, traduit, ainsi que le IV.°, par M. Crapelet, pp. 99—106. Ce bel et curieux ouvrage n'ayant paru qu'après l'impression du passage de nos recherches qui regarde la gravure du S. Christophe, nous sommes forcé d'indiquer ici sommairement ce renseignement.)
Chronique ancienne d'Ulm, portant que le commerce des cartes à jouer étoit jadis considérable dans cette ville, p. 217, n., p. 260.
Chronique de Provence, par César Nostradamus, citée p. 262.
Chronique de Giov. Morelli, de 1393, où l'on appelle les cartes *naibi*, p. 222, 260.
CHRYSOSTÔME (S.), cité p. 59, 60.
Cimetière des Innocens, à Paris. Danse des Morts qu'on y établit en 1424, p. 83 et suiv. — Détails sur ce cimetière, p. 84—85. — Supprimé en 1785, et exhumations en 1787—88, p. 85, 86.
Cœurs, couleur dans les cartes à jouer. Expliquée par le P. Menestrier, p. 204. — Par le P. Daniel, p. 206. — Par l'abbé Bullet, p. 206, n.
COLLAERT (Adrien), graveur, cité p. 191.
COLOMB (Christophe). Son codicille, écrit de sa main sur ses Heures de la Vierge, pièce curieuse; autres détails sur ce navigateur, p. 176, n.
Complainte de l'ame dampnée, pièce de vers ajoutée aux Danses des Morts. Détails sur cette pièce, p. 107.
Corps (Le) et l'ame, pièce de vers, par M. François de Neufchâteau, p. 106.

Cosme (Laurent), donné (ridiculement) comme l'inventeur des cartes à jouer, par M. de Vigny, p. 257.

Couleurs (Les quatre) des cartes allemandes diffèrent par le nom, des cartes françaises, p. 216. — Explication des couleurs du jeu des tarots par Court de Gebelin, p. 233. — Changement des couleurs épée, coupe, denier et bâtons, en pique, cœur, trèfle et carreau, p. 248, 251.

Court de Gebelin. Analyse de sa dissertation sur le jeu de tarots, p. 227—239. — Son interprétation des figures de ce jeu, p. 229—231. — Son explication des couleurs, p. 232. — Son système rapporté par Breitkopf, p. 244.

Coxe (M.). Extrait de ses *Lettres sur la Suisse*, p. 18—21.

Crapelet (M.), célèbre imprimeur de Paris, traducteur des tomes III et IV du *Voyage bibliographique*, etc., de M. Dibdin en France. (V. dans la présente table, au mot Chaisterne.)

Cras, mot latin singulièrement employé au concile de Constance, p. xl, n.

Crusca (Dictionnaire de la), cité sur le trappola, p. 259, n.

Cyrille (S.). Sermon, etc., p. 59, 60. — Ne fait nulle mention des cartes à jouer dans son traité des jeux, p. 243.

D.

Dames (Les quatre) du jeu de cartes. Explication historique de leur dénomination, par le P. Menestrier, p. 204. — Par le P. Daniel et l'abbé Bullet, p. 208. — Par Court de Gebelin, p. 236. — Par un anonyme, p. 252, n.

Daniel (Le P.). Sa dissertation sur l'origine du jeu de piquet, sous Charles VII, p. 203. — Supplément à cet article, p. 312—314.

Danses des Morts (Définition de ce qu'on entend par), p. 1, 2. — Motifs qui doivent exciter la curiosité sur cet objet, p. ix—xij.

Danse de Morts (Découverte d'une) du temps des Romains, p. xviij—xxij.

Danses des Morts peintes en grand sur des monumens publics, p. xxxj. — A Amiens (incertaine, sans date), p. xlvij; à Anneberg, en 1525, p. xlj; à Bâle, vers 1441, p. xxxix; à Berne (sans date), p. xlij; à Dijon, en 1436, p. xxxvij; à Dresde, en 1524, p. xlj; à Erford (sans date), p. xlij; à Leipsick (sans date), p. xlij; à Lubeck, en 1463, p. lxj; à Lucerne (première Danse, sans date), p. xlij, (seconde Danse, sans date), p. xlv; à Minden, en 1383, p. xxxij; à Paris, en 1424, p. xxxij; à Rouen (incertaine), p. xlvij; à Strasbourg (sans date), p. xlvij.

Danses des Morts (Ouvrages qui ont paru sur les) : par M. Champollion-Figeac, p. ix, 93—97; par M. Hilscher, p. xlij, 91, *n.*; par M. Mellen, p. xlj; par Mérian, p. 6—11, 73—75; par M. Raymond, p. ix, 145—147, 166—168; par Rive (mais seulement en projet), p. x, *n.*; par M. Schlott, p. xlj.

Danse des Morts (Véritable), p. 327, 331, 332.

Danses des Morts (Les) gravées sur des livres d'Heures, sont antérieures à la naissance d'Holbein, p. 50, *n*.

Danse des Morts, brodée ou découpée sur un fond noir, p. xxxix.

Danse des Morts peinte à Bâle. Son exécution, p. xxxix, 5—12, *n.*; ses restaurations, p. 9, 10; sa destruction, p. 10. — Auteurs qui en ont parlé : M. Coxe, p. 18—21; M. Ebel, p. 16; M. Picot, p. 15; M. Raimond, p. 19; M. Reichard, p. 16; M. Sinner, p. 12—14; la *Biographie universelle*, p. 16, 17.

Danse des Morts de Bâle, dessinée et gravée par Mérian, p. 10. — Ses diverses éditions, p. 71—75.

Danse des Morts (La) dessinée par Holbein, n'a rien de commun avec la Danse de Bâle, p. 17, 21—25. — Ces deux Danses comparées, et leur description parallèle, p. 26—47. — Éditions de la Danse d'Holbein, p. 52 et suiv. — Celle de 1530, gravée par Lutzelburger, p. 52. — Autres, p. 53—62. — Par Hollar, p. 63. —

Par Ch. de Mechel, p. 65. — Autres en allemand, p. 67, 68. (V. au mot Dessins.)

Danse Macabre. Sa définition, p. 77. — Dans quelle langue ont d'abord été écrits les vers qui l'accompagnent, p. 78—80. — Diverses éditions que l'on en a publiées, p. 93—126. — Gravée dans le *Monasticon anglic.*, p. 180.

Danse Macabre des hommes. Détails sur l'édit. de 1485, de cette Danse, p. 93—97. — Sur l'éd. de 1786, p. 97—99.

Danse Macabre des femmes. Détails sur l'édition de 1486, de cette Danse, p. 104—107. — Sur l'édition de 1491, p. 112—113.

Danse Macabre des hommes et des femmes. Détails sur l'édition de 1499, p. 114. — Sur d'autres éditions, p. 120—125.

Danse aux Aveugles (l'Amour, la Fortune et la Mort), p. 127—137. — Détails sur cette Danse et citations, p. 129—134. — Éditions qui en ont été publiées, p. 135—137.

Das guldin spiel (le Jeu d'Or), ancien livre de 1472, qui fait remonter l'origine des cartes en Allemagne à 1300. Cité par Heineken, p. 217, n.; par Breitkopf, p. 240; par Jansen, p. 258.

DAVID et Bethsabée (Histoire de) en vers, gravée et ornant un livre de prières du XVI.ᵉ siècle, p. 171, 172.

Débat de l'âme et du corps, pièce de vers ajoutée aux Danses des Morts. Détails sur cette pièce, p. 103—105.

DECEMBRIUS (Candidus), cité p. 248.

DELANDINE, savant bibliographe lyonnais, cité p. 156.

DENTRAS (M.), savant allemand, cité p. 22, 23, 56.

DE PAS, peintre-dessinateur, cité p. 310.

Dés (les) et autres jeux de hasard, proscrits par les conciles et ordonnances, p. 210, 211 et *passim.*

DESARY de Troyes. Ses vers latins sur la Danse des Morts, p. 17, 18, 89, 91, 107, 108. — Détails sur ses ouvrages, p. 109.

Dessins originaux de la Danse d'Holbein, leur nombre, p. 20, n. — Leur dimension, p. 21, 22. — Où ont-ils été faits? p. 23, 24. — Quel a été leur sort, où sont-ils? p. 24. — Gravés par Hollar, p. 20, 21. — Par Lutzelburger, p. 23. — Des collections de ces dessins sont mentionnées dans le cabinet du comte Rigal, p. 53. — Dans la collection de M. Otho, p. 54. — Dans le catal. de Basan, p. 54. — Dans le *Manuel de l'amateur d'estampes*, par M. Joubert, p. 54, 55.

Dibdin (M. Th.-Frogn.), savant bibliographe anglais, cité p. x, n., 57, et au mot Caxtorus, de cette table.

Dürenbeck (A.), graveur, cité p. 65.

Dit, nom donné à quelques anciennes pièces de poésie, p. 102.

Ditzen (Henri), peintre, cité p. 186.

Divination par les tarots et par les cartes, p. 237, 275.

Doctrinal de Court, date singulière de ce livre, p. 128.

Donsworth (Roger), auteur du *Monasticon anglicanum*, p. 180.

Douce (M. Francis), savant amateur des arts en Angleterre. Sa découverte d'un manuscrit du XIVe siècle, où se voient des cartes dans une miniature, p. 271, 272. — Il possède un jeu de cartes en cinq séries, p. 274; des cartes orientales sur ivoire, p. 277.

Dorxpius (Lambert), éditeur d'une édition de la Danse aux Aveugles, p. 137.

Ducange (Ch. Dufresne). Il ne se décide pas sur le passage du synode de Worcester, de 1240, relatif aux cartes, p. 241, n., 265.

Duchesne aîné (M.) visite les cabinets d'estampes d'Angleterre, p. 271, n. — Y découvre dans la collection de M. Douce, un alphabet grotesque, et dans celle de M. Wilson, 14 cartes gravées en 1466, p. 271, 272, n.

Dugdale (Guill.), auteur du *Monast. anglic*, p. 180; de l'*Historia Ecclesia S. Pauli*, etc., p. 181.

Dulaure (M.). Son opinion sur la Danse Macabre de Paris, p. 83, 84, n. — Passage de sa *Description des curiosités de Paris*, sur des peintures et inscriptions au charnier des Innocens, p. 84—86.

Dupuy (M.) combat l'opinion de Rive, sur les preuves

de son système relatif à l'origine des cartes en Espagne, p. 224, 225.
Desaulx (M.), auteur du traité de la *Passion du jeu*, cité p. 303, 304, n.
Duvernier. Sa Bibliothèque française citée p. 69.

E.

Ebel (M.) se trompe sur la Danse de Bâle, dans son *Manuel du Voyageur en Suisse*, p. 16.
Echecs (Le jeu des) est, selon Court de Gebelin, moins ancien que celui des tarots, p. 237. — A passé, selon Breitkopf, ainsi que le jeu de cartes, des Indiens aux Arabes, p. 245. — Ses rapports, selon le même auteur, avec le jeu de cartes, p. 249, 250. — M. Singer et M. Christie pensent de même, p. 273.
Écoles de peinture romaine, florentine, lombarde, vénitienne, flamande, française; et liste chronologique des principaux peintres qui les ont illustrées, p. 8, n.
Égalité. Nom donné aux figures qui ont remplacé les valets dans les cartes républicaines, p. 289, 290.
Enfant prodigue (Parabole de l') en vers et en gravures, sur un livre de prières, p. 156.
Égyptien (Le jeu des tarots), selon Court de Gebelin, p. 228—232.
Enfer, nom d'une salle où l'on donnoit à jouer, p. 303.
Erasme. Sa déclamation sur la Mort, p. 59. — A parlé des vers ajoutés aux Danses des Morts, p. 90.
Espagnols, inventeurs des cartes à jouer, en 1332, selon Rive, p. 222, 225, 241. — Leur passion pour le jeu de cartes; ils en faisoient avec des feuilles d'arbres, p. 213.
Étymologie de différens mots, tels que : Argine, p. 208, n. — Capot, p. 207. — Cartes, p. 255. — Judic, p. 208, n. — Macabre, p. 81, 82. — Mat, 233. — Naipes, p. 222; autre, p. 235, n. — Pagad, p. 233. — Pic et repic, p. 206, n. — Tarots, p. 232, 233, n., et 244.
Eugène IV (pape). Le concile de Bâle s'ouvre sous son pontificat, p. 6.

F.

Fabrication (Ancienne) des cartes, selon M. Heineken, p. 217. — Selon Breitkopf, p. 254, 255. — Selon Millin, p. 283.

Fabricius (J. Alb.) parle d'un poëte nommé *Macaber*; son erreur, p. 17, 90. — Cité p. 72.

Félix V, élu pape au lieu d'Eugène IV, au concile de Bâle, p. 9.

Ficoroni, antiquaire, cité p. xiv, n.

Figures des cartes expliquées par un anonyme, p. 251, 252. — Par Bullet, p. 212. — Par Court de Gebelin, p. 236. — Par le P. Daniel, p. 207—209. — Par le P. Menestrier, p. 204.

Figures des cartes de tarots des différens siècles, dans Breitkopf; leur description, p. 246, 247, n. — Dans M. Singer, p. 276—280. — Leur explication par Court de Gebelin, p. 229—232.

Finiguerra (Maso), inventeur de la gravure en taille-douce, vers 1445, p. 267. — Mentionné p. 278.

Fleurs. Nom que l'on donnoit jadis à l'une des quatre couleurs des cartes, qu'on nomme maintenant trèfle, p. 218.

Fleurs de lis se trouvent sur les cartes de presque toutes les nations de l'Europe, p. 226, 227.

Formschneider, tailleur de formes, nom des graveurs qui faisoient des moules en bois pour les cartes à jouer, p. 217, 258.

Fortune, l'un des personnages de la Danse aux Aveugles; strophes anciennes sur ses caprices, p. 131.

Fournier (typographe). Erreur dans sa dissertation sur la gravure en bois, p. 48, 49, n.

Fous. Nom que portoient jadis les figures des cartes appelées maintenant *valets*, p. 218.

Français (Les) inventeurs des cartes à jouer, selon le P. Menestrier, p. 203. — Le P. Daniel, p. 205. — L'abbé Bullet, p. 212. — Et beaucoup d'autres, p. 257.

François I.ᵉʳ, roi de France, figure dans les nouvelles cartes royales, p. 292.
Fridurg (André), auteur allemand d'un ouvrage intitulé *Emblèmes nouveaux*, etc., où figure la Mort, p. 307.
Frælich (Huld.), auteur de la description d'une Danse de Morts peinte à Berne, cité p. xliij.
Frussu cite une édition de la Danse de Bâle de 1621, p. 10, n., 69, 70.

G.

Galestarzzi, graveur, cité p. 188.
Garcilasso de la Vega, historien espagnol, cité p. 255, n.
Garzoni, auteur italien, cité p. 246, 248. — Détails sur sa *Piazza universale*, p. 259, n.
Génie, remplaçant les rois dans les cartes républicaines, p. 268—290.
Gielé (Jacquemart), auteur du *Roman du Renart (nouvel)*, p. 263, n. (*Nota*. Le premier auteur du *Roman du Renart* est Perros de Sainct Cloat, *Pierre de Saint-Cloud*.)
Giolito (Gab.) donne une édition ital. des épîtres dorées d'Ant. de Guevare, en 1558, p. 223. — Autre édition de 1547, citée par M. Dupuy, p. 224.
Girolamo (Le marquis de), amateur italien, possesseur d'un ancien jeu de cartes curieux, p. 283.
Gori, antiquaire, cité p. xiv, n., xv, xviij.
Gough (M.), antiquaire anglais, possesseur d'un jeu complet d'anciennes cartes anglaises, gravées en bois, p. 277.
Goujet (L'abbé). Sa *Bibliothèque française*, citée p. 129, 137.
Grand d'Aussi (Le), cité p. 263, n., 264.
Gravure en bois. Sa découverte attribuée aux Allemands, vers 1400, p. 257, 268. — Breitkopf la fait remonter aux Égyptiens, p. 254. — M. Ottley aux Chinois, p. 266, 267. — M. Jansen partage l'histoire de ce genre de gravure en deux époques, p. 257.
Gravure en taille-douce, découverte en Italie, attribuée à

Maso Finiguerra, orfèvre de Florence, vers 1445, p. 267.

Grelots ou sonnettes, l'une des couleurs des cartes allemandes, p. 216, 246, *n*. — Ces grelots pourroient venir du costume des princes allemands au XII.ᵉ siècle, p. 247, *n.*, 258.

Gringonneur (Jacquemin), fabricant de cartes à Paris, dans le XIV.ᵉ siècle, p. 203.

Gruitz, graveur en bois, cité p. 80.

Guérin (M.ᵐᵉ), veuve Coustellier, citée p. 263, *n*.

Guevare (Ant. de), évêque de Mondonedo. Ses *Epîtres dorées*, où il est question des statuts de l'Ordre de la Bande, proscrivant les cartes en 1332, p. 223. — Editions et traductions des *Epîtres dorées*, p. 225. — Cité p. 261.

Guillaume (M.), des académies de Besançon et de Dijon. Sa lettre relative à des Heures imprimées en 1508, et à la Danse de Bâle attribuée à Holbein, mentionnée p. iiij. — Rapportée p. 3, 4.

Guterry, médecin navarrois. Sa traduction des Epîtres de Guevare, éditions de 1556, 1558, 1565, 1570, 1573. — Rive s'appuie de cette traduction pour attribuer aux Espagnols l'invention des cartes à jouer, p. 224. — Combattu par M. Dupuy, p. 224, 225.

H.

Habillement des femmes au XV.ᵉ siècle (Détails de l'), p. iij.

Hector, valet de carreau. Note historique sur cet individu, p. 207, *n*.

Heineken (Le baron de). Son opinion sur l'origine des cartes à jouer, qu'il attribue aux Allemands, p. 215 —218. — Cité p. 258, 259, *n*., 324.

Henri IV. Son séjour à Dijon en 1595, p. xxxviij, *n*. — Il figure dans les nouvelles cartes royales, p. 292.

Héricart de Thury (M.). Sa description des exhumations du cimetière des Innocens, à Paris, citée p. 85, 86.

Heures (Livres d') sur les marges desquels on a gravé la Danse des Morts, p. 141, 144—173. — Comment elle y est placée, p. 144. — Heures latines du roi Réné d'Anjou, manuscrit précieux, p. 174. — Heures manuscrites anciennes, ornées de miniatures, servant de modèles aux Heures imprimées depuis et enrichies de gravures, p. 142, n.

HILDEGARDE, femme de Charlemagne, figure dans les nouvelles cartes royales, p. 291.

HILSCHER (Paul.-Christ.). Son ouvrage sur la Danse des Morts de Dresde, cité p. xlj. — Ce livre et ses autres productions (sur Adam, etc.), mentionnés p. 91, n.

Histoire des cartes à jouer (Moyens proposés pour faire une nouvelle), p. 283—285.

HOLBEIN n'a point connu de Danse de Morts chez les anciens, p. xxij, n. — Détails sur celle qu'il a composée et dessinée en petit, p. 21, 22, 26—47; elle n'a rien de commun avec celle de Bâle, qu'il n'a ni peinte ni dessinée, p. 11, 12, 15. — Il n'a peint à Bâle qu'une Danse de paysans, p. 15. — Description de sa Danse des Morts, comparée avec celle de Bâle par Mérian, p. 26—45; continuation de celle d'Holbein, p. 45—47. — Il a été marié; son portrait, celui de sa femme et de ses enfans, p. 49. — Diverses éditions de sa Danse, p. 52—69; avec les gravures d'Hollar, p. 63; avec celles de Mechel, p. 65. — Éditions en allemand, p. 67 et 68. — Œuvres d'Holbein par Mechel, p. 66. — Cité p. 280. (*Voyez au mot* DESSINS.)

HOLLAR (Winceslas). Détails sur ce graveur, p. 20, 21, n. — A gravé les dessins d'Holbein, p. 23. — Indication de ceux qu'il a choisis, p. 26—46. — Éditions de cette Danse avec les mêmes dessins, p. 63. — A gravé la Danse Macabre du *Monast. anglic.*, p. 180.

Homme noir peint au charnier des Innocens, au XV.ᵉ siècle, et retrouvé au XVIII.ᵉ, indice d'une Danse Macabre, p. 84, 89.

HORACE, cité p. xij, n., xvij.

Hore Christifere Virginis Marie, etc., édition de 1508; sa description, pp. 149—163. — Détails des histoires gravées qui ornent ce volume, p. 150.

HOUBIGANT, fabricant de cartes, cité p. 291.

HUBER, graveur de Bâle. Ses portraits d'Holbein, de sa femme et de ses enfans, p. 49. — Ceux d'Érasme, de Froben, de Th. Morus, d'Amerbach, de Meier, etc., gravés par le même Hubner, p. 50.

HUGUES-CAPET, roi de France, meurt de la peste en 996, p. xxviij.

HYDE (M.), savant anglais. Son *Historia schachiludii*, citée p. 273.

I.

Imagines Mortis (Danses des Morts). Différentes éditions, p. 57, 59, 60, 62. — Sans fig., p. 62, n.

Impression. Ce mot employé pour la fabrique des cartes, avant l'invention de l'imprimerie, p. 218.

Imprimerie. Opinion de M. Singer sur son origine, p. 275.

Inscription trouvée au charnier des Innocens, et qui doit avoir appartenu à une Danse de Morts, p. 85—88.

IOLAT, graveur, cité p. 148.

Italiens, inventeurs des cartes à jouer, selon M. l'abbé de Longuerue, p. 222, n. — Et M. Ottley, p. 268.

J.

JACOBELLO del Fiore, dessinateur. Il peut être auteur du jeu de cartes anciennes appartenant au marquis de Girolamo, p. 283, n.

JANSEN (Henri). Analyse de son opinion sur l'origine des cartes à jouer, p. 256—265. — Cité p. 22—23.

JEAN, duc de Berry, oncle de Charles VI, fait sculpter l'histoire des trois Morts et des trois Vifs, p. 103.

JEAN I.ᵉʳ, roi de Castille. Son édit de 1387 défend les dés et les cartes, p. 210.

JEANNE D'ALBRET, mère de Henri IV, figure dans les nouvelles cartes royales, p. 292.

JEANNE D'ARC. Ses armoiries, p. 102. — Elle meurt le

30 mai 1431; le chantre licencieux de la *Pucelle* meurt le 30 mai 1778, p. 103. — Charles VIII et Charles X sont les bienfaiteurs de sa famille, p. 103. — Elle est désignée sous le nom de *Pallas* dans le jeu de cartes, selon le P. Daniel, p. 208. — Combattu par l'abbé Bullet, p. 208, n.

Jésus-Christ (Vie de) en vers et en gravures ornant un livre de prières du XVIe siècle, p. 162.

Jeu du roi et de la reine, prohibé en 1240; ce jeu regarde-t-il les cartes ou les échecs? p. 241.

Jeu (Passion du) avant la révolution, p. 303, n.

Jeux de cartes (Indication de quelques) détaillés par Bullet, p. 213, 214. — Par M. Singer, p. 276. — Nomenclature des jeux de cartes, tant anciens que modernes, en usage en France, p. 299—301.

Johanneau (M. Eloi) applique aux cartes à jouer une expression de Papias, grammairien grec du XIe siècle, p. 244, n.

Joinville (Sire de) figure dans les nouvelles cartes royales, p. 292.

Jorio (M. André de) donne la description d'une Danse de Morts du temps des Romains, p. xviij—xxij.

Joseph (Histoire en vers du patriarche), avec des dessins ornant un livre de prières, p. 154—156.

Joubert (M.). Son *Manuel de l'amateur d'estampes* cité p. 54.

Joueurs aux cartes surpris par la Mort (Gravure représentant des), p. 280, n.

Judic. Erreurs de l'abbé Bullet sur l'étymologie celtique de ce mot, p. 208, n.

Judith, dame de cœur; qui elle désigne selon le P. Daniel, p. 208.

K.

Klauber (Hugues), peintre. Il n'a pas peint, mais restauré la Danse de Bâle, p. 9, 13, 16.

Knave, nom donné par les Anglais aux valets du jeu de cartes, p. 213, 273.

Knecht, nom donné par les Allemands aux mêmes valets, p. 213.

Kats (Lucas), graveur, cité p. 190.

L.

Labarre, cité pour le Journal de Charles VI et Charles VII, sur la Danse Macabre de Paris, p. 82—84.

Labelle (Etienne), graveur. Son *Empire de la Mort*, cité p. 188.

Lacroix du Maine et Duverdier. Leurs *Bibliothèques françaises* citées p. 129, 137.

La Hire, valet de cœur. Note historique sur l'individu dont ce valet porte le nom, p. 207.

La Marche (Olivier de). Détails sur son *Triomphe des Dames*, p. 109. — Sur ses autres ouvrages, p. 110. — Sur sa vie, p. 109—110.

La Monnoye (Bernard de). Il attribue le dessin de la Danse des Morts à un nommé *Macabre*; il ignore l'origine de cette Danse, p. 89, 90, 136.

Lancelot (M.). Détails sur le Catalogue de sa bibliothèque, p. 262, 263, n. — Il a eu grande part aux Mémoires sur le Dauphiné, de M. de Valbonnais, p. 263, n.

Lancelot, valet de trèfle. Note historique sur l'individu dont ce valet porte le nom, p. 207, n.

Langlois (M. E.-H.), habile dessinateur à Rouen, cité p. xlvij.

Lansquenet (Le), le plus ancien de tous les jeux de cartes, selon M. Heineken, p. 215. — Selon Breitkopf, p. 253. — Et selon M. Jansen, p. 258, 262.

Le Gendre (L'abbé) attribue l'invention des cartes aux Lydiens, opinion ridicule, p. 210.

Lengua castellana (Diccionario de la), cité sur le mot *naipes*, p. 222.

Le Noir (M. Alexandre) cité pour une statue de la Mort en albâtre, p. 86, n.

Liberté, nom donné aux figures qui ont remplacé les dames dans le jeu de cartes républicain. p. 288—290.
Libraires-imprimeurs de Paris qui se sont distingués dans la publication des livres d'Heures avec gravures, aux XV.ᵉ et XVI.ᵉ siècles, p. 142.
Longuerue (L'abbé de) attribue l'origine des cartes à jouer aux Italiens, p. 222, n.
Louis IX figure dans les nouvelles cartes royales, p. 292.
Louis XI veut faire périr Olivier de la Marche, p. 110, n.
Louis XII. Sa couronne d'or apportée à Dijon, p. xxviij. n.
Louis XIV. Ses différens séjours à Dijon, p. xxxviij, n.
— Carrousel qu'il donne en 1662. p. 235.
Lucerne. Description de ses Danses des Morts, p. xliij—xlvij.
Luther (Martin). Origine du schisme qu'il fomenta, p. 166.
Lutzelburger (Hans), appelé Franck, a gravé les dessins d'Holbein, p. 25. — Son chiffre méconnu par Papillon, p. 41. — Mentionné p. 56.
Lydgate, auteur d'une traduction anglaise de la Danse des Morts, p. 179.

M.

Macabre, nom donné aux premières Danses des Morts, soit peintes, soit accompagnées d'un texte ou inscriptions. Quelle est l'origine de ce nom? p. 77—79, 108—109. — Recherches sur son étymologie, p. 80—82.
Magdeleine (Citation du poëme de la), p. 318—320.
Malherbe, poëte français, cité p. xij.
Malte-Brun (M.). Ses Annales des Voyages citées p. 185.
Mantegna (André), graveur sous le nom de qui est connu un ancien jeu de cartes, p. 283, n.
Marchant (Guill.), très-ancien libraire-imprimeur de Paris, n'est point auteur de la Danse Macabre, p. 99, 108.
Marguerite de Valois figure dans les nouvelles cartes royales, p. 292.
Mariette, amateur d'estampes. Sa riche collection citée p. 56, 188.

Marot (Michel) ne peut être auteur des rimes françaises ajoutées aux Danses des Morts, p. 91, 92.

Mazoch (M.), possesseur d'une Danse des Morts peinte, p. 185—186.

Mechel (M. de). Son édition de l'œuvre d'Holbein, p. 17, 66. — Grave la Danse des Morts du même, p. 21, 65. — Cité p. 280. — Indication des dessins de cette Danse qu'il a gravés, p. 26—46.

Mecheln (Israël de), graveur, cité p. 276.

Médaille portant d'un côté des roses et de l'autre une tête de mort, frappée à Bâle, p. xl.

Meerman. Ses *Origines Typographicæ*, citées p. 211.

Mellen (Jac.-A.), auteur allemand, cité p. xli.

Menestrier (Le P.). Sa *Bibliothèque curieuse*, où est son opinion sur l'origine des cartes à jouer, p. 103—105.

Mérian (Matth.). Extrait de la préface de son édition de la Danse de Bâle, 1649, p. 6—11. — Quand a-t-il dessiné et gravé cette Danse? p. 10, 69, 70. — Description très-détaillée de cette Danse comparée avec celle d'Holbein, p. 26—47. — Diverses éditions de la même Danse de Bâle, p. 69—75.

Mésangère (M. de la); cité pour son *Dictionnaire des Proverbes*, p. 249.

Mersel (M.), auteur allemand, cité p. 268, n.

Meyer (Rodolphe et Conrad), graveurs. Leur Danse des Morts, p. 67.

Michaut dit Taillevent (P.), auteur de la Danse aux Aveugles, p. 127—129.

Millin (M.) donne l'explication de trois bas-reliefs représentant une Danse des Morts ancienne, p. xix—xxij. — Il se trompe en attribuant la Danse de Bâle à Holbein, p. xxij, n. — Extraits de son *Dictionnaire des Beaux-Arts*, relatifs aux cartes à jouer, p. 282, n.

Montfaucon, antiquaire, cité p. xiv, n.

Mort (La), principal personnage dans les Danses qui font l'objet de cet ouvrage, p. 2. — Les anciens ne l'ont jamais représentée sous la forme d'un squelette, p. xiv. — Sous quels symboles ils la représentoient,

p. xxij et xxiij. — Personnifiée dans différens tableaux, gravures, etc., p. 179—193, 307—312. — Strophes anciennes sur la Mort, p. 132, 133. — Strophes de Malherbe sur le même sujet, p. xij.

Morts (Les trois) et les trois Vifs, pièce de vers ajoutée aux Danses des Morts ; détails sur cette pièce, p. 99—104. — Leur histoire peinte sur des livres d'Heures, p. 102. — Sculptée sur la porte de l'église des Innocens, à Paris, p. 103. — Mentionnée p. 112, 115, 119, 121, 173. — Avec deux inscriptions, p. 170.

Muss (M. de), savant allemand, cité p. 259, 265, 268, *n.*

N.

Naibes ou *naibi*, nom donné aux cartes par les Italiens, p. 213. — Il provient des Espagnols, qui, selon Rive, leur ont transmis les cartes, p. 222, 260.

Naipes, nom donné aux cartes par les Espagnols, p. 212. — Origine de ce nom, selon Rive, p. 222. — Cité par Breitkopf, qui le fait venir de l'hébreu, p. 242. — Cité à faux par Jansen, p. 261.

Nesson (Pierre de). Son testament en vers, p. 138.

Neubronner (M.) cite un manuscrit d'Ulm, qui prouve que les cartes y étoient connues en 1397, p. 257, *n.*

Nombre XVII, réputé malheureux chez les Romains, p. xxiij, *n.*

Noms des cartes dans les différentes langues ; M. Singer les a donnés dans son bel ouvrage, p. 274.

Normand (M.lle Le). Ses *Souvenirs prophét.* cités p. 282, *n.*

Nostradamus (César de). Sa *Chronique de Provence*, citée p. 262.

Notes généalogiques et historiques, manuscrites, portées sur des livres de prières, p. 173—176. — Sur la famille Bouhier, p. 173. — Sur Réné d'Anjou, p. 174. — Sur la famille des de Châtillon, p. 174. — Sur les parens du duc de Bedfort, au XIV.e siècle, p. 175—176, *n.*

Notes savantes répandues dans l'ouvrage de Bullet sur les cartes à jouer ; indication des principales, p. 214.

NUREMBERG (Chronique de). On y trouve une Danse des Morts, p. 189.

O.

OEcolampade (Jean). Il étoit représenté à la suite de la Danse de Bâle, p. 9.

Ogier, valet de pique. Note historique sur l'individu dont ce valet porte le nom, p. 207, n.

Orayson en l'honneur de la Royne de Paradis, en coplets, p. 164. — Aultre orayson en françois, à Dieu le père, p. 165.

Ordre de la Bande établi par Alphonse XI, roi de Castille, vers 1332. Ses statuts prohibent les cartes à jouer, selon Rive, p. 223, 225, n.

Orientales (Cartes), peintes sur ivoire, p. 277.

Orno (M.), de Leipzick. Sa collection d'estampes citée p. 54.

Ottley (M.), savant anglais. Ses recherches sur l'origine de la gravure, p. 266—269. — Cité p. 278.

Ovide, cité p. xvj.

P.

Pallas, dame de pique, désigne Jeanne d'Arc selon le P. Daniel, p. 208. — Bullet combat cette opinion, p. 208, n.

Panoplia, ouvrage où l'on décrit tous les états, cité p. 259. — Avec le nom de son auteur, Schopper, p. 279.

Papias le Lombard, grammairien grec du XI.ᵉ siècle, se sert d'un mot qu'on pourroit appliquer aux cartes, selon M. Eloi Johanneau, p. 243, n.

Papillon (L'abbé). Sa *Bibliothèque de Bourgogne*, citée p. 129.

Papillon, auteur d'un *Traité de la gravure en bois*, cité p. 20, n., 22, 25. — Absurdités de cet auteur, p. 47 —51. — Sa description de la Danse d'Holbein, p. 26 —46. — Ses détails sur l'édition de cette Danse de

1549, p. 58. — Sur l'édition de 1562, p. 60, 61. — Sur celle de 1490, p. 108. — Sur un livre d'Heures de 1502, p. 147. — Cité p. 240.

Parques (Les trois). Leurs attributs, p. xvij.

Pasquier (Les *Recherches des Recherches* de), citées p. 261, n.

Paul (S.), cité p. xvj, n.

Paysans découvrant une Danse des Morts du temps des Romains, p. xviij—xxij.

Patrons découpés pour enluminer les cartes, p. 265.

Peintres (Principaux) des é... es romaine, florentine, lombarde, vénitienne, flamande et française, p. 8, n.

Peinture à l'huile. Sa découverte, p. 7.

Peinture de Boulogne de 1440, représentant des soldats jouant aux tarots, p. 248, 260, n.

Pepin (Nicolas), inventeur, selon Rive, des cartes en Espagne, vers 1330, p. 222.

Pestes (Les) et épidémies peuvent avoir été l'origine des Danses des Morts, p. xxvj. — Fameuse peste de 1346, p. xxvj, xxvij, n. — Différentes pestes remarquables de 954 à 1373, p. xxviij. — Peste à Rome, l'an 364 avant Jésus-Christ, p. xxix, n. — Singuliers effets de la peste de 1373, p. xxviij.

Pétrarque (François). Ses quatre Triomphes (des Muses, du Temps, de la Mort et de la Divinité). — Détails sur celui de la Mort, peint par Le Titien, gravé par Pomarède, p. 187, 188. — Son *De remediis utriusque fortunæ*, cité p. 272.

Pétrone. Passage de sa satyre, qui prouve que les Romains faisoient apporter un squelette sur la table dans leurs festins, p. xv.

Pfister (Albert), imprimeur à Bamberg, en 1462, p. 323.

Pic, terme du jeu de piquet. Etymologie celtique de ce mot, selon Bullet, p. 206, n.

Picart (I.), graveur, cité p. 310.

Picot de Genève (M. J.) se trompe dans sa *Statistique de la Suisse*, sur la Danse de Bâle, p. 15.

Pierre de Saint-Louis (Le P.), auteur du poëme de *la Magdeleine*, cité, et extrait de son poëme, p. 318.

Pipozzo di Sandro. Son manuscrit de 1299, où il est question des cartes, p. 240, 255, 272. — Zani doute de la véracité de ce monument, p. 240, 241, n., 272. — Cité p. 260; avec le titre de son manuscrit, p. 267.

Piques, l'une des quatre couleurs des cartes à jouer. Expliqués par le P. Daniel, p. 206. — Par l'abbé Bullet, p. 206, n.

Piquet (Origine du jeu de), par le P. Daniel, p. 205—209.

Piquet (Ballet du jeu de), exécuté sur le théâtre, en 1676 à Paris, p. 316.

Polo Marco et Nicolo Polo, célèbres voyageurs du XIII.ᵉ siècle. Auroient-ils apporté les cartes de la Chine? p. 275.

Poupart (Charles), trésorier du roi Charles VI, cité p. 203.

Preces piæ, manuscrit où se trouve la Danse des Morts, p. 144.

Prières (Livres de) sans date, où se trouve gravée la Danse des Hommes et des Femmes; sa description, p. 143—147.

Q.

Quézière (M. de la), auteur d'une description de Rouen, p. xlvij.

R.

Rabelais, cité pour les jeux, p. 301.

Rachel, dame de carreau. Qui elle désigne. selon le P. Daniel, p. 208. — Combattu par l'abbé Bullet, p. 208, n.

Ramond (M.), traducteur des *Lettres de Coxe sur la Suisse*, cité p. 18, 19, 20, 56. — Sa description des ponts de Lucerne, p. xliij.

Raoul-Rochette. Sa description des ponts de Lucerne, p. xliij—xlvij.

Raymond (M.). cité p. ix, n., 17, 18. — Détail sur deux livres de prières où se trouve gravée la Danse des Morts, p 143—147, 166—168.

Reichard, auteur du *Guide du Voyageur en Suisse*, cité p. xlvij. — Erreurs où il est tombé, p. 16.

Religion (Les vérités de la) représentées au moyen âge par des images sensibles, p. xxv.

Renart le contrefait, roman qui prouve que les cartes étoient déjà connues en 1328. p. 262—264. 271.

René d'Anjou. Notices historiques le concernant, écrites sur ses superbes Heures latines, p. 174. — Son histoire par M. de Villeneuve-Bargemont, citée p. xxxiv.

Renouard (M.), célèbre libraire de Paris, auteur des *Annales aldines*, éditeur de beaucoup d'ouvrages classiques latins, français, etc. Le Catalogue de son riche cabinet, cité pour les dessins d'Holbein gravés par Hollar, p. 63. — Pour la Danse des Morts de Rowlandson, p. 181. — Pour l'ouvrage de M. Singer sur les cartes, p. 281. — Pour la collection des jeux instructifs de M. de Jouy, p. 299.

Richoles de Marginal, auteur d'une pièce de vers intitulée *les trois Morts et les trois Vifs*, p. 101.

Ridinger (J.-Jacq. et J.-Elie), graveurs, p. 333.

Rigal (M. le comte de), amateur d'estampes. Séries des dessins gravés de la Danse d'Holbein qu'il possédoit dans sa collection, p. 53. — Son Catalogue d'estampes, cité p. 54.

Rimes ou inscriptions en vers allemands, ajoutées à la Danse des Morts, p. 9. — Ces inscriptions ont-elles été primitivement en allemand, en latin ou en français? p. 78.

Rive (L'abbé). Il a annoncé une *Bibliographie des éditions de la Danse Macabre* qui n'a jamais vu le jour, p. x. n. — Son *Essai sur l'art de vérifier l'âge des miniatures dans les manuscrits*, cité p. 143. — Ses *Notices* sur divers romans de la bibliothèque du duc de la Vallière, p. 220. — Ses conjectures sur l'époque de l'invention des cartes à jouer, p. 220—227. Ses Etrennes aux joueurs sur cette invention, p. 221. — Les Espagnols, selon lui, sont inventeurs des cartes à jouer, p. 223, 261. — Son système approuvé par Court de Gebelin, p. 256.

Rois (Les quatre) du jeu de cartes; leur dénomination, p. 206, 209, 252, *n*.

ROLAND figure dans les nouvelles cartes royales, p. 292.

Romain (Le droit) permet le jeu pourvu que le gain soit destiné à un repas, p. 242, *n*.

Romains (Les anciens). très-superstitieux, p. xxiij, *n*. — Plus familiarisés avec la Mort que les chrétiens et plus portés au suicide, p. xxiv.

ROMANCE (Dictionnaire de la langue), manuscrit, p. 263, *n*.

RORCK (Thomas), auteur du *Hérault des Pays-Bas*, en hollandais. Il parle dans cet ouvrage des statuts de l'ordre de la Bande, qui proscrivent les cartes, vers 1332; inconnu à Rive, p. 225, *n*.

ROWLANDSON (Th.), dessinateur anglais. Sa Danse de la Mort, p. 181, 182, *n*. — Sa Danse de la Vie, p. 181, *n*.

RUBENS, cité p. 20.

RUSZING (Salomon de). Sa Danse des Morts, p. 68.

S.

SADELER, graveur, cité p. 311.

SAINT-FOIX (Poullain de). Son opinion sur les cartes à jouer. p. 314.

Sainte-Chapelle (Eglise de la) de Dijon. Détails sur cet ancien monument, p. xxxvij, *n*.

SAINTRÉ (Petit Jehan de), récompensé parce qu'il ne jouoit pas aux cartes, en 1367, p. 211, *n*. — Cité p. 240.

SANSOVINO, auteur *Delle origine de cavalieri*, parle des statuts de l'ordre de la Bande, p. 225, *n*.

Sardoine représentant une tête de Mort avec inscription, p. xvj.

SCHELLENBERG, graveur. Sa danse des Morts, p. 68.

SCHENCK (Pierre), graveur, cité p. 192.

SCHLOTT (Nathanaël), auteur allemand. Son ouvrage sur la Danse de Lubeck, cité p. xlj.

SCHOEN (Martin), graveur. Cité pour des cartes rondes, p. 277. — Déjà mentionnées p. 274.

SCHOFFER, auteur du *Panoplia*, p. 279.

SCHULTES (I.-A.), cité p. 185.

Schweighæuser (M.). Sa description de la Danse des Morts de Strasbourg, p. xlviij—lij.

Sibylles (Les XII) ornant un livre de prières du XVI.ᵉ siècle. Gravures et vers relatifs à chacune d'elles, p. 157—161. — Note sur les savans qui ont parlé des sibylles, p. 157—160, n.

Sigismond (L'empereur) protège les savans et les artistes, du temps du concile de Bâle, p. 6, 7, 9.

Singer (M. Samuel-Weller), auteur anglais. Ses recherches sur l'histoire des cartes à jouer, p. 269—282.

Sinner (M.). Extrait de son *Voyage historique*, etc., relatif à la Danse de Bâle, p. 12, 13. — Son erreur sur Klauber, p. 14.

Solitaire du Mont-Sauvage, jeu de cartes de fantaisie, p. 294.

Spencer (Lord) possède les deux gravures précieuses du *S. Christophe* et de *l'Annonciation*, p. 268, n.

Squelette (Les anciens ne représentoient point la Mort comme divinité sous la forme d'un), p. xiv, xvij. — Ils faisoient apporter un squelette sur la table dans leurs festins, p. xiv. — Cet usage vient des Égyptiens, p. xv, n.

Squelettes de Cumes, expliqués et publiés par M. de Jorio, p. xix.

Statue de la Mort sculptée en albâtre, p. 85, n.

Steen (Jean), peintre hollandais. Son tableau de l'avare et de la Mort, p. 186.

Strasbourg (Danse des Morts récemment découverte à), p. xlviij.

Sueur (Pierre Le), graveur, cité p. 195.

Sully, l'ami et le ministre d'Henri IV, figure dans les nouvelles cartes royales, p. 292.

Swaine, graveur anglais, cité p. 270.

Sylvius (Æneas), Piccolomini, pape sous le nom de Pie II, p. 11, 75.

Sylvius (Ant.), graveur, p. 110, n.

T.

Tarock-Karte, jeu de fantaisie, p. 293.

Tarots (Le jeu des) est, selon Court de Gebelin, un livre égyptien, p. 228, 232. — En quoi il consiste, p. 228, 229. — Etymologie de ce nom, p. 232, 244. — Ce jeu considéré sous le rapport géographico-politico-moral, p. 233. — Il peut venir, toujours selon Court de Gebelin, des Chinois, p. 233, 234. — Comment il est passé des Egyptiens aux peuples modernes, p. 234. — Ce jeu oriental, selon Breitkopf, n'a pas été inventé subitement, p. 245. — Tel qu'il est, toujours selon Breitkopf, son origine est italienne, p. 247. — Détails sur ce jeu, d'après Volateran, p. 259, n. — Anciennes gravures italiennes, attribuées à Finiguerra, que l'on croit représenter des cartes de tarots, p. 278.

Tiraboschi, cité à l'occasion du manuscrit de Pipozzo, de 1299, p. 240, 282, n. — Cité relativement à Marco-Polo, p. 275.

Titien (Le), célèbre peintre. Son tableau du Triomphe de la Mort, d'après Pétrarque, p. 187. — Son *Chevalier armé*, p. 188.

Topographia Helvetiæ, par Mérian, p. 11.

Tournois (Analogie entre les) et le jeu des tarots, p. 235. — Tournois ou carrousel donné par Louis XIV en 1662, p. 235, n.

Trappola, jeu composé de très-anciennes cartes. En quoi il consiste, p. 246. — Figures qui représentent ces cartes, dans l'ouvrage de Breitkopf, p. 246, 247, n. — Dans l'ouvrage de M. Singer, p. 278. — Originaire d'Italie, selon M. de Murr, p. 259. — Explication du mot trappola, p. 259, n. — Il en existe un jeu complet chez le comte de Gersdorf, p. 259, n. — Le trappola en usage dans le XIVe siècle, p. 272.

Trèfle, l'une des quatre couleurs du jeu de cartes. Expliqué par le P. Daniel, p. 206. — Au commencement du règne de Louis XIV, on donnoit encore le nom de fleurs à la couleur des cartes nommée maintenant trèfle, p. 318-320.

Trechsel (Les frères Melch. et Gasp.), éditeurs des Simulachres de la Mort, p. 56.
Tressan (L'abbé de) prétend qu'un Vénitien apporta le premier en Europe, des cartes qui provenoient de la Chine; est-ce Marco Polo? p. 274.
Tressan (Le comte de) fixe l'origine des cartes à jouer sous Charles VI, et en attribue l'invention aux Français, p. 221.
Triclinium. Véritable signification de ce mot, p. xx, *n.*
Triomphe de la Mort, par Holbein, gravé par Hollar, p. 63. — Par Mechel, p. 65. — Triomphe de la Mort par Pétrarque, peint par Le Titien, gravé par Pomarède, p. 187.
Tuchim, nom d'un chef de voleurs allemand, donné en 1361 aux valets du jeu de cartes, en Provence, p. 226, 240, 262.

V.

Valets (Les quatre) du jeu de cartes. Explication historique de leur dénomination, p. 207, *n.,* 252, *n.* — Ils se nommoient autrefois *fous,* comme on le voit par le poëme de *la Magdeleine* du P. Pierre de S. Louis, p. 318—320.
Vallot (M. le docteur), de l'académie de Dijon, communique des renseignemens sur une Danse des Morts exécutée à Dijon, p. xxxvij. — Sur une médaille singulière frappée à Bâle, p. xxxix.
Van-Eick (Jean), inventeur de la peinture à l'huile, p. 7.
Van-Praet (M.), savant bibliographe. Son opinion sur l'origine du mot *Macabre,* p. 81. — Ses détails sur la pièce de vers *les trois Morts et les trois Vifs,* p. 100, 102. — Sur le *Chorea ab eximio Macabro,* de 1490, p. 107, 108. — Sur une autre édition de la Danse Macabre, p. 116. — Sur les différentes espèces de vélin, p. 117, *n.* — Sur les manuscrits enrichis de miniatures, p. 143, *n.* — Sur un livre d'Heures, p. 168. — Cité p. 225. — Découvre un monument

précieux relatif à l'ancienneté des cartes, qui existoient déjà en 1328, p. 262. — Cité p. 271.

Vélin (Différentes sortes de) employées dans l'impression des livres, d'après M. Van-Praet, p. 117, n.

Venise (Le sénat de) accorde, en 1441, aux cartiers de cette ville, le privilège exclusif de fabriquer des cartes à jouer, p. 217, 260, 268.

Vérard (Antoine), ancien libraire de Paris, connu par un grand nombre d'éditions du XV.ᵉ et du XVI.ᵉ siècle, p. 116, n.

Vertus (Les) terrassant les vices, dessins ornant un livre de prières, p. 154, n.

Vertus théologales, représentées avec inscriptions sur un livres d'Heures, p. 152.

Villaret, historien cité sur la Danse Macabre de Paris, p. 82. — Sa narration réfutée, p. 83, 84.

Villeneuve-Bargemont (M. de). Sa narration de la procession ou Danse des Morts de Paris, p. xxxiv.

Visconti (Phil.-Marie), duc de Milan, fait peindre un jeu de cartes qui coûte 1500 pièces d'or, p. 238, 254.

Volterran (Raphaël Maffée, dit), cité p. 239, n.

Vostre (Simon), imprimeur-libraire, à Paris, p. 4. — Ses éditions de livres de prières de 1502, p. 147. — De 1508, p. 149. — Autre de 1508, p. 163. — De 1512, p. 166.

W.

Walpole (Horace), écrivain anglais, cité p. 19.

Walter-Scott, fécond romancier écossais. Sa Danse de la Mort à la bataille de Waterloo, p. 183—185.

Wilson (M. Thomas), amateur anglais, possède quatorze cartes anciennes, gravées en 1460, p. 272, n.

Winkelmann, célèbre antiquaire, cité p. xiv, n.

Worcester (Synode de), tenu en 1240, proscrit-il nominativement les cartes à jouer? p. 241, 263.

X.

Xylographie, l'art de graver sur bois. Opinion de M. Singer sur son origine, p. 273.

Z.

Zani, auteur italien. Il doute qu'il soit question de cartes dans le manuscrit de Pipozzo, p. 240, 272. — Son ouvrage de *Origine dell' incisione*, etc., cité p. 274. — Cité pour d'anciennes cartes de tarots, p. 278.

Zetzne (Jacques de), auteur d'un ouvrage français, tiré de l'allemand et intitulé *Emblèmes nouveaux*, etc., avec gravures et inscriptions, dont plusieurs sont relatives à la Mort personnifiée, p. 307.

FIN DE LA TABLE.

ERRATA.

Page vij, ligne 17.. Table des matières..323. lisez, 333.
— 11, — 8.. *Typographia*............ — *Topographia*.
— 99, — 14.. celle de 1489......... — celle de 1486.
— 148, — 17.. sur les Gravures .... — sur les Graveurs.
— 179, — 15.. Lygdate............. — Lydgate.
— 187, — 7.. Pretarque............ — Pétrarque.
— 210, dern. lig. 22 janvier .... ajoutez, 1397.
— 248, ligne 6.. taracco.............. lisez, tarocco.
— 259, dern. lig. Massée .... — Maflée.

www.ingramcontent.com/pod-product-compliance
Lightning Source LLC
Chambersburg PA
CBHW071114230426
43666CB00009B/1954